協同学習を支える
アセスメントと評価

ジョンソン,D.W. ジョンソン,R.T. 著　石田 裕久 訳

日本協同教育学会

Meaningful And Manageable Assessment Through Cooperative Learning
by David W. Johnson and Roger T. Johnson
Copyright ©1996 by David W. Johnson
Japanese translation rights arranged with Interaction Book Company
through Japan UNI Agency, Inc., Tokyo.

All rights reserved. When forms and sample documents are included, their use is authorized only by educators, local school sites, and/or noncommercial entities who have purchased the book. Except for that usage, no part of this book may be reproduced or utilized in any form or by any means, electronic or mechanical, including photocopying, recording, or by any infomation storage and retrieval system, without permission in writing from publisher.

訳者まえがき

　本書を手に取っていただき、ありがとうございます。教えるとはどういうことか、学ぶとはどういうことなのかについて心を寄せる方々は、必然的に評価の問題に行き着かざるを得ないのではないかと思います。教師が生徒を評価するのは当たり前のことと考える人には、教師にとって評価とは何なのか、という疑問は生じてはこないでしょう。

　本書は、協同的な学びとその成果をどのように評価すべきか、またそれはどんな考え方にもとづいているのかについて、具体的かつ包括的な観点から著されたアセスメント（査定）と評価の入門書です。主として学習活動の成果だけに焦点を当てた通常の教育評価とは異なり、協同学習の評価はきわめて多様にならざるを得ない宿命（ちょっと大げさですが）をもっています。なぜなら、協同学習における査定や評価の対象は、きわめて多岐にわたるからです。

　協同学習では、学習の成果だけではなく、そこに至るプロセスについても評価します。また、学習者個々人の活動と同時に、グループとしての取り組みについて評価します。さらには、教科内容に関わる認知的な成果とともに、社会的スキルや態度的側面についても評価するのです。協同学習では、こうした多様な評価活動を通して、学習者一人ひとりが自らの取り組みについてその善し悪しをきちんとふり返り、次にはもっと優れた成果が得られるよう、自己教育力を高めていくことが目指されているのです。近年、協同的な学びやアクティブ・ラーニングに対する関心が高まっていますが、学習者の主体的な学びを構築するためには、それを支える査定や評価の考え方とその方法について、しっかり理解しておくことが不可欠になってきます。

　ところで、この「評価」という用語ほど、人によってさまざまな先入見や思い入れとともに解釈されることばはありません。「人の能力を点数化してよいのだろうか」「本人が心から納得する成績をつけるなんて不可能だ」などなど。それは、私たちがそれぞれの人生段階で、値踏みや順位づけの対象とされてきた（してきた）経験に由来するのかも知れません。その結果、評価はしばしば嫌われたり、厄介ものといった扱いを受けてきました。評価についてナイーブな態度で議論することが難しいのは、そのためとも考えられます。でも、他者を値踏みしたり、順位づけたり、勝者と敗者を決めたりすることが評価本来の役割ではありません。であるとするならば、評価の真のはたらきとはいったい何なのでしょうか。

　評価の問題が取り上げられるとき、何をどのように評価するかといった技法や手段だけが取り沙汰されることがほとんどでした。もちろん、評価の方法をどうするかも大切ですが、何のために何を評価するのかという、教育における評価の位置づけを明確にしておくことが、今ある活動を明日の実践へと繋いでいくためには欠くことのできない要件なのです。教育は、指導する者と学習する者の間に展開される目標追求行

動ですが、評価はその過程のなかにあって、あらかじめ設定された教育目標を効果的に達成するための不可欠な役割を担っています。その不可欠な役割とは、ある教育目標のもとで学習指導が行われたとき、その活動をチェックして、どこが良かったのか何が足りなかったのかをふり返るための情報を収集し、その結果を次の計画立案や取り組みの改善に活かしていくことです。すなわち、評価とは、教育目標→学習指導→評価→次なる目標の設定・学習指導の改善、という一連の過程のなかで、効果的に目標を達成すべく調整する役割を担うものなのです。

　このように、ある達成のための取り組みを目標に照らして分析・点検するのが評価ですが、そのためにはまず、取り組みのさまざまな側面についての情報を収集する必要があります。この情報収集活動を測定とかアセスメント＝査定と呼びます。つまり、対象とする学習活動についての質的・量的な情報を集めることが査定・測定なのです。したがって、査定や測定には、それが一定の観点から見てどういう意味をもっているかの価値判断は、通常は含まれていません。さらに、測定とか査定のための手段や方法がテストや尺度評定であり、観察であり、面接なのです。テストや査定、評価ということばは、しばしば混同されて用いられますが、これらの用語の違いをきちんと区別して理解することは、評価について議論する上でとても大切です。

　評価について理解しておくべきもう一つの重要な点は、それは本来自分自身で成すべき活動だということです。すなわち、評価の根本的なあり方というのは、自己評価であって、第3者が優れているかどうかを判断することではありません。どのようにできなかったのか、あるいはどのようにできたのか、という取り組みのプロセスを自分自身でふり返る。つまり、他人と比べることではなく、自分の学習活動の前と後での変化、"昨日の自分"と比べて"今の自分"の成長について、自ら確認することが本質的な役割なのです。私たちが学校に通っている間は教師や親から評価されることがほとんどでしたが、それは正しく自己評価ができるようになるまでの過渡的な段階に過ぎないということです。したがって、学校での評価は、生徒が将来自らの取り組みについて自分自身で評価することができるようになるための配慮が必要です。協同学習ではこうした自己評価の機会がさまざまに準備されていますが、それは子どもたちが根拠のない仮想的な有能感を抱いたり、必要以上に卑屈になって自尊心を失ったりすることのないよう、自分自身を順当に評価する能力を育むためなのです。

*

　本書は、Johnson, D.W. & Johnson, R.T. 1996 Meaningful And Manageable Assessment Through Cooperative Learning. Interaction Book Company, Edina, Minnesota の全訳です。著者のDavid Johnson と Roger Johnsonのお二人は、ミネソタ大学の協同学習センターを拠点として、永らく協同教育の研究と実践指導に携わってきた、アメリカにおける協同学習の第一人者です。目次を一覧していただければわかるように、学習の成果とそのプロセス、個人の取り組みとグループの

活動、社会的スキルや態度などについて多面的に査定するとともに、それをもとに評価を行い、成績を付与する具体的な考え方と方法がわかりやすくまとめられています。協同学習ワークショップなどの際に、参加された皆さんから、協同的な学びの進め方についてはわかったが評価はいったいどのようにしたらいいか、という質問をよく受けました。そんなとき、個々の実践に即した評価法についての全体像を説明することは至難でしたが、そのような問題関心を抱いている方々に参照していただけたらと思います。

　ここで訳語について、少しお断りをさせていただきます。わが国では小学生のことを児童、中学・高校生を生徒、大学生を学生と呼び分けていますが、本書ではすべて生徒で統一しました。しかしながら、述べられている内容については児童にも、学生にも当てはまるものであると考えていただいて構いません。他方、技能とスキル、査定とアセスメント、学級とクラス、集団とグループ、発表とプレゼンテーションなどについては、どちらかに決めてしまうことをせず、読みやすさを考え、時と場合に応じて使い分けています。ご了承下さい。

＊

　最後になりましたが、今回の翻訳が実現するまでにご協力をいただきました、多くの方々に感謝したいと思います。日本協同教育学会は機会あるごとに、協同学習は単なる指導技法ではなく、協同という理念に基づいた教育方法論である、と主張してきました。評価に対する考え方には、このことがもっとも良く反映されているように思います。今回の翻訳が日本協同教育学会によって企画されたのもそうした理由によります。ご支援下さった日本協同教育学会の皆さま、とりわけDavid Johnsonとの間の仲介の労をとっていただきました、創価大学の関田一彦教授ならびに久留米大学の岩田好司教授にお礼を申し上げます。訳者にとっては『学習の輪』に続くJohnson兄弟による著書の紹介ということになりました。

　また、編集に関しては、同じく日本協同教育学会による『先生のためのアイディアブック―協同学習の基本原則とテクニック―』と同様、東京出版サービスセンターの川村統俊さんに全面的にお世話になりました。最初に川村さんに連絡したとき、彼の方から「『アイディアブック』に続く2冊目が出せたらいいな、と思っていたところです」と開口一番言っていただきました。本書が読者にとって読みやすい本になっているとすれば、それは彼の貢献によるものです。どうもありがとうございました。協同の価値や意義を理解し、その実現に向けて日々取り組んでおられる方々にとって、わずかでも気づきを得ていただけるとしたら、訳者にとってこれにまさる喜びはありません。

2016年　立秋
石田　裕久

目　次

訳者まえがき……………………………… 3　　緒言……………………………………… 9

第1章　役に立つアセスメントとは………………………………………………… 11
アセスメント（査定）とは……………… 11　　査定の問題……………………………… 13
査定とは何か……………………………… 13　　査定を意味あるものにするために…… 20
査定の実施と協同学習グループ………… 23　　協同学習を理解する…………………… 28
協同学習グループによる査定…………… 32　　本章のまとめ…………………………… 34

第2章　目標設定のための会議…………………………………………………… 42
悲しい結末の寓話………………………… 42　　スタートは学習目標から……………… 43
生徒と会議を行う………………………… 45　　目標設定会議…………………………… 46
目標設定への3つのステップ…………… 47　　教師と生徒による目標設定会議の手順… 48
教師と協同学習グループによる目標設定会議の手順　　　　　　　　　　　　　　49
協同学習グループのメンバーによる目標設定会議の手順　　　　　　　　　　　　50
協同学習グループ同士による目標設定会議… 51　　まとめと結論………………………… 53

第3章　標準テスト………………………………………………………………… 60
標準テストとは何か……………………… 60　　標準テストの長所……………………… 62
標準テストの短所………………………… 62　　標準テスト実施上の留意点…………… 65
よりよい標準テストの受け方…………… 66　　本章のまとめ…………………………… 68

第4章　教師作成テスト…………………………………………………………… 72
テストを実施する………………………… 72　　論文体テスト…………………………… 76
テスト計画表……………………………… 78　　協同学習と教師作成テスト…………… 80
学びのトーナメント……………………… 86　　トーナメント実施上のルール………… 87

第5章　作文とプレゼンテーション……………………………………………… 92
生徒の成果発表と協同学習……………… 92
協同のペアで作文を推敲する（ピア・エディティング）　　　　　　　　　　　　93
予習ノートの作成………………………… 102

第6章　プロジェクト……………………………………………………………… 106
プロジェクトの特徴……………………… 106　　なぜプロジェクトを使うのか………… 106
プロジェクト課題を提示する…………… 108

第7章　ポートフォリオ……………………………………………………… 113

- ポートフォリオとは何か…………… 113
- ポートフォリオの利用法…………… 117
- なぜポートフォリオを使うのか…………… 114
- ポートフォリオを用いた評価後会議……… 123

第8章　観察……………………………………………………………………… 131

- 観察の基礎………………………… 133
- 観察する…………………………… 140
- 観察結果をまとめ、フィードバックし、分析を促す
- 観察データをまとめる：事例……… 150
- 本章のまとめ……………………… 153
- 観察の準備をする………………… 137
- …………………………………… 146
- 模擬場面の応用・ロールプレイ・観察…… 152

第9章　社会的スキルのアセスメントと評価……………………………… 162

- 社会的スキルとは何か…………… 162
- 社会的スキルをどう評価するか…… 166
- 社会的スキルを指導する………… 168
- 社会的スキルを効果的に使うための働きかけ
- 社会的スキルの知識について評価する…… 175
- 継続的な改善のための目標を設定する…… 176
- 本章のまとめ……………………… 177
- なぜ社会的スキルを指導し、評価するのか　164
- 社会的スキル評価の基本的考え方………… 167
- スキルが使用可能な協同場面を創る……… 173
- …………………………………… 174
- 社会的スキルの習得について自己評価する　175
- 生徒の社会的スキルの報告………………… 177

第10章　態度のアセスメントと評価 …………………………………… 185

- 態度の重要性……………………… 185
- どの態度を測定するかを決定する… 188
- 質問項目の適切性………………… 190
- 質問項目の言い回しをチェックする… 192
- 質問項目の配列…………………… 195
- 質問紙の全体形式………………… 198
- 態度にもとづく意思決定………… 200
- 生徒の態度を査定する…………… 186
- 自分用の態度尺度を構成する…… 188
- 回答の形式を決める……………… 191
- 質問内容を決める（言い回しを除く）…… 194
- 質問紙のレイアウト……………… 198
- 学校生活に関する標準態度尺度…… 199
- 本章のまとめ……………………… 200

第11章　インタビュー …………………………………………………… 204

- インタビュー法とは……………… 204
- インタビューはどのようにするのか…… 207
- 本章のまとめ……………………… 209
- なぜインタビューを行うのか…… 205
- インタビューにおける質問のタイプ……… 208

第12章　学習記録と学習日誌 …………………………………………… 212

- 学習記録・学習日誌とは………… 212
- 学習記録・学習日誌を評価する… 214
- 学習記録とインフォーマル・グループによる協同学習………………………………………… 218
- 自己評価と相互評価……………… 224
- 学習記録・学習日誌をどう使うか… 213
- 行為理論と学習日誌……………… 216

第13章　質の高い学習と生徒による管理チーム　…………………… **226**

学習の質を継続的に改善する………… 226	継続的な改善の手続き………………… 227
生徒による管理運営チーム…………… 238	本章のまとめ…………………………… 239

第14章　教師の同僚性と評価　……………………………………………… **242**

同僚による支援チーム………………… 242	査定と成績報告を行う………………… 243
指導、査定、成績報告の継続的な改善… 245	教師が協働するための時間を捻出する… 246
本章のまとめ…………………………… 247	

第15章　成績をつける　………………………………………………………… **253**

成績（通知表）をつけるということ……… 253	なぜ成績は公正でなければならないか…… 253
成績評価の歴史………………………… 255	何のために成績をつけるのか………… 256
成績に潜む主観性……………………… 257	成績評価のタイプ……………………… 257
成績をどうつけるか…………………… 259	チェックリストとナラティブ………… 261
協同学習における成績の付与………… 262	本章のまとめ…………………………… 264

第16章　ふり返り　……………………………………………………………… **269**

評価するということ…………………… 269	評価計画を立てる……………………… 270
役に立つ評価の実施…………………… 271	生徒とともに行う会議………………… 273
査定の方法……………………………… 273	全体的な質が高い学習………………… 278
教師の同僚性と評価…………………… 278	成績（通知表）をつける……………… 279
星座と地面……………………………… 279	明日への実践のために………………… 281

References ……………………………… 282

緒言

　本書の目的は、(a) 教育評価やアセスメント（査定）をより有意義で役に立つものにするとともに、(b) 評価過程にとって重要な役割を果たす協同学習の利用を促すための実践的な指針を読者の皆さんに提供しようとするものです。この本を丹念に読んでいただき、日々の授業実践になるべく多く使っていただけたらと願っています。

　学校の説明責任に対する要請が高まりをみせるのに伴って、次第に教育評価が強調されるようになってきました。本書では、読者に理解してもらいやすいように、実践的で具体的な方法や項目例を示しながら、幅広い評価・査定のあり方を紹介しています。有力で興味深い評価・査定方法の多くは、いざそれを実践しようとすると手間暇のかかるものです。教師の多くは、こうした新たな実践を試してみるような時間とエネルギーを持ち合わせていないのが実情です。協同学習グループは、生徒が教師の右腕になって支援的役割を果たしてくれるような、指導と一体化した新しい評価方法の実践の場を提供してくれます。協同学習グループを用いることによって、教えられる内容とそれを査定する方法の連携が可能になるのです。協同学習グループに指導と査定を巧みに織り込むことによって、生徒の学びと教師の指導を向上へと導いてくれることが期待できます。

　皆さんが本書を学校の同僚とともに読んで下さると、さらに有効性が発揮されると思います。仲間と本書を一緒に読み、議論していただくことによって、新しい評価手法を着実に学級へと取り入れ、互いに助け合うことができるようになるでしょう。まさに車の両輪のように、あらゆる指導にこうした新しい評価手法を組み合わせて実践して下さることを望んでいます。

　最後に、本書の編集・デザインに携わってくれた Linda Johnson、Catherine Mulholland、Laurie Stevahn に御礼を申し上げるとともに、彼らの創造性と惜しみない努力に心からの感謝の意を表します。

第1章　役に立つアセスメントとは

アセスメント（査定）とは

教育とは知識を詰め込むことではなく、学問への情熱に火をつけることである。

イエーツ, W. B.（アイルランドの詩人・劇作家）

　イソップ物語に、海岸を歩いていたふたりの旅人の話がある。彼らは、はるか沖の波の上に何かが浮かんでいるのを見つけた。「おい見ろよ！大きな船が遠くからやってきたぞ。お宝をいっぱい積んでいるに違いない！」と一人が言った。そして、その物体が近づいてきたとき、もう一人が言った。「あれは宝を積んだ船なんかじゃない！今日の漁から帰ってきた漁師の釣り船だよ！」。さらにその物体が接近してきて、波がそれを海岸に打ち寄せたとき、彼らは叫んだ。「あれは難破船から流れ着いた金貨の入った箪笥だ」。この二人の旅人が波打ち際に駆けつけたとき、そこには水に漬かった丸太があるだけだった…。

　この寓話の語る教訓は、**ある結論を下す前には、慎重な査定を行わなければならない**、ということである。

　慎重な査定を行うことは、教師に与えられた本来的責任である。教えること、学ぶこと、査定すること、そして評価することは、すべて互いに関連し合っている。教師には学習者が主体的に学ぶように指導する責任があり、その学習活動について、(a)確実に学びが行われているかどうかを確かめ、(b)指導の効果をよりよいものとするためには、査定が実施されなければならない。

　定期的に査定した結果は、学習活動の質や量、学習成果を評価するために用いられる。教えること、学ぶこと、査定すること、評価することは、相互に密接に関わり合っているために、それらを別々に分けて考えることは難しい。次の表1-1には、それぞれの概念とその適切な定義が記されている。教えること、学ぶこと、査定すること、評価することが、それぞれどのように関係し合っているかを他の人にも説明できるようになることが望ましい。

表1-1 概念を定義する

概念	定義
教えること	生徒が学びを通して変化・成長するのを支援する学習事態を設定すること
学ぶこと	指導によって、生徒自身の中に変容が起こること
査定すること	生徒やクラス、教師や学校管理者に質的・量的な変化が起こっているかどうかについて情報を収集すること
評価すること	測定された成果の良い所や価値、そして望ましさの程度について判断すること

CLICK! ❶ アセスメント（査定）と評価

　アセスメント（査定）とは、テストや観察などさまざまな方法を用いて、対象の実態を把握すること、実情についての情報を集めたり、測定したりすることを意味する。そして、評価は、ある観点からその査定結果を価値判断するということである。したがって、評価なしの査定というのはあるが、査定をしない評価というのはあり得ない。理想は、継続的に査定を行うとともに、時に応じて評価もする、というものである。あなたは次のような目的のために、査定することによって得られた情報を利用することができる。(a) 進級や報奨、卒業要件について判断するために生徒を評価すること、(b) 教員の勤務考課のために指導案を評価すること、(c) 学校や教育区について、他の地域や他の国と比較することによってその有効性を評価すること（そのような比較をするためには、各学校は同じ査定方法を用いなければならない）。査定の水準の高さは、評価の質の高さを決定づけることになる。もし、査定方法が間違っていれば、評価も間違ってくる。正確で完全な査定が行われた時にのみ、妥当な判断を下すことができるのだ。

第1章　役に立つアセスメントとは

査定の問題

　役に立つ査定を計画、実施し、有効に利用するためには、次のような質問に答えることができなければならない。

1　査定しようとする生徒の「成果」とは何なのか？
2　どんな査定方法を利用することができるか？
3　査定の目的は何か？
4　査定の際、焦点を当てるべきところはどこか？
5　どのような場面で査定を行うべきか？
6　これらの質問にどのように答えれば、役に立つ査定結果が得られるだろうか？
7　これらの質問にどのように答えれば、有効な査定となるだろうか？
8　協同学習では、査定を有効で役に立つものとしてどのように用いているだろうか？

査定とは何か

　何を査定すべきかについて明確にするためには、まず、査定したい生徒の成果と、査定に用いる方法を選択しなければならない。それを行うに際しては、査定の目的、焦点を当てるべき活動や成果、査定を行う場面、当面の問題点、その関係者などについて理解しておく必要がある。

◆査定対象とする生徒の活動や成果

　古いことわざは、「何らかの方法で成果が測れるものは、必ず達成させることができる」と教えている。教師が何を査定するかは、教師が何に価値をおき、何を達成させたいと考えているかに関する、簡潔で力強いメッセージである。1冊の本などでは検討しきれないほど、学習活動には多くの指標が存在する。下に示したのは、学習活動のもっとも一般的な指標のいくつかである。

1　**学習の認知的な側面**：生徒が知り、理解し、長期間保持する知識や情報
2　**推論**：生徒の推論や概念の枠組み、科学的手法や問題解決のしかた、学問的な議論の組み立て方、などの質的側面
3　**スキル（技能）と能力**：具体例としては、口頭と文章によるコミュニケーション技能、チームワーク技能、研究のスキル、情報を分析し体系化する技能、技術的スキル、ストレスや災難に対処するスキル、葛藤解決技能
4　**学習の態度的側面**：学びを好きになること、社会の一員としての責任を担うこ

と、読むことへの興味、科学的推論への関心、自尊感情、多様性を受け入れること、世界をよりよいものにしようとすることなど、生徒が発達させる学びに関する態度
5 **学習の習慣**：学習活動を時間通りに終わらせること、時間を上手に使うこと、役割責任を負うこと、質の高い学習に励むこと、継続的に学習方法を改善すること、仲間の活動に価値を見出すことなど、生徒が発達させる学びの習慣

◆査定の方法

生徒のどのような成果を査定するかが決まったら、次にどんな方法を用いるかを判断しなくてはならない。利用可能な方法には以下のようなものがある。

- ・目標設定会議
- ・標準テスト
- ・教師自作のテスト、小テスト、試験
- ・作文
- ・口頭発表
- ・プロジェクトや実験
- ・ポートフォリオ
- ・観察
- ・出席状況、参加度、宿題、などの記録
- ・シミュレーション
- ・質問票
- ・インタビュー
- ・学習記録（ログ）や学習日誌（ジャーナル）
- ・生徒自身が運営するチーム
- ・学習手続きの総合的な質
- ・教師による査定チーム
- ・生徒が運営する親との面談

上述したそれぞれの手順は、本書の中でさらに詳しく述べられる。それぞれの章では生徒の学習活動を査定するためのいくつかの方法と、次のような質問に対する対処法が紹介されている。

1 どのような方法やツールがあるか？
2 なぜそれを使うべきなのか？
3 それをどのように使ったらいいか？
4 具体的なニーズにどう適合させたり、仕様変更したりするか？

生徒のどんな成果をどのような方法で査定するかを決めるためには、学習指導のプロセスと結果のどちらに焦点を当てるのか、査定をどのような場面で実施するか、その査定と関係者との関わりが高いか低いか、という査定の目的を明確にすることが必要になってくる。

第1章　役に立つアセスメントとは

表1-2　査定に関わる事項

目的	診断的評価、形成的評価、総括的評価
焦点	学習のプロセス、指導のプロセス、学習の成果、指導の成果
査定場面	人為的場面（教室）、実際的場面（現実生活）
関係者との関わり	低い、高い
関係者	生徒・親、教師、学校管理者、行政、大学・雇用者

◆査定の目的

　目的を達成するためには、査定しようとする生徒の成果に相応しい査定方法を選ばなくてはならない。査定の目的としては次のようなものがある。(a)生徒の現在の知識とスキルのレベルを診断する（診断的）。(b)指導案を立案する際の参考にするため、学習目標に向けての進み具合をモニターする（形成的）。(c)生徒の学習活動の最終的なレベルを判定するためのデータを収集する（総括的）。

1　診断的査定は、生徒やグループや学級全体の現時点での知識、スキル、興味・関心、態度のレベルを測定するために、単元や学期、年度の当初に行われるものである。診断的査定は、成績を付けるためのものではない。学習の開始時点における生徒の特徴に関する情報によって、教師と生徒の双方にとって現実的かつ挑戦的な学習目標を設定することが可能になる。よりよい見立ては、より明確で具体的な学習目標をもたらしてくれる。

2　形成的査定は、単元や学期、年度を通して、学習の進み具合をモニターし、学習目標の効果的な達成に必要なフィードバック情報を得るため、定期的に実施される。それは学習活動を組み立て、促進することを意図したものである。形成的査定は、次のような2つの理由から、現在進行中の学習過程にとって欠くことのできないものとなっている。1つは、生徒が学習目標の達成へと向かう際に、彼らにフィードバック情報を提供することである。そうしたフィードバックにより、生徒は学習を次のステップへと進めるために必要なことを計画できるようになる。2つ目は、教師に効果的な指導実践を行うためのフィードバック情報を提供することである。これにより、生徒が学習目標を達成しようとする際に、教師は何を援助したらいいかを計画することができる。形成的評価は、生徒や教員自身を評価するためのものではない。

3　総括的査定は、生徒の学習についての質・量両面にわたる最終的な達成の度合

いと、その指導案自体がよかったかどうかについて評価するために、各単元や学期の最後に実施される。この査定は、学習成果を総括するものであり、学習目標がどの程度達成され、望ましい結果が得られたかを判断し、成績を付与するための資料を提供するためのものである。生徒の達成度についての判定は、その後必要に応じて、生徒自身やその親、管理職、中等教育以降の学校関係者、就職先の会社など、関係者に伝えられることになる。

◆何に焦点を当てて査定するか

　診断的、形成的、総括的査定は、学習のプロセスを改善したり、学習活動の結果について判断したりするために行われる。形成的査定を実施するにあたっては、学習のプロセスと学習活動の成果の両面に焦点を当てることになるだろう。そして、総括的査定の場合には、焦点はもっぱら学習結果に当てられることになる。

1　学習のプロセス

　生徒の学習に対する取り組みの質を継続的に向上させようとするなら、生徒の学びのプロセスを見極めて、それを評価するシステムを作り上げておかなければならない。そのためには、総括的査定だけではなく、形成的査定も並行して実施することになる。もしあなたが継続的に学習のプロセスを改善していけば、生徒の学習は質・量ともに向上し続けるだろう。学習活動の全体的質を高めるためには、生徒たちを協同学習のグループで学習させることが有効である。協同学習グループは、そのメンバーに質の高い活動をさせる責任を負っている。グループは、次のような活動を行う。(a)メンバーが取り組もうとする活動を明確化し、体系化する。(b)学習過程の各段階におけるメンバーの取り組み方の質を査定する。(c)クオリティ・チャート（質的評価表）で評定する（第13章参照）。(d)学習過程の効果をどのように改善させることができるか、計画を立てる。

2　指導のプロセス

　学習指導の質を継続的に改善していくためには、同僚からなる教師チームで次のような活動を行う。(a)まず、指導のプロセスを明確に記述する。(b)指導プロセスの各段階におけるそれぞれの教師の取り組み方の質を査定する。(c)クオリティ・チャートで評定する。(d)どうすれば指導のプロセスがより効果的になるか、について計画を考える。

3　学習の成果

　生徒の学びの質と量を査定するためには、(a)生徒の望ましい活動を抽出する適切な方法と、(b)その質と量を判断するための一定の明瞭な基準、が必要である。それには、紙と鉛筆によるテストを用いることもできるし、作文や科学実験をさせるなどの技能や手法に関わる活動をさせて、チェックすることもできる。

第1章 役に立つアセスメントとは

CLICK! ❷ 何に対する説明責任か？

　学校には、達成しようとした成果について検討するという役割責任が求められるが、そうした圧力は日増しに高まりつつある。

1　**達成の意味するものは、広範囲にわたる。**標準テストで良い成績を収めることに加えて、生徒は、(a) 行動面に関わる達成（コミュニケーション能力、協調性、一定の運動技能、高度な問題解決能力）、(b) 達成を表す作品（あるテーマやプロジェクトについて書かれたレポート、アート作品、クラフト作品）、(c) 達成に関わる態度や行動傾向（しごとに対するプライド、向上心、質的側面への関心、セルフ・コントロール、自尊心）、によって達成を示すことが期待されている。

2　**学校の組織構造は変革しつつある。**（学級では協同的な学びを、そして学校内では教師の同僚性を重視することで）チームに基礎をおいた、高い成果を上げる組織構造へと変革するにつれて、教師は (a) 生徒のチームワーク技能の質、(b) 指導案の質、を相互に査定することが期待されるようになる。

3　**高校や大学を卒業しても、一般社会における市民としての能力や質の高い生活を送る能力が不足していることがある。**学校は、生徒が必要としているものをきちんと教えることに責任がある。それは、(a) 教養を深めること、(b) 仕事を見つけて働き続けること、(c) 市民としての責任感をもつこと、(d) 質の高い生活を送ること、である。卒業しても就職せず、世事に疎く、政治的参加に関心がなく、投票にも行かない人たちがたくさんいる。彼らは、安定した友人関係や家族とのきずなを結んだり、維持したりすることに失敗することが多い。2年生を担当する教師は生徒を3年生にすることだけを考え、高校の教師は、生徒が社会に出て有意義な生活を送る準備をさせるというより、もっぱら大学生にすることだけを考えている。

4　**学校の多くは、生徒たちに他の国の卒業生と就職や昇格で対抗していくための準備をさせることの必要性を認識していない。**経済のグローバル化は、学校のグローバル化をもたらすことになった。その地域で優れた学校の1つになる、あるいは、国内で優れた学校の1つになるというだけでは、もはや十分とはいえない時代なのだ。アメリカにおける学校教育の質は、日本やドイツ、フィンランド、タイ、そして世界のあらゆる国の水準と比べられるべきである。アメリカの学校は、"国際的水準にある働き手"を育て、世界中に従業員や支社をもつ国際企業で働き、そこで上手くやっていくことのできる社会人を育成しなければならないのである。

4　指導の成果

　指導が有効だったどうかは、その指導案が生徒たちを、普段のレベルを超える、より高い学習へと実際に動機づけたかどうかを測ることによって査定する。

◆査定を行う場面

　査定は人為的な場面（たとえば教室など）や、実際的ないし現実的な"日常生活"場面で行われる。実際的な査定では、日常の場面で、生徒に望ましい技能や手法を実演してもらう必要がある。さまざまな日常場面に実際に生徒を置くことは難しいので、模擬的な現実生活の課題を達成させたり、模擬的な場面での現実的問題の解決に取り組ませることになる。たとえば、理科などの教科で実際的な査定を行うためには、生徒をがんの治療について研究しているチームに入れ、(a)実験を行うこと、(b)結果をまとめた実験報告を書くこと、(c)投稿論文を書くこと、(d)模擬学会で口頭発表すること、などに取り組ませる。活動に基づく査定のように、実際的な査定を行うためには、(a)どんな活動を査定するか活動のサンプルを選ぶ、(b)評価基準を決める、といった手続きが必要になってくる。また、査定するための現実的な日常生活場面を見つけたり、模擬的な場面を作り出したりする想像力も必要になってくる。

◆査定と利害関係者

　生徒の学習活動や指導案、学校の教育効果の査定には、少なくとも4種の利害関係者が存在する。すなわち、生徒とその保護者、教師、学校管理職、教育行政関係者である。それぞれの利害関係者にとって、査定の重要性は高い場合もあるし、低いこともある。査定を計画し、実施しようとする時、査定の利害関係者は誰になるか、結果にどのような利害をもっているのかについて、決定しておかなければならない。

1　低い利害関係にある査定

　生徒の学習活動や教室における指導過程での形成的査定は、生徒にフィードバックを与えたり、指導のあり方の適否を確かめるために教師が行うものだから、利害関係者との関わりはさして高くない。もし生徒たちがこの査定で上手に活動できなくても、彼らが不利益を被ることはないし、教師の授業が順調に進んでいなくても、彼らが罰せられることもない。

2　高い利害関係にある査定

　生徒の将来に影響する可能性のある、あるいは教師にメリットがあるかどうかを決定づけるかも知れない総括的査定は、利害関係者との関わりが高くなる。SAT（Scholastic Assessment Test）やACT（American College Testing Program）のような大学進学試験は、生徒にとって利害関係の高い査定である。なぜなら、大学への入学が、これらのスコアによって左右されるからである。国全体にわたる査定やいくつかの標準テストは、生徒たち自身ではなく、教師や学校、あるいは地域にとって高い利害関係にある典型的な査定である。ある行政区では、州内の学校や地域の平

均点が新聞に公表されることがある。それは不動産の価格にも影響を与えるので、そうしたことに関心のある関係者にとっては、利害と密接に関わることになる。

> **CLICK! ❸ その査定の関係者とっての利害を確認する**
> 1 用いる査定方法をリストアップする。
> 2 そのリストを高い利害と低い利害の2つのカテゴリに分割する。
> 3 学校の主だった利害関係者ごとに2の手順を繰り返す。

表1-3 査定における利害関係者

生徒と保護者	教師	学校管理職	教育行政関係者
生徒の伸びを確認する	生徒の長所と短所を診断する	教師の卓越性をモニターする	標準を設定する
生徒の長所と短所を診断する	生徒にフィードバックを与える	指導案の有効性をモニターする	教育の質をモニターする
生徒の達成度をいかに改善できるか計画する	生徒の成績をつける	指導案の長所と短所を同定する	教育方針を公式化する
生徒や保護者が学校に何を期待しているかを理解する	グルーピングの仕方を決める	優先事項を示す	
大学や職歴に関する見識ある意思決定をする	指導やカリキュラムの有効性を決定する		
	指導案の修正や改善方法を決定する		

　低い利害関係にある査定の危険性は、生徒や教師たちがそれを真剣に受け止めないという点にある。反対に、高い利害関係にある査定の危険性は、生徒や教師が何らかの形で甘い報告をする可能性のあることである。

査定を意味あるものにするために

　査定を行なったというだけで、査定の目的が達成されるとか、関わりのある利害関係者から意味あるものとして認められるわけではない。査定はそれが、(a) 意義のある目的を達成したとき、(b) 利害関係者に明確で有用な情報を提供したとき、(c) 学習と指導の質を高めるためのはっきりした方向性を提供できたとき、に意味のあるものになる。**第1に、査定を意味あるものにするためには、それが意義のある目的をもっ**たものでなくてはならない。意義深い目的とは、(a) 生徒およびその他の利害関係者に対して、生徒が学んでいるプロセスとその学習活動の質や量について、正確で詳細なフィードバックを与えること、(b) 学習と指導を改善すること、を含んだものである。査定が、現実的な場面における生徒の実際の活動に焦点を当てていて、指導目標とカリキュラムの広さや深さを反映し、共有された目標を反映していればいるほど、その査定はより意味あるものになっていく。具体的な目的なしに行われた**意味のない査定**は、結果として得られる情報があまりにも一般的過ぎ、曖昧であるために、学習や指導の改善には活用できずに終わってしまう。

　第2に、査定の実施に生徒自身が関与するときに、それは意味あるものとなる。意味のある査定では、生徒は (a) 査定の手続きを理解しており、(b) 査定のプロセスが上手くいくように、自らの時間とエネルギーを費やし、(c) 自分たちの活動の質と量を査定する主体となり、(d) 活動を共有し、他の人たちとそのことについて話し合うことを望んでいる。意味のない査定では、生徒は手続きを理解していなかったり、関与しようとしなかったり、査定にやらされ感を抱き、その結果を誰とも共有したいと考えない。実際的な文脈の中で行われる査定は、生徒の注意をとらえ、彼らの関心を引きつけ、プロセスに関与させることによって、それを意味あるものにしてくれる。保護者たちにとっては、生徒の学習を査定する際の手続きがわかりやすく、子どもたちの学業について明確に把握できるものであるとき、査定が意味のあるものとなる傾向がある。

　第3に、意味のある査定は、今後の学習への取り組みに方向性と指針を与えてくれる。査定は、誤解を正したり、学習に伴って生じてくる不一致を埋めたり、知識や技術が次のレベルに進むための方向性を与えてくれる。査定は、その結果が学習や指導の改善に活用されることによって、ますます意味深いものとなる。**意味のない査定**とは、生徒が学びをどう正し、前進させるかといった示唆を何ら伴わず、ただテストの点数だけを与えるものをいう。

　査定は、学習プロセスの欠くことのできない一部をなしている。そして、査定のもつ意味は、それに対する自主的で主体的な関わりを通して生み出される。査定を意味あるものにするためには、次の5つのステップに生徒が確実に関与するようにしなければならない。それは、(a) 学習目標を設定すること、(b) 学習目標の達成のしかた

を計画すること、(c) 目標を効果的に達成するために査定を行うことであり、査定の結果は、(d) 学習への取り組みから生徒が自信と満足を得るよう活用するとともに、(e) 次の新しい目標を設定し、(a)〜(d) のステップを繰り返すために用いられる。

CLICK! ④　査定を意味あるものにする要件とは？

次に示した、査定を意味あるものにするための要件について、もっとも重要なもの「1」からもっとも重要でないもの「8」まで順位を付けなさい。

(　) 保護者が査定の手順や方法について理解し、子どもたちがどのくらい学べているかについて明確に把握できること
(　) 教師や利害関係者に、指導の質についての的確で詳細なフィードバックを与えること
(　) 生徒たちが課題をシェアしたり、仲間とそれについて討論したいと思うこと
(　) 生徒が査定に自らの時間やエネルギーを費やすこと
(　) 査定の手順や方法を容易に理解できるものにすること
(　) 実際的・現実的な文脈で査定を行うこと
(　) 生徒が査定をわがこととして、その手順と方法の当事者であると実感すること
(　) 生徒や利害関係者に、学習の質と量に関する正確で詳細なフィードバックを提供すること

ステップ１：学習目標の設定に生徒自らが関わること（第２章を参照）

人は、自分で立てた目標については達成しようと頑張るが、他人から強要された目標に対しては恨めしく思ったり、抵抗を示したりするものである。目標設定への関わりは、(a) 最善を尽くすことにつながり、(b) 誰もが望ましいと思うものの達成に寄与するために、(c) 仲間と一緒に、(d) 参加すること、から生ずる。

(a) 最善を尽くすことにつながる：関わりというのは、現実的で挑戦しがいのある目標を立てることから生まれる。一人ひとりの達成が大きければ大きいほど、共通の望ましい目標実現への貢献も高いものとなる。各グループメンバーが一生懸命取り組めば取り組むほど、すべてのメンバーへの利益も大きくなる。

(b) 誰もが望ましいと思うものの達成に寄与する：生徒が自分だけの利益の追求を超えて、他の人々の幸せや共通の望ましいものの達成に貢献しようというめあてを設定するようになるにつれ、目標のもつ意味は増大する。自分だけの成功ではなく、より高い目的に到達したいと思えば思うほど、その目標の意味はより重要なものになるだろう。子どもたちは、生まれながらに協働することが得意であって、① 新たな知識や能力を習得することを自然に楽しみ、② 学んだことが仲間に役に立つことを喜びとする存在である。グループメンバーの目標が相互依存的な（したがって、自分自身の目標の達成に向けて努力することが、仲間の成功やグループ全体の出来にも貢献する）ものであればあるほど、学習目標はより意味深く重要なものとなる。

(c) 仲間と一緒に：一人で取り組むよりもグループの一員として努力を傾けるほうがより多くの関わりが生ずる。ピアグループのメンバーや学級の仲間は、生徒の学習意欲に多大な影響を及ぼす。学習目標が個々人の意欲と同様にグループの意欲を反映したものであればあるほど、その目標はより重要なものとなり、その目標の達成に生徒は一生懸命取り組むようになる。

(d) 参加すること：学習目標の設定に生徒が参加することにより、① その目標が彼らのやりたいことや価値をおいている内容と関係することを確認でき、② 自分たちの目標なのだと実感するようになる。

ステップ２：学習目標を達成するための道筋を計画することに生徒を関与させる

先にも述べたように、関与することは自主性や主体性につながっていく。他人から強要された道筋はしばしば踏み外したり、横にそれたりするが、自分自身で計画した道には従うものである。学習目標を達成するための計画への関与度は、協同的な学習グループの中で生徒が、(a) それぞれの生徒の才能や能力を活用し、(b) 生徒一人ひとりに他のメンバーから支援と支持が与えられる、ような計画を立てる時にとりわけ高いものとなる。

ステップ３：目標達成への進み具合を査定することに生徒を関与させる

査定をどう進めるかの計画を立てる時、生徒をその過程に関与させることは、査定をより意味深いものにする。具体的には、(a) グループの仲間たちと査定の進め方に

ついて話し合い、明確化する、(b)自分自身とグループメンバーの学習成果を査定する、(c)お互いに自分たちの活動と達成度について共通の認識を得る、ことを通して関与を図る。

ステップ４：自分の目標を達成するとともに、仲間の目標達成を助けることによって、自信と満足感が得られるよう生徒を援助する

　達成を一人で成し遂げるよりも、協同学習グループで仲間と一緒に達成を祝う方が、自信や満足度は高くなる。生徒たちは、(a)目標を達成した喜びと満足感を仲間と分かち合い、(b)他の仲間を援助できたことに誇りをもつ必要がある。

ステップ５：査定の結果を新しい目標の設定に活かし、ステップ１から４までを繰り返すように促す

　生徒は、誤ったところをどのように訂正し、学習の欠けた部分を埋め、次なるレベルの知識と技能へとどう進んで行くのかの方法を計画する必要がある。

査定の実施と協同学習グループ

　意義深い査定というのは、取り扱いが難しいことが多い。査定の手続きの多くは、手間がかかり、１つ以上の属性が関係していて、さまざまな結論を検討しなければならず、数多くの情報源を必要とし、より現実的な場面で実施する必要があり、そして、複雑な手順で進められることが意図されている。教師一人だけでは、査定システム全体を扱うことは難しい。そこで、協同的な学習グループで活動する生徒たちに関わってもらうことが必要になる。

表1-4　査定を実施する上での問題点

問題点	解決策
査定を実施するために要する時間と労力	協同学習グループのメンバーにも査定に関わってもらう
査定の主たる観点が読むことと書くことに限定されること	グループでの学習活動によって、認知的スキルや社会的スキルの実演、高次な推論方法の論証などを観察することにより、幅広い観点から査定する
一般的な査定対象が、教科内容についての知識と事実に関する記憶であること	グループで生徒を活動させることによって、批判的思考や学問的スキル、認知的スキル、社会的スキルのような多様な成果を査定することができる
主な情報源が教師の査定に限定されていること	協同グループで生徒を活動させることによって、教師の査定に加えて自己査定や相互査定を行う
知識や技能を査定する際、書くことと読むことを必要条件にしてしまい、結果が偏ってしまうこと	協同学習グループを取り入れることによって、生徒は口頭での意見交換や発表、技能の演示をすることができる
大部分の生徒は、持続的な改善を行うために必要な資源・材料をもち合わせていない	継続的な改善が行われるためには、協同学習のグループを取り入れることが有効である
生徒の多くは、自分たちの学習活動の査定に使われる基準や評価表について学ぼうとしない	協同学習グループを使うことで、すべてのメンバーが、学習活動を査定するための基準や評価表について確実に学ぶようにする
多くの生徒たちは、査定の手続きについて学習した経験がない	協同学習グループでメンバー同士お互いの活動を査定し合うことによって、査定の手続きについて学ぶことができる
教師の先入観が、査定と評価の過程に影響を与えかねない	協同学習グループを用いて、メンバーがお互いの学習活動を査定することにより、教師の偏見の影響を減少させることができる
生徒の多くは、査定から学び、学習活動を改善する計画を練り、自分たち自身で計画を実行することができない	学習活動の改善プランを立案し、実行に移すにあたり、協同学習グループを取り入れることで生徒に支援システムを提供できる
個人ごとの成果しか査定することはできない	協同学習グループを取り入れることで、個人の成果に加えてグループによる学習成果を査定することができる
生徒一人ひとりを個別に査定するだけで、望ましい授業のプロセスを査定できていない	指導の望ましい方法論と査定の手続きが適合するように、協同学習グループを取り入れる

第1章　役に立つアセスメントとは

◆協同学習グループは査定にどう役立つのか
1　査定を実施し、結果について話し合う人材を提供してくれる

　これまでは伝統的に、教師だけが査定を行ってきた。教師は、たった一人でテストを行い、提出物に成績をつけてきた。重要な査定というのは、実施するのに人手のかかることが多い。教師は、手助けや支援なしに査定を行うような時間的ゆとりをもち合わせてはいない。教師を助けてくれるもっとも身近な人材は、生徒と同僚の教師である。生徒はいつも学級の中にいるので、査定に関わってもらいやすい。査定結果を活かすことへの生徒の関わりは、彼ら自身がデータを集め、分析し、解釈するときに、より大きくなる。したがって、生徒は査定の評価基準について学び、それを自分自身や仲間の学習活動をふり返ったり、査定する際に利用する経験が必要である。

2　生徒の学習活動を査定する際、より多くの観点から行うことができる

　協同学習グループの査定では、読むことや書くことに加えて、生徒による説明やそれを聞く姿勢、認知的スキルや社会的スキルの実演、高次の推論方法を論証すること、図表やイラストのような視覚教材の使い方、学習内容をドラマ化したりロールプレイで演ずること、などを観察することができる。こうした観点から査定することは、生徒が個別に学習していたり、競争事態で学習しているときには、観察することができない。

3　幅広い多様な学習成果を査定することができる

　教科内容に関わる情報や専門知識以外にも、協同学習グループでは教師がその他の幅広く多様な学習活動の成果について、査定することができる。具体的には、次のような査定が可能となる。

　　a．協同学習グループで必要となる言語的な相互作用は、生徒の批判的思考力や推論のレベルを査定するための"生徒一人ひとりの心の窓"を教師に提供する。推理や問題解決の過程がオープンにされることで、それらを査定したり改善したりすることができるようになる。

　　b．協同学習グループでは、生徒は、学問的スキル（理科の実験を行う、など）、認知的スキル（明解な説明を行う能力、など）、社会的スキルを身をもって示すことができる。

　　c．協同学習グループでは、高次の推理能力、拡散的思考（さまざまな解法や多様なアイデアを生む）、創造性、長期記憶を促進するような、知的な挑戦、意見の不一致、論争が生起する。協同学習グループなしには、建設的な論争を仕組むことができないし、それらの過程や学習成果についても査定したり、改善することはできない。

　　d．グループメンバー間でなされる相互作用は、教科内容や学びに対する態度を反映するものである。協同グループでの学習は、積極的な学習態度を生むだけでなく、それらを査定したり改善したりすることができる場面を提供してくれる。

4　より多くの情報源を提供してくれる

　協同学習では、教師による査定とともに、自己査定や仲間との相互査定を行うことが可能になる。そして、自分自身、仲間、それに教師による査定を組み合わせ、総合することができる。教師と同じように生徒や学級の仲間も、査定結果を関係者に伝えることに関わってもらうことができるようになる。

5　知識や活動への参加度を査定する際、書くことと読むことを必要条件にしてしまうことから生ずる偏りを避ける方法を提供してくれる

　協同学習グループでは、生徒は教科内容を話し合いによって学ぶことができ、何を学んだかを口頭で表すこともできる。他のグループメンバーは、上手に読んだり書いたりできない生徒に、質問を読んで、どのように答が導かれるのか、答は何かを一歩ずつ説明することができる。

6　査定や評価のプロセスに影響を及ぼすかも知れない教師の偏見を避ける方法を教えてくれる

　教師の査定にバイアスを与えるかもしれない多くの偏見が存在する。字がきれいなこと（Sweedler-Brown, 1992）や、教師による生徒の行動の認識のしかた（Bennett et al., 1993 ; Hills, 1991）といった特性ですら、生徒の達成度についての教師の判断に影響を及ぼす可能性がある。

7　生徒が査定に使われる評価基準をよく学び、それぞれの生徒の活動について意見交換がしやすい環境を与えてくれる

　評価基準を理解することは、生徒のより質の高い学びを促したり、与えられたフィードバックを理解し、仲間の学習活動を査定する際の助けになる。

8　査定によって学業を促進させる環境が与えられる

　グループのメンバーが自分自身や仲間の学習活動の質や量、的確さについて議論することが査定で求められる時、その査定と報告によって学習は強化される。

9　個人の成果と同様にグループの成果について査定することができる

　グループの科学的な、ドラマ仕立ての、あるいは創造的なプロジェクトなどを査定することが可能になる。

10　査定によって得られた改善案を実行するために必要なサポートシステムを提供してくれる

　査定結果を伝える際は、改善には何が必要なのか、生徒は次に何をしなければならないのかを直接指摘しなければならない。

11　継続的な改善を学級で日常的に行われる活動にしてくれる

　協同学習グループは、あらゆる授業で継続的な改善をもたらすリソースを提供してくれる。学習活動を持続的に改善すべく取り組んでいるチームに生徒が組み込まれることによって、はじめて質の高い学習が生まれる。持続的な改善には、持続的な査定が必要なのである。

12 査定の手続きを理想的な指導法に適合させる方法を教えてくれる

指導上の手続きと査定の手続きは、互いに相反するのではなく相互に役立つために、整合的でなくてはならない。協同学習は、高いレベルの達成や多様な成果を促進する傾向があることから、多くの学級で主要な指導法として用いられるようになり、それゆえ協同学習に即した新たな査定方法が工夫されなくてはならない。

測定結果は周知されることによってはじめて、教えられる内容に影響を及ぼすことになる。授業は教科書によって教えられるべき、とする単純きわまりない教育的見解を克服するためにも、査定は高次の推論、問題解決、メタ認知的思考に焦点が当てられなければならない。そのためには、査定はグループ場面で実施する必要がある。

表1-5　グループのタイプとその特徴

グループのタイプ	定義
見せかけの学習グループ	一緒に取り組むべくメンバーは割り当てられているが、ともに活動することに何らの関心ももち合わせていないグループ。こうしたグループでは、近しい仲間同士の競争を生みやすい。
旧来の学習グループ	一緒に活動することには同意しているが、その活動から得るものはほとんどないと考えているグループ。このグループでは、お喋りしながらの個別の学習が多くなる。
協同学習グループ	共通の目標を達成するために、生徒がともに学習活動を行うグループ。生徒たちは、他のメンバーも同時に目標に到達した時にのみ、学習目標が達成されることを認識している
高い成果を生む協同学習グループ	協同学習グループのすべての基準を満たすとともに、メンバーに与えられた応分の期待を上回る成果があげられるグループ。

それぞれの定義を読んで、各グループの相違点をお互いに説明し合ってみよう。

協同学習を理解する

結束なければ、勝利なし

アメリカ独立戦争のスローガン

　サンディ・コーファクスは、野球史上に残る偉大な投手の一人である。彼には生まれもった才能もあったが、とにかくよくトレーニングをし、自らを厳しく律した。彼はおそらく、その速球がうなるように聞こえた、メジャー・リーグただ一人の投手であった。相手チームの打者たちは、ダッグアウトでお喋りをしたり、ジョークを飛ばしたりしないで、静かに座ってコーファクスの速球のうなりに耳を傾けたものである。打順が告げられるだけで、打者は萎縮した。しかしながら、コーファクスの非凡な才能を簡単に打ち破る方法が1つだけある。それは、私、デビッド・ジョンソンをキャッチャーにすればいいのだ。偉大な投手には、優れたキャッチャーが不可欠である（コーファクスにはジョニー・ローズボロというまたとない女房役がいた）。私がキャッチャーの場合には優れた技能などもち合わせてないので、コーファクスは私が捕球できるよう非常にゆっくりとした球を投げなくてはならない。これは、コーファクスから最強の武器を奪うことになる。さらに、内野あるいは外野の重要な守りのポジションに、ロジャー・ジョンソンを配置したとしたら、コーファクスにとって致命傷になるに違いない。サンディ・コーファクスは、彼自身が偉大な投手なのではない。チームの一員としてのみ、彼は偉大さを発揮できたのだ。同じことが教室の中での学びについてもいえる。並はずれた達成というのは、互いに孤立した個人の個別の努力や競争によってではなく、協同的なチームから生まれるのである。

表1-6　グループとその特徴の種類

グループの種類	協同学習グループの種類	基本的要素の種類	グループ成果の種類
見せかけの学習グループ	フォーマル・グループ	肯定的な相互依存	達成への意欲
旧来の学習グループ	インフォーマル・グループ	個人の責任性	肯定的関係
協同学習グループ	ベース・グループ	相互作用の促進	精神的健康
高い成果を生む協同学習グループ		対人関係スキルと小グループ・スキル	
		グループの改善手続き	

かつて、学習グループはすべてが同じものとして一括りにされてきた。協同学習には、生徒をただ一緒に座らせただけでは生じることのない、多くのものがある。グループにするというだけでは、そこで魔法のようなことが起こるわけではない。グループの大半は非効率的だし、生産的であるわけでもない。たとえば、見せかけの学習グループや旧来の学習グループでは、個別指導以上の利点が何かあったとしても、ごくわずかだろう。もしグループが本来の意味で協同的なものであれば、査定によって改善していくことができる。これまでとは異なる新しい査定の手続きを実施するためには、生徒は協同的な学習グループで活動しなければならない。教師は、協同学習とは何なのか、協同学習グループにはどんなタイプがあるか、協同の基本的構成要素とは何か、生徒間の協同によって生まれる成果にはどのようなものがあるか、について理解する必要がある。

協同学習グループは、生徒たちが共通の目標を達成しようと、一緒になって活動するときに生まれる。生徒たちは、グループの仲間と一緒に目標を達成できたときにだけ、自分たちの学習目標が達成されるのだ、ということを理解している。したがって、生徒は、協同している仲間のすべてにとって有益な成果を求めようとする。生徒たちは、２つの責任を負っている。すなわち、自分に与えられた課題を達成すること、そして、グループの他のメンバーも同じように課題を達成できるよう支援することである。生徒たちは教材について話し合い、それを理解するために互いに助け合い、一生懸命取り組もうと励まし合う。すべての生徒が貢献し、学んでいることを確認するために、個々人の活動を定期的にチェックする。評価は、基準関連評価によって行われる。その結果、グループは個人の総計以上の力を発揮し、すべての生徒が一人で学んでいるときよりも、優れた学業上の成果を達成する。

協同学習のグループには３つのタイプがある。**協同学習のフォーマル・グループ**は一学期から数週間の間継続するグループである。フォーマル協同学習グループは、教材を系統立てたり、説明したり、要約したり、既存の概念構造に組み入れたりする、知的な作業に積極的に関わらせるように促す。それらは、協同学習の活動の核心であるといってよい。**協同学習のインフォーマル・グループ**は、授業のなかで数分間から１時限だけ編成される、一時的なグループである。学習課題に生徒の注意を集中させたり、学習に取り組む雰囲気を作ったり、どんな授業になるかを予測させたり、教材を生徒が認知的に処理することを促したり、授業のまとめをするような場合、一斉指導（講義、演示、視聴覚教材など）の際にこのグループを使用する。**協同学習のベース・グループ**は長期間（少なくとも１年間）にわたって継続する、集団内異質のメンバーからなるグループで、仲間同士支え合い、助け合い、励まし合い、勉学の上で必要な援助が与えられるような、仲間関係が安定したグループである。ベース・グループは、生徒たちに持続した親和的な関係をもたらす。

生徒たちが互いに協同的な活動を行うように単元を構成するためには、協同を起動させるような基本的な要素とは何なのかについて、理解しておかなければならない。

協同の基本的構成要素を把握することによって、以下のようなことが可能になる。
1 今ある授業の単元やカリキュラム、指導案を協同的に構成することができる。
2 協同学習の単元を学校の教育的ニーズ、環境、カリキュラム、教科、生徒に合わせてカスタマイズすることができる。
3 一緒に協同して学習することが困難な生徒の問題を診断し、学習グループの効果が向上するよう働きかけることができる。

　協同をうまく機能させるためには、それぞれの授業に次の5つの基本的構成要素を組み込んでおかなければならない。(Johnson, Johnson, & Holubec, 2002)。**最初のそしてもっとも重要な基本要素は、互恵的な協力関係（肯定的相互依存）である**。授業では、生徒たちが"浮沈をともにする"関係にあることがわかるような、明確な課題とグループ目標を準備する必要がある。彼らが、グループの皆が成功するまで自分も成功したことにはならないという意識をもったときに、はじめて互恵的な協力関係が上手く構成されたといえるだろう。それぞれのメンバーの活動が、メンバー全員のためになる。もし一人が上手くいかなかったとしたら、全員が失敗することになる。互恵的な協力関係は、共通の目標、利害の一致、情報資源の分配、相互補完的な役割、学習の分担、一体感の形成を通して構築されるものである。
　協同学習の2つめの基本的要素は個人（およびグループ）の役割責任である。それぞれのメンバーは、自分に与えられた課題に貢献する責任を負わなければならない(誰しも他のメンバーの活動に"ただ乗り"することは許されない)。**個人の役割責任**は、個々の生徒の成果が査定され、その結果がそれぞれの個人とグループに戻された際に、明らかとなる。協同学習グループの目的は、一人ひとりのメンバーがより強い個人となるよう促すことである。生徒たちは、一緒に学ぶことによって、その後は一人であっても優れた成果を生み出せるようになっていくのだ。
　協同学習の3つめの基本要素は相互交渉、できるならば対面しての相互活動を促すことである。どのように問題を解決するかについて互いに口頭で説明したり、学んだ概念の性質に関して議論したり、自分のもっている知識を仲間に伝えたり、今学んでいることとかつて学習したこととの関連性を説明し合ったりして、生徒たちは互いの成功に向けて励まし合うような活動を実際に行う必要がある。協同学習グループは、勉学上のサポートシステム（どの生徒も学習を支えてくれる仲間をもっている）であるとともに、対人的なサポートシステム（すべての生徒が人として認め合うことのできる仲間をもっている）でもある。
　協同学習の4つめの基本的構成要素は、必要とされる対人関係技能やグループ技能を生徒に教えることである。協同学習グループでは、生徒は教科の内容（**タスクワーク**）を学ぶことと、互いに効果的に活動をするために必要な対人関係技能やグループ技能（**チームワーク**）を学ぶことが要求される。生徒はタスクワークとチームワークに同時に取り組まなければならないため、協同学習は本来的に、競争や個別の学習よ

りも複雑なものにならざるを得ない。グループのメンバーは、どうしたら効果的なリーダーシップ、意思決定、信頼関係の構築、コミュニケーション、対立の調整ができるのか、について知らなければならない。

　協同学習の5つめの基本要素はグループの改善手続きである。グループ改善の契機は、グループメンバーが、いかに首尾よく目標を達成することができるか、どのように良好な人間関係を維持していくかについて話し合う際に生まれる。メンバーのどのような行動が役に立ち、どの行動が役に立たなかったのかについてふり返り、継続すべき行動と変えていかなければならない行動をグループで決めておく必要がある。学習プロセスの絶え間のない改善は、どのようにメンバーが協働するのかについて注意深く分析し、どうしたらグループ効率が高まるのかを自覚することから生じる。

　協同学習の実践は、規律の取れた活動を通してより効果的になっていく。5つの基本的構成要素は、優れた協同学習グループの特徴であるだけではない。それらは、効率的な協同のための活動を生む条件作りのために、厳格に守らなければならない（いわば、ダイエットの際に厳守すべきルールのような）規律なのである。

　これまで100年以上にわたって、何百もの社会的相互依存関係についての調査研究が行われてきた。協同による学習は、競争あるいは個別事態での学習と比較して、以下のような効果の得られることが明らかになっている（Johnson & Johnson, 1989）。

1　より高い達成度

　競争や個別事態での学習に比べて、協同事態での達成度は優れる傾向にある。なぜなら、課題が複雑であればあるほど、そして概念的なものであればあるほど、より問題解決能力や創造性が必要とされ、より高次の推理能力や批判的思考が求められ、そして、"現実世界"へと転移する力が要求されるからである。

2　生徒同士・生徒と教師の間のよりポジティブな関係

　このことは、生徒たちの人種がさまざまであったり、文化や社会階層、母語が異なっているときにもあてはまる。障害があったり、なかったりした場合も同じである。協同的な活動を共にした人たちは、仲間に好意を抱く傾向にある。

3　優れた精神的健康度

　クラスの仲間と協同的に学習することは、自尊心や自己効力感、社会的能力、問題処理能力、精神的健康度を望ましい方向に促進することが明らかになっている。このことは、学校生活や勉学に対する態度についてもいえる。協同的な活動は、生徒が学校や学習、教科に対する前向きな姿勢を育み、より進んだ発展課題に取り組んだり、学び続けることに関心を寄せる傾向がある。

4　建設的な学級や学校の学習環境

　協同的な学習が頻繁に行われるようになるほど、生徒たちは教室の雰囲気を学業面でも、人間関係の上でも、支持的で励ましを与えるくれる場として認知するようになる。協同学習への態度が積極的であればあるほど、生徒は、(a)仲間や教師から達成

への励ましをより多く受けたと報告し、(b) クラスの仲間や教師との関係が前向きで支持的であると感じ、(c) 勉学に対する自尊心が高まり、(d) 成績の与え方が公平である、とみなしている。

> **CLICK! ⑤　協同で学んだ成果は誰のものか**
>
> 　生徒が協同グループで活動するとき、彼らはお互いに助け合ったり、支え合ったりする。こうしたことから、そこで生まれた成果は誰のものなのか、という疑問がもたらされる。それは、彼らが個人としてできることが明確になっていないからかも知れない。これと同じ疑問は、教師によって学習を援助された生徒の成果についても抱かれるだろう。教室での学習が宿題と関連したものである場合も、同様の問題が起こってくる。生徒が家族や友人からどれだけ支援を受けたのかは、個人の成績をどのように考えるか、という解釈の妥当性を脅かすものとなる。
>
> 　多くの査定方法では、家族や仲間からの助けを借りさせないという、不利益な立場に生徒を置いている。しかしながら、両親が高度な専門教育を受けている地域に住んでいる生徒は、教育程度が高くなく裕福でもない地域の生徒より、優れた学習の成果を示すことになるだろう。この問題は、査定の方法を必要に応じて個人ごとに達成度を測ることによって避けることができる。たとえば、ある生徒が1年の間に仲間と推敲し合った、一連の作文を書いたとしよう。これらの作文は、その生徒が（仲間や両親、教師からフィードバックを受け、推敲されて）何ができるかを反映しているが、他方でその生徒が要求に応じてどれだけ上手く書くことができるか、を反映してはいない。それゆえ、教師は、レポートを書くために授業のある程度の時間（たとえば30分）を割き、個別にテストを実施しても良い。そうすることで、学んだ作文技能がどの程度新しい作文課題の達成に転移しうるのか、を査定することができるだろう。

協同学習グループによる査定

　授業のあらゆる単元で、教師は指導、査定、そしてそこで生じた結果の伝達を確実に行っていく責任がある。それは、次のようなステップを含んでいる。(a) 指導目標を具体化して、生徒が学習のめあてを設定できるよう援助し、査定のための計画を立て、単元指導案を構成する、(b) 単元指導案にしたがって授業を実施し、活動を観察し、生徒の学習活動を査定する、そして (c) 生徒の学習成果を査定し、それを質的・量的側面から判断し、次の指導へと活かす。

◆目標の設定・査定・指導

査定の結果を活かすための手続きは、次のようである。

1. 指導目標を具体化する。目標を設定することで、単元指導案を実施し、生徒の学習における伸びを査定・評価するための指針が明確になる。協同にもとづく授業ではつねに、学業面での目標（**認知目標**）と社会的スキルの目標（**態度目標**）の両方が設定される。認知目標は、生徒のレベルに合わせて具体化されるとともに、課題分析にしたがって指導のレベルと適切に合致していなければならない。態度目標は、単元指導の中でその必要性が強調される、対人関係技能とグループ技能を具体化したものとなる。
2. 生徒一人ひとりに自分の学習目標を設定させる。これは、学習目標設定会議を使って行うとよいだろう（第2章を参照のこと）。
3. その単元の目標を達成するための学習課題について、何をどの順番で提示したらよいか計画を立てる。
4. 生徒の学習成果を評価する際の達成基準を決めておく（達成基準の作成にあたっては、適宜、生徒を参加させるとよいだろう）。
5. どうしたら達成基準に到達できるかがわかるよう、生徒が課題に取り組む順序を明確にしておく。
6. 生徒の学習成果と単元指導案の首尾を査定するために、必要とされる情報を収集するための計画を立てておく。

◆授業を実践し生徒の学びを査定する

指導案ができてしまえば、その単元の授業を行う準備が整ったことになる。関係者に伝えるために必要な査定情報の多くは、その単元の授業を行っている間に集めなくてはならない。まず第1に、毎時限の授業は、生徒の宿題の出来を査定することから始められる。第2に、教師は次の各内容を生徒に伝える。すなわち、(a) 達成されなければならない学習課題、(b) 達成の基準、(c) 互いに協力して取り組まなければならないこと、(d) 生徒一人ひとりが、自分に与えられた課題を達成すると同時に、グループの仲間の達成を助けることにも責任があること、(e) 生徒が協力して課題に取り組む際の教師が期待する行動、である。第3に、生徒たちが学習活動を始めたら、教師はそれぞれのグループをきちんとモニターし、生徒が与えられた課題内容を正しく理解しているかどうかを確認するために、必要な働きかけを行う。そのモニタリングと働きかけの際、(a) 協同学習グループの中で活動している生徒を観察して、(b) 協同学習グループのメンバーに質問してみること、は生徒の学習活動を査定するための機会となる。第4に、効果的な協働に必要とされる対人関係技能やグループ技能を生徒が使っているかどうかについては、とくに留意して査定しなければならない。

◆**生徒の学習活動を査定し、その結果を伝える**

　単元の指導が終了したら、その成果についての査定が行われ、結果が生徒、各協同グループ、保護者、あるいはその他の関係者に伝えられる。伝統的な査定方法は、紙と鉛筆による筆記テストである。教師によっては、生徒の実際の成果について調べてみたいと思うかも知れない。たとえば、生徒の作文やクラス発表、ポートフォリオの成果の一部によって査定することもできる。生徒の批判的思考などは、協同学習の技法である「建設的討論法」（Johnson, Johnson, & Holubec, 2002）などを用いて査定することができるだろう。生徒が自分たち自身やグループの仲間について、評定尺度で査定することも可能である。グループによる成果は、査定や報告の過程で活用される。査定の結果を伝える際のもっとも重要な対象は、生徒自身と彼らがメンバーとなっているグループである。それらのグループは、伝えられた情報をグループの改善手続きに利用することになる。また、生徒と協同学習グループは、教師や保護者、その他の関係者とともに集まったところで、査定結果が報告されたり、フィードバックが与えられたりすることもある。

本章のまとめ

　査定＝アセスメントというのは、生徒や学習グループが質的、量的にどの程度変化したか、についての情報を集めることである。査定対象となる生徒の成果とは、教科内容の理解、推論能力、スキルと力量、態度、学習習慣などである。査定の目的は、授業の単元が始まる前の生徒の知識やスキルを診断するためかも知れないし、定期的に進捗状況をチェックすることによって指導案を構成するためであったり、生徒の学びを質と量の両面から評価するのに必要な情報をまとめるためであるかも知れない。査定の焦点は、指導や学習のプロセスにおかれることもあるし、最終の成果におかれることもある。査定は、実際の課題状況で行われれば行われるほど、望ましいものとなる。査定結果の重要性は、生徒や保護者、教師、学校管理者、教育行政の担当者、大学、雇用者によって、高いものともなるし低いものともなる。

　もっとも貴重で必要性の高い査定結果の多くは、標準テストや、それに類する紙と鉛筆による測定では得られないものである。幅広く有用な査定結果が得られるような測定方法を見つけることは、大いなるチャレンジである。より多くの査定方法が利用可能であればあるほど、学習と指導の詳しい全容を把握することが容易になる。こうしたさらなる査定方法を見つけるためには、教師と生徒の双方が、教室における授業の過程に関するデータを収集し、分析し、解釈することに直接関与することが必要である。

　査定は伝統的に、人から人へと伝達される学習の側面に焦点を当ててきた。生徒は他の仲間から孤立した状況で（つまり、競争もしくは個別的な学習事態で）学習して

おり、個人ごとの成果を測る学力テストを課されてきた。こうした実践を支えているのは、2つの仮定である。1つは、個人ごとに査定するためには学習も個別に行わなければならない、というものである。しかしながら、これは誤解である。グループから個人へと伝えられるものは、個人から個人への伝達よりもはるかに優れていることが、すでに実証されている。協同学習グループの目的は、メンバー全員が学習に取り組み、彼らがグループ活動を行った結果として、個人ごとの査定においても優れた結果が得られるようになることなのだ。2つ目の仮定は、生徒の"自力"での成果にこそ焦点を当てるべきであり、教室の仲間や保護者、家庭教師、テレビの教育番組やビデオ教材などの助けや援助なしに査定しなければならない、というものである。これもまた、誤解である。すべての学校教育は、学校内外の幅広い教育的な働きかけによって、支えられ促されることが必要なのである。

　査定は、目標設定のための打ち合わせから始まる。生徒の学習目標が設定されると、指導案にしたがって生徒の取り組みが開始される。そして、教科内容の理解、推論のレベル、スキルと力量、態度、学習習慣の質的・量的な査定が、標準学力テストや教師作成のテスト、作文、プレゼンテーション、個人やグループによるプロジェクト、ポートフォリオ、質問紙、学習記録や学習日誌によって行われることになる。査定されたデータは、持続的な改善をより確かなものにするため、学習指導全体の質を高めるために用いられる。教師は、査定をより公正で完全なものとするよう、同僚による指導チームを組んで協力する。そして、教師は生徒の成績を付けるために定期的に査定データを利用する。

Appendix 1-1

査定計画表 ☑

1　査定の目的は何か。
   a. _____
   b. _____
   c. _____
   d. _____

2　査定はどこに焦点を当てて行うか。
   ☐ 学習の過程　　　　　☐ 学習の成果
   ☐ 指導の過程　　　　　☐ 指導の成果

3　どのような場面で査定するのか。
   _____
   _____
   _____

4　査定対象とするのはどのような側面か。
   ☐ 教科の学習　　　　　☐ 学習態度
   ☐ 推論や批判的思考の水準　☐ 学習習慣
   ☐ スキルと能力

5　どのような査定手続きを使用するか。
   ☐ 標準テスト　　　　　☐ ポートフォリオ
   ☐ 教師作成テスト　　　☐ 観察法
   ☐ 作文　　　　　　　　☐ インタビュー法
   ☐ 発表　　　　　　　　☐ 質問紙法
   ☐ 学習記録・学習日誌　☐ 個人あるいはグループによるプロジェクト

6 査定にあたっての利害関係者と利害関係のレベルはどのくらいか。

ステークホルダー	低い利害関係	中等度の利害関係	高い利害関係
☐ 生徒と保護者			
☐ 教師			
☐ 学校の管理職			
☐ 教育行政担当者			
☐ 進学、就職担当者			

7 より意味のある査定を行うために協同学習をどのように使用するか。

___
___
___
___
___

8 査定を行いやすくするために協同学習をどのように使用するか。

___
___
___
___
___

Appendix 1-2

協同学習における教師の役割

◇**指導の前に決めておくべきこと**
・教科の目標（認知目標）と社会的スキルの目標（態度目標）を具体化する
　毎回の授業の目標には、(a) 教科内容に関する学習目標（認知目標）と (b) 対人関係とグループ技能などの社会的スキルに関する目標（態度目標）がある。
・グループサイズを決める
　グループのサイズは小さい方が望ましい（通常は2～3名で、多くても4名程度）。
・グループ構成を決める（生徒をどのようにグループに編成するか）
　ランダムに生徒をグループに分けるか、教師自身がグループを編成するか。一般に、能力や適性に関して、集団内異質となるよう編成することが望ましい。
・役割責任を課す
　読み上げ係、記録係、参加促進係、理解度点検係のような役割を決めることによって、生徒間の相互交流を促す。
・教室内の座席配置を考える
　グループメンバーが"膝と膝をつきあわせ、目と目が合う"とともに、教室の前にいる教師を見ることができるように座席を配置しておく。
・教材計画
　"浮沈をともにする"というメッセージが伝わるように学習教材を準備する。グループに対して1枚だけのプリントを配ったり、グループメンバーが協力せざるを得ないように、学習教材を部分ごとに分けて別々のメンバーに配るようにする。

◇**協同的な場面での学習課題について説明する**
・教科の目標（認知目標）について説明する
　教科の学習目標、授業の目的、課題達成のために必要な概念や原理、従うべき手順について説明する。
・達成基準について説明する
　成果は、あらかじめ設定された基準にもとづいて評価（基準関連評価）されるべきである。そのために、生徒の成果を評価するための基準を明らかにする。
・互恵的な協力関係を築く
　"浮沈をともにしている"ことを生徒たちが信じるようにしなければならない。そのために、つねに互恵的な（自分自身の学習と仲間の学習に対して責任をもつような）目標を設定すること。それに加えて、称賛や報酬、役割の付与、アイデンティティの形成（グループ名をつける、標語を決める、など）によって相互協力関係を促す工夫をする。
・グループ間の協同を構築する
　他のグループと点検し合ったり、援助し合ったりすることによって、協同する利点を学級全体に広げていく。

- 個人の役割責任体制をつくる

  それぞれの生徒は、分担された役割を果たし、他のメンバーの取り組みを援助する責任を認識していなくてはならない。責任を確実に履行させる方法は、折に触れグループメンバーをランダムに指名して質問してみたり、個人別テストや理解度点検係の役割を与えたりすることである。

- 期待される行動を明らかにする

  グループ内で取るべき行動が明確になっていればいるほど、生徒がそのように振る舞う確率も高くなる。社会的スキルは、形成する技能（協同学習グループを作りあげるのに必要なもっとも基礎となる技能で、グループに留まって立ち歩いたりしない、小さな声で話す、など）、機能させる技能（課題を達成したり良好な仲間関係を保ちながら、グループ活動を運営する技能で、取り組みに貢献したり、他のメンバーの参加を促す、など）、定着する技能（学んだ教材の理解をさらに深めたり、与えられた教材の習得や保持を最大限にする技能で、要約する、推敲する、など）、醸成する技能（取り上げられた課題を再概念化したり意見の対立を調整したりする技能で、考えを批判する、判断の根拠を尋ねる、など）に分類することができる。学習グループ内で使ってほしい対人技能やグループ技能を定期的に指導する。

◇観察と働きかけ

- 対面的で促進的な相互作用をアレンジする

  生徒たちが対面しての活動を首尾よく行うことができるよう、授業を実施する。

- 生徒の行動を観察する

  生徒たちが学んでいる間、教材や課題を理解しているかどうか見回って、直接的なフィードバックを与えたり、補足説明をしたり、グループ技能を効果的に使っていることを褒めたりする。これは授業の楽しい側面である。また、それぞれの生徒や各グループの観察データを集める。

- タスクワークとチームワークを改善するための働きかけ

  もし生徒が課題内容を理解していなかったら、タスクワーク（アカデミックな教科内容）を援助する（課題を明確にしたり、再学習を促す）。もし生産的なグループ活動が取れないようなら、チームワーク（対人技能やグループ技能）について支援する。

◇評価と改善手続き

- 生徒の学習を評価する

  生徒の学習の質と量について査定し、評価する。査定する過程にも生徒を関与させる。

- グループ機能の改善を図る

  生徒のそれぞれがフィードバックを受け、グループの働きについてデータを分析し、改善のための目標を設定し、チームで互いに称賛し合う、という一連の活動を確実に行う。一緒に学習して良かった点3つと、明日に向けて改善すべき点1つを、毎回グループで挙げさせる。クラス全体としてまとめを行い、活動の成功と自分たちの努力を称え合って終了する。

Appendix 1-3

協同学習の指導案フォーム

学年（　　　　　）　教科（　　　　　　　）　日付　　　／　　／
授業（　　　　　　　　　　　）

目標
1　教科目標（認知目標）：
　　_____
2　社会的技能の目標（態度目標）：
　　_____

決定事項
1　グループサイズ
　　_____
2　グループ構成の方法
　　_____
3　役割分担
　　_____
4　教室の配置
　　_____
5　学習教材
　　_____

　　□ a. グループに1枚
　　□ b. ジグソー法
　　□ c. 勝ち抜き戦
　　□ d. 1人に1枚
　　□ e. その他

課題と目標構造の説明
1　課題
　　_____
2　達成基準
　　_____
3　互恵的な協力関係
　　_____

4　個人の役割責任
　　_____

5　グループ間の協同
　　_____

6　望ましい行動
　　_____

観察と働きかけ
1　観察手続き　　　□ 形式的な　　□ 非形式的な
2　観察者　　　　　□ 教員　□ 生徒　□ 授業参観者
3　学習支援のための働きかけ：
4　チームワーク援助のための働きかけ：
5　その他：

評価と改善手続き
1　個々のメンバーの学習に関する評価：
　　_____

2　グループの生産性の評価：
　　_____

3　グループ活動の改善点：
　　_____

4　クラス全体の改善点：
　　_____

5　利用された表や図：
　　_____

6　生徒一人ひとりへの肯定的なフィードバック：
　　_____

7　改善のための目標設定：
　　_____

8　称賛すべき点：
　　_____

9　その他：
　　_____

第2章 目標設定のための会議

悲しい結末の寓話

　昔々のこと、一匹の若いウサギが幸せを探しに旅立とうと決心した。両親は、300ドルを与えて成功を祈り、そしてウサギは旅に出発した。まだそれほど遠くまで行かないうちに、彼は野ねずみに出会った。「おい、若いウサギ君、どこに行くの？」と野ねずみは尋ねた。「幸せを探しに行くんだ」と若いウサギは答えた。「君はなんて運がいいんだ。僕はここにおしゃれなスーツを持っているんだ。君になら100ドルで売ってあげよう。そうすれば、君は最新流行のスタイルに身を包んで、とても立派な身なりで、幸せを探しに行くことができるよ」と野ねずみが言った。「まぁ、なんて素敵だろう！」と若いウサギは応え、すぐにそのスーツを買い求め、それに着替えて、さっそく幸運を探し始めた。

　ほどなくしてウサギは鹿に出会った。「おい、小ウサギ君、どこに行くんだい？」と鹿が尋ねた。「自分の幸せを探しているんだ」と若いウサギは答えた。「君はすばらしい幸運の持ち主だよ。このオートバイをたった100ドルで君に売ってあげよう。そうすれば君は超特急で幸せを探すことができるよ」と鹿は言った。「なんて素晴らしいんだ！」と、若いウサギはただちにそのオートバイを買って、村を猛スピードで駆け抜けて行った。

　それから間もなくすると、ウサギはコヨーテに出会った。「おい、ちびウサギ、どこに行くんだい？」とコヨーテが聞いた。「自分の幸せを探しているんです」と若いウサギは答えた。「君は素晴らしい運の持ち主だよ。それならたった100ドルですごい近道を教えてあげるよ。そうすれば、何年もの時間の節約になるさ！」と、大きく開けた自分の口を指さしながら言った。「それは、なんてラッキーなんだ！」と、若いウサギはコヨーテに最後の100ドルを払って、頭を彼の口の中に入れた。そして、直ぐにむさぼり食われてしまったとさ。

　この寓話は、もしあなたがどこに行こうとするのかわかっていないと、自分の望んでいないところに行き着いてしまう恐れがあることを教えてくれる。さらに具体的に述べるなら、「査定（アセスメント）」というのは、最新のやり方を用いて全力かつ速やかになされるべきものだが、もし教師や生徒が達成すべき目標を知らないでいるとしたら、彼らのどんな努力も無益なものとなり、最悪の場合、取り組んでいる学習や指導の質に悪影響さえ与えかねない、という教訓である。

> **CLICK! ⑥　なぜ目標は重要なのだろう**
>
> 1　目標は取り組みにとっての道しるべである。目標は、生徒と教師がすべきことを指し示し、導き、決定する。
> 2　目標は活動を動機づける。目標は動機づけるものであり、活力である。目標なきところには動機もない。
> 3　目標は葛藤を解決するための拠りどころを提供する。生徒間、教師間や生徒と教師の間に起こる葛藤は、教師と生徒が何を達成したいかにもとづいて解決することができる。
> 4　目標は、査定の前提条件である。活動の目的が何であるかを知らなければ、査定することもできない。

スタートは学習目標から

どの港に向かうのかを知らぬ者にとっては、いかなる風も順風たりえない。

小セネカ（ローマの政治家・哲学者・詩人）

　すべての指導は目的に沿って行われる。査定は目標を設定することから始まり、進み具合をチェックしながら進行し、目標がどのくらい達成されたかを査定することによって終了する。**目標**は、将来のことがらについての望ましい状態を表現したものである。たとえば、微分方程式を解いたり、読解について学ぶことが学習の目標となる。目標は、生徒の努力や指導案の成否を査定するために必要である。たとえその目標が、自主的に設定したり主体的に選択したものではなかったとしても、力を合わせて達成する目標のビジョンを共有し、気持ちを1つにすることによって、教師と生徒は結束することができるだろう。指導は、学ぶべきことがらに対する生徒の関与を引き出すことから始まる。そうした関与は、達成すべき目標を生徒が理解し、受け入れ、切望する気持ちからもたらされるものである。

　生徒の目標への取り組みをより確かなものとするためには、2つのポイントがある。まず**第1**に、指導の目標がSTART基準を満たしていることが必要である（表2.1参照）。効果的な学習には、目標が詳細かつ具体的に記述され（それによって、次に何をすればいいのかがはっきりする）、測定可能であり（進捗状況を測ることができる）、挑戦しがいがあると同時に適度な失敗のリスクを備え、生徒の関心に沿った、実生活においても利用可能な能力の習得を目指したものであることが求められる。

表2-1　目標設定から"START"

目標の要件	特徴
S＝詳細で、具体的（Specific）	目標は、生徒がはっきりと理解することができ、それを達成するための計画を立案できる程度に、具体的でなければならない。明確な目標は、次に何をすればよいのかを示してくれる。大雑把であいまいな目標は、行動を導いてはくれない。
T：追跡可能で、測定もできる（Measurable and Trackable）	生徒と教師は、どの程度まで学習目標を達成できているのかを把握できなくてはならない。達成へと至るステップが明確で、理解可能なものとなるよう、目標が操作的に定義されている必要がある。
A：アタックしがいがあり、かつ達成可能（Challenging but Achievable）	生徒にとっての目標は、現在の能力レベルより少し上に設定しておく必要がある。理想的には、生徒が目標に到達できる可能性が五分五分であるくらいが、挑戦しがいのあるものとなる。もし彼らが一生懸命頑張り、必要な支援を適切に得たら、必ず達成できるように学習目標は設定されていなければならない。
R：理が通って、当を得た（Relevant）	学習目標は、生徒の興味や保護者の関心、教師の指導目標、国・県・地域・学校の基準を満たしたものでなくてはならない。生徒が目標を意味あるものと見なし、それらを達成しようする生徒一人ひとりの取り組みを促すものである必要がある。
T：転移によって広がる（Transfer）	学習目標は、生徒が学習した内容を現実の生活の中で適用できるように設定されていなければならない。今日生徒の学んだことが何であれ、明日には他の状況でもそれを応用できることが必要なのである。

　目標達成への生徒の関与をより確実なものにする**第2**の方法は、学習目標の設定自体に彼らを関わらせることである。目標設定に関わることによって、その達成は"わがこと"となる。**他者の目標には無関心であったとしても、人は自分自身の目標とあればそれを達成するための好機を見逃さないし、達成に向けてもてるエネルギーを大いに注ぐのである。**目標を設定するための会議は、目標を設定する過程に生徒を関わらせることによって、学習目標を生徒がわがこととして受け止め、達成への関与を強めてもらうために行われる。目標設定会議では、生徒は指導目標を、達成すべき具体的な行動目標に"翻訳"する。教師などから与えられた授業目標や達成すべきことがらが、生徒たち自らが成し遂げようとする「めあて」として再構成され、内面化されることも目標設定会議の中で行われる。たとえ授業の目標が学校や保護者、あるいは社会から課されたものであったとしても、その日、その週、その単元、その学期あるいはその年度の始めに、生徒は自分たちの学習目標について全体的に話し合っておく必要がある。その話し合いの中で、授業の目標が自分たちのものであると感じるまで、生徒はそれを別のことばで言い換えたり、組み立て直したり、見直したりするのであ

る。こうした話し合いは、生徒たちの目標についての理解度を高めてくれるとともに、目標を達成するために必要な課題に起こりがちな誤解を取り除いてくれる。なお、効果的だとされる多くの査定方法では、学習目標の設定やその達成が首尾よく行われているかどうかを査定する際に、生徒自身を参加させることが求められている。

生徒と会議を行う

　査定の過程では、少なくとも３つのタイプの会議が生徒とともに開かれる（表2-2）。１つ目は、それぞれの生徒が自分の学習目標を設定し、それらの達成を皆に"宣言"するための**目標設定会議**である。要するに、生徒たちは自分自身や教師、協同学習グループの仲間たちと、定められた学習期間内（授業時間内、単元内、今日中、今週中など）に学ばなければならないこと、達成すべきことを具体化した学習上の契約を取り交わすのである。２つ目は、目標達成への生徒の進捗状況について検討するために定期的に行われる**プロセス評価会議**である。そこでは、何が達成されていて、その後何がなされるべきかが詳細にされる。生徒それぞれの学習目標の達成にとって、次にどういったステップが必要かについて検討が加えられるのである。

表2-2　目標に関する３つの会議

会議	個々の生徒	協同学習グループ
目標設定会議	生徒は、それぞれの授業時間、その日、その週、その単元における自分の学習目標を設定して、それを達成することを学習上の契約として公表する	協同学習のグループは、それぞれの授業時間、その日、その週、その単元におけるグループの学習目標を設定して、それを達成することを学習上の契約として公表する
プロセス評価会議	生徒の学習目標の達成具合について進捗状況が査定され、それまでに何ができ、何がまだできていないかを検討し、生徒が次に何をすべきかについて詳細にする。	グループの学習目標に関する進捗状況が査定され、グループはそれまでに何を達成し、何をし残しているのかについて検討し、グループが次の段階ですべきことを詳細にする。
評価後会議	目標の達成度（その単元において何を学び、何を学び損ねたか）について、生徒が関係者（協同学習グループの仲間や教師、保護者など）に説明する。それは、自ずと次の目標設定会議につながることになる。	グループの目標達成度（その単元においてグループとして学んだこと、学び損ねたこと）を、関係者（グループのメンバーや教師、保護者など）に説明する。それは、自ずと次の目標設定会議につながることになる。

3つ目は、目標の達成度について生徒が関係者に説明する**評価後会議**である。この直接的な関係者には仲間の生徒や協同学習グループのメンバー、教師、保護者などが含まれる。生徒が主導して保護者とともに行う会議は、評価後会議の一例である。それぞれの生徒は、単元や査定対象期間に、何を学び、何を学んでいないのかについて説明する。ここでの議論内容は、当然、次の目標設定会議につながっていくことになる。

　ここでは、目標設定会議に焦点を当てることにしよう。目標設定会議では、個々の生徒が自分の学習目標と、グループやクラス内での仲間の学びを援助するための目標を公表しなければならない。

CLICK! ⑦　協同学習グループと目標設定会議

　協同学習グループが、目標設定会議に参加すべき理由について、以下の理由を、「もっとも重要（1）」から「まったく重要でない（6）」まで順位をつけなさい。そして、仲間と順位を比べ合ってみなさい。そうしたら、どんな順位づけがいいか、グループで話し合ってコンセンサスを得て下さい。

（　　）グループメンバーが他の生徒の目標達成を支援する"戦力"となるように仕向けるため
（　　）課題の分析と目標設定の過程に生徒を関与させるため
（　　）教師の時間と仕事をなるべく節約するため
（　　）各単元の最初に目標設定会議が行われるようにするため
（　　）学習目標の設定に用いられる高次の推論に必要な知的な挑戦をさせるため
（　　）学習目標への努力を継続的にモニターし、その取り組みを援助するためのシステムを作るため

目標設定会議

　査定は、目標設定会議から始まる。それぞれの生徒は、一般に2つのタイプの学習目標の達成に責務を負うことになる。**第1**は、（a）親や教師、あるいは生徒自身が学ばせたい（学びたい）と思っていること、（b）行政や学校の方針、（c）中等教育以降の学校教育やキャリア支援教育からの要請、によって決定される**アカデミックな学習目標**である。

　第2は、他の生徒の学びを励まし支援するという、**学習共同体としての目標**である。学級や学校というのは、生徒が自分自身の学びを最大限に達成するという責務と、他の仲間が彼らの学びを最大限に達成できるよう援助する責務、の両方をもった学習共

同体なのである。

　生徒一人ひとりの学習目標に加えて、**協同学習グループはグループとしてのアカデミックな学習目標をもつ**。理科の実験や劇の上演、ビデオの制作、バンドによる演奏会など、多くの課題には個人の目標と同じようにグループとしての目標が存在する。

　個々の生徒あるいは協同学習グループは、目標設定会議で自分たちの目標を設定し、その目標を達成することを誓う。**目標設定会議**は、学習目標を明確化し、その目標を達成するという契約を取り結ぶための集まりである。教師には以下のような会議の選択肢があるだろう。

1　教師と生徒による会議を実施する

　個々の生徒と個別に、毎日、毎週、各学期、一年に一度、またはそれぞれの単元の始めに目標設定会議を実施する。これが以下のような事態を招くことは容易に想像がつく。(a)有意義な目標設定会議とするためには膨大な時間を要することになり、教師にとって過重な負担となる、(b)個別学習だけに焦点を当てたクラスを作ることは、生徒を孤立させると同時に、自己中心性や利己主義、疎外、無力感を生む可能性がある。

2　教師と協同学習グループによる会議を実施する

　それぞれの協同学習グループと個別に目標設定会議を実施する。これは会議の時間をかなり節約することができるが、教師によっては過重な負担がかかる場合があるかもしれない。

3　協同学習グループと生徒による会議を計画・助言して実施する

　それぞれの協同学習グループがメンバー同士で目標設定会議を行い、その間教師はそれを観察し、助言する。

4　協同学習グループ同士による会議を励まし見守る

　協同学習グループが他のグループとともに目標設定会議を行い、その間教師はそれを観察し、助言する。

目標設定への3つのステップ

1　目標設定会議を準備する

　目標設定会議を実施するための準備には、情報を収集し、スケジュールを立て、会議の手順を立案し、フォローアップをどのように行うか、について計画することが含まれている。

　a．収集する情報は、①指導目標は何か、生徒が何を学びたがっているか、保護者が生徒たちに何を学んでほしいと考えているか、それと学校や地域、県、国の教育方針、②対象となる教科の学力を診断するためのデータ、である。

　b．もし一人ひとりの生徒と個別にミーティングをしようとするなら、スケジュールを立てるのは面倒なことになるが、グループごとに、あるいは幾つかのグルー

プと一緒に会議をすれば、予定を組むのは比較的容易になる。
c. 会議の手順を計画する際には、それに従うべき進行表を作り、手続きに沿った一定の形式の文書を用いるようにする。全体としての目標には、「何をいつどの程度まで学ぶべきか」が具体的に示された公的な"契約"の形で、それぞれの生徒の学習目標を設定することが含まれる。
d. フォローアップの計画には、学習による進歩の査定と評価後会議の予定を立てることと、目標の達成度と指示された学習材料の利用状況について測定するための、査定プログラムを立案することが含まれる。

2　目標設定会議を行う

　一人ひとりの生徒との会議を行うか、グループ単位での会議を開くか、それともどのように会議を行うかについて協同学習グループに教え、その会議が効果的に行われているかどうかを教師はモニターする、それらのいずれかのしかたを採ることになる。

3　フォローアップを行う

　フォローアップには、一人ひとりの生徒やグループの取り組みを支援すること、学習の進捗状況についての査定会議を行うこと、個々の生徒やグループが自らの目標をどのくらい効果的に達成したかを査定すること、そして、評価後の会議を行うこと、が含まれている。それらの情報は、次の目標設定会議に活かされることになる。

教師と生徒による目標設定会議の手順

第1ステップ：診断する

　生徒と一緒に学習目標を設定する会議の最初のステップは、その教科に関連した生徒の知識について、入手できる情報を集めることである。その情報は、これまでのテスト結果、成績、面接記録などである。こうした情報は生徒の (a) 単元内容についての現在の知識、(b) 学習のペース、(c) クラス内の仲間の学びを助けたり励ましたりする能力、について見極めるために利用する。

第2ステップ：生徒の学習目標からSTART

　生徒と一緒に、以下の方法で生徒の学習目標を立てる。(a) 生徒の学力レベルに即して期待できることを探る、(b) その目標を「START」（表2-1参照）の基準に合致させる。生徒が何を学びたがっているのか、教師はその生徒に何を学んでほしいと思っているのか、そして、それに関連した親の望み、学校や地域、国の教育方針について、生徒と話し合う。中等教育以降の学校教育やキャリア支援教育からの要請についても、触れることになるかも知れない。このような話し合いから、一連の学習目標が立てられる。教師は、自らの学びと仲間の学びを支援する生徒の努力を手引きするために、生徒と関係者によって立てられた学習目標からスタート（START）する。

第3ステップ：支援システムと学習資源を整備する

学習目標を首尾よく達成するために必要な支援システムと学習資源について、生徒と話し合う。支援システムと学習資源の主だったものには、生徒自身や協同学習グループ、クラスの仲間、教師、実験器具、カリキュラム、外部の専門家などが含まれる。そして、生徒やクラスの仲間と一緒にこれらの学習資源を整理し、生徒の学びがうまく進行して、目標が達成できるよう、それらを体系立てておく。

第4ステップ：計画を立案し、学習契約として明確化する

　教師と生徒にとっての4つ目のステップは、立てられた学習目標と用意された学習資源に基づいて、(a) 生徒が目標を確実に達成するために用いる方法、(b) いつ、どのように生徒の進歩の具合を査定するかについての手順の具体化、について細部をつめた計画を立てることである。その計画は、書面に書き留めて、教師と生徒の両者がサインをすることによって、"学習契約"として明確化しておく。

教師と協同学習グループによる目標設定会議の手順

　毎週、一人ひとりの生徒と目標設定会議の時間をもつことは、至難である。実際のところ、個々の生徒と定期的に話し合う教師がほとんどないのは、そのような時間が取れないからである。**協同学習グループごとに目標設定会議を行うことにより、より頻繁にその機会をもつことができる**。その場合のグループ会議のステップは、先の個々の生徒とのミーティングの場合と同様である。

第1ステップ：診断する

　協同学習グループと学習目標を設定する会議の第1ステップは、メンバーのもつその教科に関連した知識について、入手できる情報を集めることである。その情報は、これまでのテスト結果、成績、面接記録などである。こうした情報はメンバーの (a) 単元内容についての現在の知識、(b) 学習ペース、(c) クラス内の仲間の学びを助けたり励ましたりする能力、について見極めるために利用する。

第2ステップ：グループの学習目標からSTART

　グループメンバーと一緒に、以下の方法で生徒の学習目標を立てる。(a) 各メンバーの学力レベルに即して期待できることを探る、(b) その目標を「START」（表2-1）の基準に合致させる。話題の中心は、グループのメンバーが何を学びたがっているのか、教師は彼らに何を学んでほしいと思っているか、そして、それに関連した親の望み、学校や地域、国の教育方針について、である。中等教育以降の学校教育やキャリア支援教育からの要請についても、必要に応じて触れる。このような話し合いから、各自の学びと仲間の学びを支援する生徒の努力を手引きするために、グループとそのメンバーにとっての学習目標が立てられる。

第3ステップ：支援システムと学習資源を整備する

　各メンバーおよびグループ全体として、学習目標を首尾よく達成するために必要な

支援システムと学習資源について話し合う。支援システムと学習資源の主だったものには、メンバー自身や他の協同学習グループ、教師、実験器具、カリキュラム、外部の専門家などが含まれる。そして、そのグループとこれらの学習資源を整理し、グループとして学業的達成を支援することができるよう、それらを体系立てるために活動する。

第4ステップ：計画を立案し、学習契約として明確化する

　教師とグループにとっての第4のステップは、立てられた学習目標と用意された学習資源に基づいて、(a)生徒が目標を確実に達成するために用いる方法、(b)いつ、どのように生徒の進歩の具合を査定するかについての手順の具体化、について細部を詰めた計画を立てることである。その計画は、書面にして、教師とグループ双方がサインすることによって、"学習契約"として明確にしておく。

協同学習グループのメンバーによる目標設定会議の手順

　一人ひとりの生徒と個別にミーティングするより、協同学習グループとミーティングすることによって個々のメンバーの学習目標を設定する方が、教師の時間の節約になる。しかしながら、教師は、メンバーの目標設定をそれぞれの協同学習グループの会議に委ねることによって、さらに多くの時間を省くことができるだろう。**目標設定会議が協同学習グループによって自主的に管理され、教師がそれをモニターする**という形で運営されるようになったとき、それらは学級における定例の活動となる。グループによるミーティングの間、教師は各グループの活動を見て回り、きちんと決められた会議の手順にしたがって取り組んでいるかどうか観察する。会議のステップは、個々の生徒とともに行う場合と同じである。

第1ステップ：診断する

　まず、それぞれのグループは、その教科に関連したグループメンバーの知識について、入手できる情報を集める。その情報とは、これまでのテスト結果、成績、面接記録などである。こうした情報はメンバーの (a)単元内容についての現在の知識、(b)学習のペース、(c)クラスの仲間の学びを助けたり励ましたりする能力、について見極めるために利用する。

第2ステップ：グループの学習目標からSTART

　それぞれのグループは以下の方法で生徒の学習目標を立てる。(a)各メンバーの学力レベルに即して期待できること、グループとしての達成に期待されることを探る、(b)その目標を「START」（表2-1）の基準に合致させる。話題の中心は、グループのメンバーが何を学びたがっているのか、教師は彼らに何を学んでほしいと思っているか、そして、それに関連した親の望み、学校や地域、国の教育方針について、である。中等教育以降の学校教育やキャリア支援教育からの要請についても、必要に応じ

て触れる。このような話し合いから、各自の学びと仲間の学びを支援する生徒の努力を手引きするために、グループとそのメンバーの学習目標が立てられる。

第3ステップ：支援システムと学習資源を整備する

　個々のメンバーならびにグループ全体が学習目標を首尾よく達成するために、必要な支援システムと学習資源について各グループで話し合う。支援システムと学習資源の主だったものには、メンバー自身や他の協同学習グループ、教師、実験器具、カリキュラム、外部の専門家などが含まれる。そして、グループはこれらの学習資源を整理し、グループとしての目標達成に資するよう、それらをまとめ、体系立てる。

第4ステップ：計画を立案し、学習契約として明確化する

　グループは、立てられた学習目標と用意された学習資源に基づいて、(a) メンバーならびにグループとしての目標を確実に達成するために用いる方法、(b) いつ、どのようにメンバーとグループの進捗状況を査定するかについての手順の具体化、の細部をつめて計画を立てる。その計画は、"学習契約"という書面にして、グループメンバー全員と教師がサインする。

協同学習グループ同士による目標設定会議

　別々の協同学習グループが、目標を設定するという活動をペアになって行ってもよい。1つのグループが他のグループの次のような活動を助けるのである。(a) それぞれのメンバーの単元内容についての現在の知識、学習のペース、グループメンバーの学びを助けたり励ましたりする能力について診断する、(b) STARTの基準（表2-1）に合致した学習目標を定め、さまざまな関係者の期待を考慮に入れる、(c) 一人ひとりのメンバーが目標を達成するために必要な学習資源を体系化する、(d) 計画を学習契約の形にまとめる。このようなグループ同士による目標設定会議は、グループ間の相互依存関係をより豊かなものにしてくれるとともに、目標達成の助けとなるような、学習資源としての他のグループとの直接交流の機会を提供してくれる。

表2-3 目標設定会議の３つのタイプ

	教師と生徒による	教師とグループによる	グループと生徒による
第1ステップ「診断」	生徒と面談し、関連知識（過去のテスト、成績など）を収集して、生徒の（a）単元内容についての現在の知識、(b)学習のペース、(c)クラスの仲間の学習を助けたり励ましたりする能力、について確認する。	グループごとに面談し、関連知識（過去のテスト、成績など）を収集して、生徒の（a）単元内容についての現在の知識、(b)学習のペース、(c)クラスの仲間の学習を助けたり励ましたりする能力、について確認する。	それぞれのグループでメンバーの関連知識（過去のテスト、成績など）を収集して、生徒の（a）単元内容についての現在の知識、(b)学習のペース、(c)クラスの仲間の学習を助けたり励ましたりする能力、について確認する。
第2ステップ「目標設定」	何を学習すべきかについて（保護者や関係者からの意見も考慮に入れて）生徒と話し合い、STARTの基準に合った目標を設定する。	各メンバーが何を学習すべきかについて（保護者や関係者からの意見も考慮に入れて）グループと話し合い、STARTの基準に合った目標を設定する。	各グループはそれぞれのメンバーとグループ全体としての学習目標を（保護者や関係者からの意見も考慮に入れて）立て、それがSTARTの基準に合っているかどうかを確認する。
第3ステップ「計画支援」	必要な支援システムと学習資源（生徒自身や協同学習グループとクラスの仲間、教師、実験器具、カリキュラム、外部の専門家など）について生徒と話し合う。そして、生徒の学びがうまく達成できるよう、これらの学習資源を体系立てる。	目標を上手く達成するために必要な支援システムと学習資源（生徒自身や協同学習グループとクラスの仲間、教師、実験器具、カリキュラム、外部の専門家など）についてグループと話し合う。そして、グループの成功を促すことができるよう、これらの学習資源を体系立てる。	目標を上手く達成するために必要な支援システムと学習資源（生徒自身や協同学習グループとクラスの仲間、教師、実験器具、カリキュラム、外部の専門家など）についてグループで話し合う。そして、グループの成功を促すことができるよう、これらの学習資源を体系立てる。
第4ステップ「計画作成」	学習目標と用意された学習資源に基づいて計画を立て、指導方法といつどのように生徒の進歩の具合を査定するかについての手順を具体化する。そして、計画は、学習契約の形で明確化しておく。	学習目標と用意された学習資源に基づいて計画を立て、指導方法といつどのようにグループの進歩の具合を査定するかについての手順を具体化する。そして、計画は、学習契約の形で明確化しておく。	学習目標と用意された学習資源に基づいてグループで計画を立て、指導方法といつどのようにグループとそのメンバーの進歩の具合を査定するかについての手順を具体化する。そして、計画は、学習契約の形で明確化しておく。

まとめと結論

　査定は目標設定から始まる。もし学習目標がなければ、査定も存在しない。教師は、その権威や権力を背景として、生徒たちに学習目標を一方的に課すこともできるかもしれない（「この単元では南北戦争の原因について習います！」）。しかしながら、目標設定の過程に生徒や他の関係者が関与することは、多くの利点を生み出してくれる。**生徒は与えられた指導目標を達成するより、自らの目標を達成する方がはるかに動機づけが高まるだろう**。より効果的な査定方法の多くは、生徒が学習目標の設定と査定の実施に参画することを必要としている。

　査定には、それぞれの生徒との3つのタイプの会議が含まれる。すなわち、学習目標の達成に関わる契約を確定するための**目標設定会議**、目標達成への進捗状況を把握するための**プロセス評価会議**、目標の達成度を関係者に説明する**評価後会議**である。査定は、生徒の学習目標と他の生徒の学びを助ける責任について確認する目標設定会議から始まる。目標設定会議は、教師と生徒によって行われたり、教師と協同学習グループとで行われたり、協同学習グループ内で生徒が実施したり、協同学習グループ同士が一緒になって行ったりする。これらすべての場合において、STARTの基準（具体的で、測定することができ、達成可能で、当を得たものであり、転移が期待できるもの）に適合した学習目標を生徒が設定し、彼らがその目標をわがこととして受け止めるよう援助することが強調されなければならない。目標設定会議は4つのステップを辿る。それらは、専門性についての現在のレベルを診断する、STARTに基づいて目標を設定する、それぞれの生徒が成功裏に目標を達成できるように援助するための支援システムや学習資源を整備する、目標を達成するための学習資源の利用計画を立案し、その計画を契約として明確化することである。

　多くの教師は、一人ひとりの生徒と目標設定会議やプロセス評価会議、評価後会議を行っている時間的余裕がないというのも厳然たる事実である。だからと言って、そのような会議が実現不可能だということではない。教師は協同学習グループを適切に応用して、このような会議の実施を工夫、助言することができるだろう。

Appendix 2-1

目標設定会議の準備

名前（　　　　　　　　）日時　　/　　/　　単元（　　　　　　　　　）
クラス（　　　　　　　）　グループ（　　　　　　　　　）

学習資源	暫定目標
生徒	1. 2. 3. 4. 5.
教師	1. 2. 3. 4. 5.
グループ	1. 2. 3. 4. 5.
保護者	1. 2. 3. 4. 5.

Appendix 2-2

メンバーの現在の専門知識を診断する

生徒の名前　（　　　　　　　　　　　　　）　　日付：　　／　　／
クラス（　　　　　）　グループ（　　　　　　　）　単元（　　　　　　　　　　　）

カテゴリー	低い	中程度	高い
現時点の知識			
学習のペース			
他人の学習を支援する能力			
学習目標設定との関連性	1. 2. 3.		

指示：
1　それぞれのカテゴリーについて、この学習単元にとって低い、中程度、高い適性・能力の水準を示すような特徴的な点を書き出しなさい。
2　メンバーの過去の成績や関心に基づいて、それぞれのカテゴリーの各水準にメンバーを分類しなさい。
3　グループメンバーにとって学習目標を設定することの意義について話し合いなさい。

Appendix 2-3

グループメンバーの学習目標

グループ（　　　　　　）　日付：　／　／　単元（　　　　　　　）

目標	メンバー1	メンバー2	メンバー3	メンバー4
1				
2				
3				
4				
5				
署名				
グループ目標	1 2 3			

指示：
1 この学習単元におけるあなたのグループの各メンバーの学習目標を書き出しなさい。グループの仲間の学習を助けたり、励ますことも忘れずに目標に入れておくように。
2 それぞれの目標が、必ずSTARTの基準に合っているかどうかを確認しなさい。
3 グループメンバー全員が自分の目標について署名しなさい。このサインは、あなたたちが目標を理解し、現実味があり挑戦的でもあるそれらの目標に同意し、それらの達成を誓うということを意味しています。
4 この学習単元にグループとしての適切な目標を設定しなさい。

Appendix 2-4

学習目標とともにスタート（START）

1 できるかぎり具体的かつ正確に学習目標を書き表しなさい。
　_____
　_____
　_____
　_____

2 目標を達成できるのはいつですか？
　a. 最初の授業ではどこまでの活動をしますか。
　　_____

　b. 2回目の授業では何を行いますか。
　　_____

　c. 3回目の授業では何を終わらせますか。
　　_____

　d. それ以外にすべきことは？
　　_____

3 目標がいかなる点で難しいもの（現時点での能力以上のもの）であり、しかしどのような支援体制があれば達成することができるかを説明しなさい。
　_____
　_____
　_____

4 その目標は、あなたの関心、指導目標、あなたのグループの関心、そして保護者の関心とどのように関わっているのかについて説明しなさい。
　_____
　_____
　_____

5 目標を達成するにあたって、以前に別の機会で学んだことがどのように活用できるかを説明しなさい。
　_____
　_____
　_____
　_____

Appendix 2-5

支援システムと学習資源を整備する

名前（　　　　　　　　　　）日付　／　／　単元（　　　　　）

　以下の各目標を達成するために、あなたが必要とする学習資源は何ですか？　表の一番上の欄に、この単元のあなたの目標をあげなさい。そして、それぞれの目標について、リストアップされた学習資源から何が必要かを書き出しなさい。この単元に関連する他の学習資源があれば書き足しなさい。

学習資源	目標1 (　　　　　)	目標2 (　　　　　)	目標3 (　　　　　)
自分自身			
グループの仲間			
教師			
カリキュラム			
技術			
外部の専門家			
フィールド調査			
その他：			

Appendix 2-6

私の学習契約

学習目標

教科の学習目標	仲間の学習をサポートするための私の責任	私のグループの目標
1.		
2.		
3.		
4.		

　学習目標を達成する、自分の責任を果たす、自分のグループに貢献するための計画は…：

_____
_____
_____
_____

目標達成への手順：

開始日：
_____

第1段階：
_____

第2段階：
_____

第3段階：
_____

最終日：
_____

署名：

_____　　_____

_____　　_____

第3章 標準テスト

標準テストとは何か

　もっとも幅広く用いられている査定方法の1つは、標準テストである。**標準テスト**については数多くの批判もあって、できるだけ見直すべきだとする意見もあるけれども、今後も査定方法の一翼を担うものとして、多くの学校で利用されていくだろう。教師はその結果を、目的に応じて使いこなすことができるようになるべきである。**標準テスト**は、生徒たちの成果に関する正確で意味のある情報を、彼らの年齢や学年レベルに照らして提供するために用いられる、全国規模の（通常は民間のテスト会社による）テストである。テスト成績を互いに比較することができるよう、全国の（そして世界中の）生徒の学力を同じように査定するために、テストは細心の条件統制のもとで一様に実施・採点される。すなわち、標準化された方法によって問題は作成され、テストを実施し、それを採点し、関係者にその得点を報告することになる。こうしたテストは通常、教科の専門家やテスト理論のエキスパートによって構成される。

　標準テストは一般に、生徒個人間やグループ間で比較するための（教師作成テストでは不可能な）目安を提供するために用いられる。標準テストの得点は、全国的ないし幅広い地域の規準にもとづいて解釈される。**規準**とは、前もってテストを受けている検査対象者の集団としての成績水準である。この規準は、テスト受験者の得点が同じような対象者集団と比較してどのようであるかを見るために用いられる。テスト業者は、生徒それぞれの素点（正答数）を規準となっている標本集団と比較する、いくつかの方法を提供している。

　学校の成績証明書が信頼できないという理由から、標準テストは発展し、著しい増加をみてきた。たとえば、アメリカの大学進学適性試験（SAT：Scholastic Assessment Test）は、大学入試関係者が受験生の中からもっとも有望な学生を選抜するための効率的かつ経済的な方法として、1926年に始められたものである。SATのテスト得点は、高校の成績以上に大学での成績をよりよく予測するものと見なされるようになった。それ以来、標準テストは、(a)習熟度別クラス、養護学校、大学などで生徒を選抜したり配置したりする、(b)次のレベルに進級させるべきかどうかを決定する、(c)生徒の学習上の問題について診断する、(d)報奨や奨学金の対象者を決める、(e)指導案の効果について評価する、(f)公的奨学金に応募する、(g)研究を実施する、などの目的で利用されてきた。標準テストの得点は、学校や学校区、さらには行政区や国全体の教育の質について査定する際の目安となっている。

　標準テストには2つのタイプがある。すなわち、学力検査と適性検査である。**学力検査**は学校で学んだ知識や技能に焦点を当てたもので、学力検査バッテリー（多面的

な情報を得るために複数のテストを組み合わせたもの)、診断テスト、特定の教科領域のテストがある。**適性検査**は生徒の最大限の潜在的可能性に焦点を合わせたもので、一般知能、大学あるいは特定の職業訓練プログラムで優れた成果を生む能力、読みの能力、技量に関する能力、知覚的な能力、などについて測定するためのものである。適性検査と学力検査は理論的には異なるものだが、両者は高い相関を示すことから、いずれもある種の達成度を測るものと考えられている。

表3-1 望ましい測定手続きの基準

基準:	定義:
信頼性	生徒の成果を繰り返し測定して同じ結果が得られる(つまり、測定結果が安定している)場合、信頼性があるとされる。これは集団準拠測定を例にとるなら、測定を繰り返して生徒の素点を得点順に並べたとき、すべての生徒がどの回も同じ順位になることを意味する。
妥当性	妥当性とは、テストが測ろうとしたもののすべてを、1つ残らず実際に測っているということを意味する。
客観性	客観性とは、(a)何が正解かについて専門家の同意があること、(b)問題の配点について異なる採点者間で意見が一致していること、を意味する。
実用性	測定の実用性とは、テスト1回あたりに要するコスト、実施にかかる時間、採点の容易さ、テストを実施する前に教師が考慮しなければならないその他の要因、によって決まってくる。
弁別力(識別力)	集団準拠による測定が行われたとき、測定対象とする知識・技能について、高い生徒、中程度の生徒、低い生徒をそれぞれの問題項目が弁別できなくてはならない。
集団準拠	集団準拠テストとは、生徒の成果を他の生徒と比較してどの程度なのかの位置づけを知る(相対評価する)ためのテストである。
目標準拠	目標準拠(基準関連)テストは、学習課題についてあらかじめ設定された達成基準に照らして、生徒の成果の達成水準を知る(絶対評価する)ためのテストである。

標準テストの長所

1 標準テストは容易に実施することができ、やり方の説明に要する時間もさほどかからない。
2 標準テストは、すべての生徒が同じ質問に答えることを求める標準的な事態を提供してくれる。このことは、ある生徒が他の生徒と異なった基準で評価されることなく、すべての生徒を同一の基準で評価できることを意味する。
3 標準テストは、筆記による保存可能な行動記録を提供してくれる（ある種のテストは口頭で行われる）。この記録によって教師は、同じ解答についてそれが公正なものであり偏っていないことを、何度も確かめてみることができる。
4 標準テストの得点は、生徒間、学校間、地域間、各国間の比較を可能にしてくれる。こうした包括的な比較によって、全体的な評価を行うことができる。
5 標準テストは心理測定の専門家や主要な教育機関でも用いられることから、科学的な信憑性を備えており、伝統もある。
6 標準テストは、ある種の目的のために多数の生徒を対象として一斉に行われる、費用対効果の高い、比較的単純に知的レベルを測るテストとは似て非なるものである。
7 標準テストは、高い予測的妥当性を示す傾向がある。たとえば、クラス分けなどのための実力テストは、生徒が大学でどのような成績をとるのかを正確に予測する。

標準テストの短所

1 標準テストの内容は不確定性が高い。標準テストは、単なる事実についての情報や狭い範囲の抽象的な言語能力（単語の再生、流暢性、語彙の再認など）を測っているに過ぎない。それらは、理解の深さや知識統合の程度、論述の生成を測ることはできないし、社会的成長や個人的価値、学校教育の有効性を測ることも無論できない。抽象的な言語能力は、たとえば、詩を書いたり、子守歌を歌ったり、子どもの個人指導をしたり、工場で指図をしたりする際の卓越性を予測するものではない。
2 査定対象の範囲が限定されている。標準テストは生徒の生成的な能力、たとえば（a）口頭あるいは文章で自分自身を表現すること、（b）大量のデータを体系立てたり分析したりすること、（c）興味深い問題を解決する実験を工夫すること、（d）仲間と協同して活動すること、などの査定には適していない。
3 標準テストは、(a)達成への支援や援助を必要としている生徒、(b)与えられ

たカリキュラムを達成しさらなる挑戦を必要とする生徒、を識別する助けにはならない。なぜなら、標準テストは、

①タイムリーな実施が難しい。標準テストは、ほとんどの場合1年に一度しか実施できないし、通常は数年に一度実施されるのがせいぜいである。

表3-2　標準テスト得点を解釈するための指標

統計指標:	意味:
頻度分布	テストの各得点もしくは各得点範囲にある人数を数え上げたもの。この種の情報は、ヒストグラムや棒グラフなどの単純な図として表される。そこでは横軸に各得点（範囲）が示され、縦軸にそれぞれの得点（範囲）を獲得した人数が表される。
代表値	代表値はその集団の中心的な位置を表す値であり、平均値、中央値などがある。平均値はすべて生徒の得点を合計し、足した人数で割った値である。また中央値は、最低点から最高点まで並べたときの真ん中の値（その値より高い得点者と低い得点者が同数となる値）である。中央値は、ある極端な高い（低い）得点が平均値を歪めているような場合に、とくに有効である。
標準偏差	すべての生徒の得点の平均値からのズレ（偏差）の程度を表したもの。大きい標準偏差は、生徒のテスト得点が広い範囲に散らばっていることを示している。標準偏差が小さい場合、生徒たちの得点差は少なく、ほとんどの生徒が平均値の周りに集まっていることを表す。
パーセンタイル順位	パーセンタイルは、その得点以下の人数がクラスで何％いるのかを示す（つまり、100人換算で得点の低い方から何番目かを表す）値である。したがって、パーセンタイル順位は0から100までの値を取ることになる。
学年レベル得点	それぞれの集団規準に照らして、その生徒がある学年のどの辺りの位置にいるのかを表した値である。学年レベル得点は、一般に11.4とか9.6、7.2、3.5などのように表されるが、小数点の左は学年を、小数点の右はその学年を10段階に分けたときの生徒の位置を示している。学年レベル得点は解釈が容易で、理解もしやすい。
標準得点	それぞれの生徒が平均のどのくらい上（もしくは下）にいるのかを、テストの項目数や学級サイズにかかわらず、異なるテスト間で比較することができるように変換した得点である。これによって集団の中における個人の相対的な位置を知ることができる。一般によく用いられる標準得点は、z得点、ステイナイン、偏差値である。z得点は平均が0、標準偏差が1になるように変換された値である。ステイナイン（スタンダードとナインの合成語）は、1から9の9段階の相対的位置を表すもので、平均が5、標準偏差は2となっている。偏差値は平均が50、標準偏差が10になるように変換した得点である。

②授業の内容と整合的でない。どんな生徒も何らかの特別な支援が必要となる可能性がある。また、どんな生徒も追加の課題に挑戦するまでになる可能性もある。教師が生徒の学習状況について頻繁に査定することができなければ、彼らがそのどちらに該当するのかを知る術はない。生徒たちの学習を次第に遅れさせてしまったり、（すでに理解してしまっている）別の生徒たちを無駄な反復に付き合わせ、スローペースの我慢を強いたりすることのないように、査定はカリキュラムと整合したものでなければならないし、定期的かつ頻繁に実施されなくてはならない。

4 　標準テストは、(a)特定の課程における生徒の学習の査定や、(b)地域学習における目標の達成度の査定、にはなじまない。たとえば、中学生を対象とした包括的なテストは、生徒たちが物理や総合学習、あるいは家庭科などの特定のクラスでどの程度学んだかについては、何らの情報ももたらしてはくれない。通常の授業における目標（社会科や国語の勉強を通じて生徒たちが学ぶであろうことがら）は、「主要な歴史的潮流について理解する」とか「話したり書いたりして効果的に伝える」のように、きわめて幅広い陳述を含んでいる。そうした目標はより高次の学習結果を内包するものであり、標準テストには含まれていないものである。

5 　修了時の生徒の成果を査定する場合、標準テストには制約がある。修了時の成果とは、生徒が学校を卒業した後にもち続けている知識や技能のことである。修了時の成果は、次のような質問で言い表すことができる。「教師の元を離れていったとき、生徒たちは何を知っていて、何ができるだろう」。多くの学校では、カリキュラムの計画を立てたり、評価したりする際の手がかりとして修了時の成果を用いる。それゆえ、もし教育委員会が批判的思考や創造的思考を修了時の成果として求めていたとしたら、学校は理科の指導案が、暗記するだけの活動や"料理本"実験（決められた教材を決められた手順で操作する）のみに頼ってはいないかどうか、をチェックすることになるかも知れない。さらに学校によっては、修了時の成果に関する熟達の程度を教師や地域の人々、会社関係者、他の生徒たちにプレゼンテーションすることを、卒業要件として生徒に課すだろう。そうしたプレゼンテーションは、独創的なファッション・デザインであるかも知れないし、自動車技術に関する創造的解決であったり、三角関数の問題へのユニークな解法であるかも知れない。

6 　標準テストはカリキュラムの評価には有用ではない。学校や学校区のカリキュラムの質的評価を行うためには、生徒の成果をその地方や国全体の生徒の成果と比較しなければならない。その際は、結果を共有するために、同一の方法と手続きを用いる必要がある。これはまさしく標準テストの目的でもあるが、標準テストはカリキュラムのすべての範囲を査定することはできないし、教師や地域の人々が大事だと考えるあらゆるタイプの知識・技能を網羅することも難

しい。カリキュラム評価は、教師や地域の人々が重視しているカリキュラム全体を反映したものでなくてはならない。
7 重要な目的のために標準テストが使われるとき、往々にして不正行為が起きやすくなる。標準テストを行う際に、成績の悪い子どもがいると平均値が下がり、他の学校と比べられた時に面目が立たないことから、彼らにテストを受けさせないというような学校の事例が数多く囁かれている。他にも、教師が生徒にテスト問題をコーチしたり、実施の際に認められていない手助けをするというような話も漏れ伝わっている。
8 標準テストの指導に与える影響には不明瞭な点がある。テストの構成は基本的技能を強調したものとなっており、学校教育の重要な成果の多くについては重視されていない。教師の指導でテストに関連することがあるとすれば、高次の推理技能を使った基本的技能ということになるだろう。
9 標準テストの結果の利用は限定的なものにならざるを得ない。標準テストが予測するのは、生徒が伝統的な教育の下で何年かかって修了できるか、ということである。標準テストは医学や工学、教育、科学研究、ビジネスなどの分野での職業的な成功を予測するわけではない。

標準テスト実施上の留意点

実施の際には、テストそれ自体が生徒に与える悪影響について留意する必要がある。テスト結果は使われ方によっては、生徒を傷つける可能性を潜在的にもっている。最良のテストでさえ、その結果の使い方を誤ると困った事態を生むことがある。問題は標準テストそのものの是非ではなく、結果をどう利用するかということにある。その際、次のようなヒントが助けになるだろう。

1 **正しいテストを使うよう心がける。**学校ではしばしば、新しい教育目標やカリキュラムについて、そうした目標や教材とまったく関連のないテストによって、その達成度を測るようなことが行われがちである。評価の目的がどのようなものであれ、正しいテストが使われない限り、その目的は達成されない。
2 **特定の指導案や教育目標の達成度を判断するために、標準テストを使ってはならない。**標準テストは、教科の幅広い領域をカバーするものであり、学習に関連した一般的な能力を扱うものである。標準テストは、全国の学校に共通する一般的目標に焦点を当てたものであり、特定の単元の授業を評価したり、ある限られた指導目標の達成度がどのようかについて判断するのには不向きである。
3 **テスト結果が間違っていることもあるし、常に正しいわけではないことを念頭におくべきである。**テスト得点の低さは、(a)健康状態の悪さや気分の落ち込み、注意力散漫、(b)テストの受け方が上手ではないこと、(c)不安などの要

因によってテストがきちんと受けられないこと、などによる結果かも知れない。あらゆるテスト得点は、潜在的な誤りを含んでいる。標準テストで得点の低かった生徒が、進学した学校や大学、あるいは仕事の上で、優れた成績を収めることも珍しいことではない。

4 **重要な決定の際には、複数のテスト結果を用いるようにする。**すべてのテスト得点に誤りの可能性が存在するとしたら、単一のテスト得点を重要な決定の判断基準にするのは危険である。その結果を裏書きするような、他の証拠が必要になるだろう。

5 **テストの成績に対して任意の最低条件を設けるべきではない。**重要な決定を下す際に任意の最低条件を設定するのは、本来、公正なことではない。たとえば、85点という任意の条件を設定した場合でも、86点を取った人が84点の人よりも将来優れた達成度を示すという妥当な根拠はないはずである。テストはそうした明確な区別をするのに十分な妥当性や信頼性をもっているわけではない。

6 **テストはすべての学習内容、技能、活動を測定できるわけではないことを忘れてはならない。**テストが測定しているのは、生徒が知っていることやできることのごく一部（サンプル）である。したがって、そうしたサンプルが異なっているテストでは、まったく異なった結果になることもあり得る。テスト得点は生徒の知識や能力の近似値を表しているに過ぎない。

7 **標準テストに代わる手立てがない場合もあるということを忘れてはならない。**SATやGRE（Graduate Record Examination：大学院に出願する前に受験を求められる試験）は、高等選抜試験としての重要な情報を与えてくれるものである。標準テストはそうした役割をもっており、適切に使われたなら、他の方法では得られない情報をもたらしてくれる。

よりよい標準テストの受け方

　生徒たちによりよく標準テストを受けさせるためには、次のような3つのステップがある。すなわち、(a)快適に受験できるようテスト場面に慣れること、(b)テストへの効率的な取り組み方を示すこと、(c)テストの得点は恥やプライドとは関係ないことを理解させること、である。

　第1ステップは、ウォーミング・アップである。ここには、生徒をテスト事態に慣れさせることが含まれる。解答紙のコピーを配って、自分の名前やその他の記入すべき事項を書く練習をさせるとよい。マニュアルに述べられているのと同じ正確な表現で、注意事項を読み上げる。テストの実施要項にしたがって座席を配置し、実際に着席させる。適切な筆記用具を示し、速やかに回答欄を埋める練習をする。速やかさは標準テストにおける本質的な条件であり、じっくり時間をかけることは得点には結び

つかない。それらを練習させ、記入欄を見失ったり間違えたりする生徒がいないか確認する。問題用紙の質問を読んでその答えを解答紙に記入する練習をしておくことは、生徒にとって大いに助けとなる。こうしたウォーミング・アップの目的は、生徒が実際の場面になったときにリラックスして、やればできると感じるよう、テストの手順に慣れさせることである。

第2ステップはリハーサルである。もう使われなくなった過去の問題用紙を使って、問題の形式、問題文に使われる用語、実際のテストとはどんなものかについて、生徒に免疫をつけておく。生徒には自分自身のもっとも良いテストの受け方を工夫させ、そうした考えを生徒同士で共有させる。図表を読むというような特別な技能が求められるかどうかについても、テストをひと通り調べさせるとよい。もし必要な場合には、そうした技能について繰り返し練習させる。生徒に当て推量で応えるべきか、それともそれは避けるべきかを教えなくてはならない。素早く目を通すことはきわめて大切な技能なので、生徒には音読と黙読の両方で文章を読ませ、キーワードだけを強調し、問題と答えを心に思い描いて読むように練習させる。そして、それぞれの練習セッションの終了時に、テストを受けるにあたって守るべきルールについて、生徒と議論する。

1 できる限り速やかに、最後までテストをやり終えること。確実に解答できる問題から答えること。考える時間の必要な問題には簡単な印を付けておき、後でそこに戻って取り組む。
2 空欄だったところを埋めるために、終了前の1分間を残しておく。わからなかった問題について、もしそれが許されるなら、当て推量でも答えを書く。
3 テストに含まれているどんな文章や情報にも、興味をもち過ぎてはならない。標準テストは学習したり、それについて考えたりするためのものではない。それは生徒がいかに上手くテストを受けることができるのかを測る機会なのである。
4 解答についてあれこれ議論すべきではない。テストの実施者が正解であるとして得点を与えてくれる答えをするよう、ひたすら務めるべきである。

第3ステップは完了することである。ここには、テストされるのはテストを受ける能力であり、その得点はプライドや恥とは関係がない、ということを生徒たちに知ってもらうことも含まれている。在学中にしておくべき本当の仕事とは、学力と能力について測ることである。

本章のまとめ

　標準テストは、同年齢の子どもや同じ学年レベルの子どもたちと比べて、生徒の成績がどのくらいなのかに関する正確で意味のある情報を得るために、全国規模で利用すべく準備された（商業的な）テストである。生徒の成果が、地域レベルの規準ではなく全国レベルの規準と比較することができるよう、標準化がなされた測定道具であるといえる。標準テストの得点は、指導案の効果を評価するため、生徒の選抜や配置、生徒の学習における問題点の診断、教育研究などのために利用される。

　標準テストには、学力検査と適性検査の2種類がある。標準学力検査には、学力検査バッテリー、診断テスト、特定の教科領域のテストがある。標準適性検査としては、一般知能検査や多元的適性検査バッテリーなどがあるだろう。標準テストは、すべての生徒を同一基準で評価することを可能にしたものである。それらは、体系化されていない観察による評価よりも、より正確で公正な評価を与えてくれる。他方、標準学力検査や標準適性検査は、限られた側面の言語技能を測っており、主として多肢選択による問題項目であることから、生徒の複雑な認知技能や問題解決技能を評価することはできない。

　標準テストの得点を解釈するためには、頻度分布、中央値、標準偏差、パーセンタイル順位、学年レベル得点、さまざまな標準得点について理解しておく必要がある。標準テスト（のみならず、すべての測定手法が）が満たしておくべき基準は、信頼性、妥当性、客観性、実行性、弁別力（識別力）である。測度はそれが正確で一貫したものであれば、**信頼性**があるといってよい。また、それが測ろうとしたことを確かに測っているとき、**妥当性**があるという。そして、(a)正解に関する専門家間の同意があり、(b)与えられる得点について、採点者間で一致が見られるとき、その測度は**客観性**をもつといえる。**実行性**は測定の際のコストと実施の容易さによって決まってくる。また、達成水準が高い、中程度、低い生徒を識別することができているとき、そのテストは**弁別力**があるという。

　生徒がテスト事態で快適に過ごすことができ、効率よくテストに取り組み、テストの成績をプライドや恥をもたらすものだと考えることのないように導くことで、教師は生徒に高得点を得させることができる。生徒のテスト結果に教師が責任をもつにあたって留意すべきことは、教師は生徒に学びの機会を与えることができるだけであり、生徒に学びを強いることはできないということである。

Appendix 3-1

標準テスト：実施計画案

1　テストを受ける手順について生徒に反復練習させること

　　(1) _____

　　(2) _____

　　(3) _____

　　(4) _____

2　テストの受け方について生徒に反復練習させること

　　(1) _____

　　(2) _____

　　(3) _____

　　(4) _____

3　テスト結果をどのように解釈するかを生徒に教えること

　　(1) _____

　　(2) _____

　　(3) _____

　　(4) _____

Appendix 3-2

標準テストについて検討する

1 　あなたが利用しようとする、または生徒が受ける標準テストを選ぶ。テストに用いられている質問項目のタイプをチェックする。生徒にふさわしいと思われる、各タイプの質問項目例を書き留めておく。それぞれのタイプの質問項目に対する答え方に生徒が慣れるまで練習させる。

　　_____
　　_____
　　_____
　　_____

2 　標準テストのテスト項目のいくつかを選択し、分析・検討を行い、次のようなカテゴリーにしたがって分類する。
　(a) 前提として求められる知識
　　_____
　(b) 必要とされる高次の推理能力
　　_____
　(c) 正答が複数個あると思われるもの
　　_____
　(d) 曖昧な質問項目
　　_____
　(e) 記憶再生を要するもの
　　_____
　(f) 文化的なバイアスがかかっていると思われるもの
　　_____
　(g) その他
　　_____

3 　検討結果についてのコメント
　　_____
　　_____
　　_____
　　_____
　　_____
　　_____

第4章 教師作成テスト

テストを実施する

　テストは生徒の学習を査定し、彼らの学びを向上させ、指導の手立てとするために実施されるものである。授業時間全体の5〜15%が筆記による教師作成テストの実施に当てられているともいわれる。**教師作成テスト**は、生徒の達成度について筆記あるいは口頭で解答を求めるもので、(a) 業者テストでもないし、標準化もなされていないものであり、(b) もっぱら教師の担当する生徒を査定するためのもの、である。教師作成テストは、他のテストよりもかなり高い頻度で用いられ、カリキュラムのより多くの部分をカバーし、最終的な成績を決める際に用いられる割合も高い。理想としては、教師作成テストは学習を向上させるために用いられ、指導の参考となり、次に生徒が学ぶべきことがらについてのヒントを与えてくれるものである。実際のところ、教師作成テストは主に生徒の最終的な達成度を測定して、学期の終わりに成績をつけるために用いられている。教師作成テストは、ほとんどの場合、紙と鉛筆による方法で行われており、**客観テスト**と**論文体テスト**のいずれかに分けられる。

　客観テストは、(いったん解答案が作られてしまえば) 簡単に採点して分析することができ、多数の生徒にも一度に実施でき、実施と採点に時間がかからず、書字能力の高低によるバイアスもないために頻繁に用いられてきた。客観テストでは、教師は単元の内容を十分に取り入れることができる (より多くの問題を設けることができ、生徒もすばやくそれに解答することができる) ことから、高い効率性と信頼性が得られやすい。客観テストの問題点としては、設問で何を尋ね、それに対してどう答えた

表4-1　客観テストの長所と短所

長所	短所
幅広い知識を測ることができる	作成するのに時間がかかる
効率的かつ速やかに知識を査定できる	設問の選択が主観的になりがち
得点化と分析が容易である	曖昧でない作問が難しい
多数の生徒を対象に実施できる	再認と再生による設問になりがち
得点化の際のバイアスが少ない	あらかじめ決められた特定の解答を求めるものになりがち
文章の上手下手による測定のバイアスがない	読解力の乏しい生徒に不利である

ら良いかの決定が主観的になりがちで、良い問題を作るにはかなりの時間と技能を要し、知識やスキルを査定する際に再認と再生に頼りがちであり、読解力の低い生徒には不利となる、などの点があげられる。客観テストの方法には、多肢選択法、正誤法（○×法、真偽法）、組み合わせ法（マッチング法）、短答法、問題場面法（解釈テスト）などがある。

表4-2：多肢選択テスト作成のガイドライン

1. 最初に「基本文」を準備・作成する。基本文は、あるテーマ・問題意識にもとづいた、それ自体で独立した言明で、多くの事項を含み、なるべく短く、明瞭な言葉で記述されることが望ましい。
2. 基本文では否定形の表現をあまり使わないようにして、もし使うときは目立つように否定の部分に下線を引く。
3. 選択肢には、ただ1つの正しい答、あるいは最適な答を用意する。
4. 選択肢はすべて、基本文と文法的に一貫したものとする。それぞれの選択肢は、その始まりを（動詞なら動詞といった）同一の文型にする。
5. すべての選択肢は同じくらいの長さにする。正答だけが長かったり、短かったりすることを避ける。正答というのは、正確さや留保条件が求められるために、しばしば長い選択肢になる傾向がある。
6. 誤答の選択肢はすべて、同じようにもっともらしいものとする。ばかばかしい内容の選択肢や信じられない選択肢を含めてはならない。
7. 何番目に正答を置くかは、均等にしておく。
8. 「該当なし」の選択肢を使うことは避ける。なぜなら、正答を選択する機会を奪ってしまうからである。
9. 他の設問の答がわからないと答えられないような問いを作ってはならない。
10. (a)「決して」「すべて」「1つも〜ない」「常に」などのような、例外を許さない言葉（これらは誤答を表すサインになる）、(b)「しばしば」「めったに」「ときどき」「典型的に」「一般的に」「普段は」などの限定を付すような言葉（これらは正答のサインであることが多い）を使うことは避ける。

◆ **多肢選択法**

多肢選択テストは、直接的な質問文もしくは虫食いの問題文（これらを「基本文」と呼ぶ）と、それに続く2つ以上のありうる解答（選択肢）から構成され、そこから解答を1つだけ選ぶことになる。生徒は選択肢の中から正答、あるいはもっとも適し

た解答を選ぶよう指示される。多肢選択課題の設問例は、次のようである。

問い：1983年にアップル社が発表した、オフィス向けのパソコンは何という名前でしょうか？
(a) Yuki　　(b) Anna　　(c) Aiko　　(e) Lisa

多肢選択法の**長所**は、認知的理解の多くの水準について査定することができ、成績がつけやすく、当て推量で答えることが難しい点である。一方、**短所**は、望ましい問題文の作成が難しく時間がかかることで、とりわけ高次の推理能力をテストする場合には、そのことがいえる。また、正しい答の再認を求めるテスト項目がほとんどであり、それぞれの問題についてフィードバックすることも難しい。教師には、言い換え、解釈、応用、分析、評価を必要とするような問題文を作成することが求められる。多くの場合、多肢選択のテスト項目は知識レベルだけを査定することになる。

◆**正誤法**

正誤法では、生徒は出来事、文章、定義、原理について、正しいかどうかを判断する。正誤法による質問の例は次のようである。

問い：ウイルスは生物の中でもっとも小さいものとして知られている。
　　　　　　　（　　）○　　　　（　　）×

表4-3　正誤法によるテスト作成のガイドライン

> 1　留保条件をつけることなく、正誤が明確な文章を用いる。
> 2　「すべて」「いつも」「決して」などの絶対副詞の使用は避ける。
> 3　1つの文章には1つの見解を述べるにとどめる。
> 4　正しい項目と誤った項目の問題数は同程度にする。
> 5　問題文には、教科書とまったく同じ表現は使わない。
> 6　すべての設問の長さは同じくらいにする。
> 7　細かすぎたり、逆に一般的すぎる問題は避ける。
> 8　誤答した生徒には、高次の思考力を育むために誤っていた文章を正しく書き直させる。

正誤法の長所は、構成が容易であること、解答に要する時間、採点にかかる時間が短いという点である。したがって、多くの知識を短い時間で取り上げることができる。短所は、当て推量で答えられる恐れがあること、低次の学習成果しか測ることができない点である。

◆組み合わせ法

組み合わせ課題（マッチング課題）は、概念のリストと選択項目のリストによって構成される。生徒は、1つの選択項目をそれぞれの概念と結びつけるが、それには分類し、連合する力が求められる。次の問いは、組み合わせ課題の例である。

問い：心理学者の名前と彼らの提起した有名な概念について、正しい組み合わせを答えなさい。

　　　　（　　）アブラハム・マズロー　　　a．完全習得学習
　　　　（　　）ベンジャミン・ブルーム　　　b．十分に機能する人間
　　　　（　　）カール・ロジャーズ　　　　　c．自己実現
　　　　　　　　　　　　　　　　　　　　　　d．コンピテンス動機づけ

組み合わせ法の長所は、小さなスペースで多くの事項をカバーする能力を扱うことができること、採点が容易であること、類似した概念の弁別力を査定することができる点である。反対に、短所は、事実に関する情報を測ることに限定されてしまうこと、生徒の不正行為を誘発しやすいことである。

表4-4：組み合わせ課題作成のガイドライン

> 1　概念項目の数はできるだけ少なくする（6項目以下が望ましい）
> 2　概念項目はできるだけ同質とする（名称と日付を混在させたりしない）
> 3　当て推量を減らすために、選択項目を概念項目より多くする
> 4　概念項目はアルファベット順もしくは年代順に並べる
> 5　問題文ではどのように組み合わせるかの基準をきちんと述べる

◆短答法と完成法

短答法と完成法では、生徒は名前や単語、語句、記号などの短い解答を求められる。短答法の設問例は次の通り。

問い：3つの辺をもつ図形は（　　　　　　　）と呼ばれる。

短答法の長所は、作成が容易であること、知識の再生を必要とすること、当て推量では答えにくいことである。短所としては、低次の認知能力しか測ることができない点があげられる。

表4-5：短答法・完成法作成のガイドライン

```
1  答が1つしかないことを確認する
2  直裁に質問する
3  空欄は文章のうしろの方に置く
4  解答するための空欄は同じ長さにする
5  正答は短く、明瞭なものにする
6  1つの文章に空欄は1つとする
7  計算問題などでは、予測される正答率を明らかにしておく
8  完成法では、解答欄を問題用紙の右側に置く
```

◆問題場面テスト（解釈テスト）

　問題場面法は、図表や地図、あることがらについて記述されたテキストなどを提示して、客観的な質問を課すものである。問題場面テストでは、生徒に文章教材や図形教材の解釈を要求することから、論文体テストよりさらに構造化された形式の複雑な学習内容を測定することが可能になる。短所としては、テストするのが再認のレベルであること、構成が難しく作成に時間のかかること、解答に読解力が求められること、構造化された形で示される問題解決能力だけが測定可能であること、などがあげられる。問題場面テストを作成する際、教師は、設問が対象者の読解力のレベルに見合っていること、分析力と解釈する力を求めるものとなっていること、をきちんと確認しておかなければならない。

論文体テスト

　論文体テストは、生徒に解答として論説や短評、作文を書くことを求める質問文からなる。論文体テストは、生徒が学んだことを自分自身の表現で再生し、選択し、体系化し、応用することを求めるものである。論文体テストの長所は、生徒が学んだ内容、理解している概念や原理、教材を体系化し議論を展開する能力、自分の知っていることを応用する力を再生（再現）させて、評価することができるところである。論文体テストは、とくに高次の推論過程（分析すること、総合すること、価値判断すること）や自分自身の表現で書き表す能力の査定に有効である。

　他方、論文体テストはいくつかの短所ももち合わせている。その第1は、数少ない質問しかできない点である。したがって、テストしたい内容の主だったものが網羅できないこともある。第2は、言語能力の低い生徒や文章が上手に書けない生徒にとって、論文体テストは不利になる点である。第3・第4の欠点は、客観テストよりも採

点にきわめて多くの時間を要することと、客観的で信頼性の高い採点をするのが難しいという点である。論文体テストの採点における信頼性の低さについては、悪名が響き渡っている。同じ解答に対して異なる教師がまったく違う成績を付けたり、同じ解答に同じ教師があるときは高く、あるときは低く採点する、ということが起こるかも知れない。また、優れた答案を読んだ後よりも、出来の悪い答案を読んだ後に採点された答案の方が、良い成績になりやすいことが知られている。教師は字が読みにくかったり、答案が汚れていたり、文法や字の間違いがあるような答案には、低い点数をつけがちである。論文体テストの成績付与の信頼性を向上させるような手立ても考えられてはいるが、それには教師の積極的な関与と多くの修練が必要とされている。

表4-6　論文体テスト作成のガイドライン

> 1　客観テストでは測ることのできない、指導案の望ましい成果に質問の的を絞る（たとえば、分析する、総合する、論証する、など）。
> 2　査定基準と評価の観点を定義する。質問に対してどのように答えるべきかの基準を明確に伝える。質問のどの側面が他よりも重要なのか、それぞれの質問項目にどのくらいの時間を使ったらいいか、を生徒に知らせる。
> 3　質問を具体的に作る。大雑把で曖昧な質問は避ける（たとえば、「…について議論しなさい」「あなたの知っていることをすべて述べなさい」など）。
> 4　生徒には解答のための時間を十分に与える。
> 5　できるだけ客観的な採点が可能となるような手立てを準備する。たとえば、(a)採点の前に見本となる解答例を作っておく、(b)前もって採点基準を用意しておく、(c)1つの設問について全部の答案を採点した後、次の質問の採点に移る、(d)何枚かの答案の解答をランダムにチェックしてから採点を始める、(e)すべての答案に同一の基準を適用する（もし誤字や文法間違いである生徒を減点したら、すべての生徒を同様に扱う）、(f)同僚に同じ基準で採点してもらい、自分の採点と比較する。

◆小論文テスト

　小論文は、特定の学習内容について自分の言葉で再生を求め、説明してもらい、応用する力を尋ねるものである。生徒は短い簡潔な文章で、どれほどのことがらを知っているかについて述べることが求められる。小論文は、論文体テストと同様の長所と短所をもっている。長所としては、重要な概念や事象について用語を定義することから、それらを比較対照することまで、生徒の幅広い反応を引き出すことができる点があげられる。小論文テストは、分析、総合、価値判断といった高次の推理能力を査定するために使われる。そして、憶測で答えることも最少限に押さえられるだろう。短

所は、採点の信頼性の問題と評価に時間がかかる点である。

テスト計画表

　論文体テストであれ、客観テストであれ、指導で扱われる教科領域の内容が正確・公正に査定されなければならないことは言うまでもない。テスト計画表は、テスト項目がその単元で取り扱われる内容を正しく代表していることを確認するために、作成されるものである。多くの場合、授業で扱うすべての内容について、その知識と成果をテストによって測るだけの余裕はない。したがって、テストでは、生徒が知っていること、できることの一部だけを取り上げることになる。

　テスト計画表は、テストで取り上げる単元内のトピックと査定しようとする内容を、それぞれ行と列に配して示し、該当する設問数を記入して一覧できるようにしたものである。テスト計画表では、査定される内容とその相対的な重みづけを一目で見て取ることができる。

　テストの作成にあたっては、単元の始めに学習目標がより正確に、より詳しく記述されていればいるほど、(a)もっとも重要な課題をテスト項目として適切に選び、(b)望ましい学習結果を測定するために最適な質問のタイプを決める、ことが容易になる。テスト計画表はまた、生徒にとって試験に対する準備のための手引きとしても役立つ。たとえば、あなたが分数やかけ算、わり算、計測、小数を扱う単元を教えることになったとしよう。この単元に当てられた時間のうち、分数の部分に多くの時間が割かれたとする。そのような場合、テスト計画表は表4-7のようになるかも知れない。

表4-7　テスト計画表（設問数47項目）の例

教科の領域：	通常の計算問題：	学んだ手順に関する問題：	合計設問数：
分数	10	5	15（31.9%）
かけ算	5	3	8（17.0%）
わり算	5	3	8（17.0%）
計測	5	3	8（17.0%）
小数	5	3	8（17.0%）
合計	30（63.8%）	17（36.2%）	47（100%）

表4-8 教師作成テストのためのガイドライン

> 1　指導目標と望まれる成果を設問に反映させること。
> 2　生徒には、適切かつ正確に印刷されたテスト用紙を配ることが大切である。問題を黒板に書いたり、読み上げたりすることは避けなければならない。
> 3　設問のタイプ（正誤法、多肢選択、空欄への記入、組み合わせ法、短答法、小論文など）はさまざまに変える。
> 4　設問はタイプごとに場所を分ける。
> 5　各タイプの設問について、前もって明確な問題文の指示とともに、各質問項目の配点を明示しておく（たとえば、多肢選択（各問3点）など）。
> 6　再認、再生、操作、分析、総合、応用など、質問のレベルをさまざまに変える。
> 7　設問はそれぞれのタイプの中では、単純なものから複雑なものへ（簡単なものから難しいものへ）と並べるようにする。
> 8　質問が幅広く、総合的で複雑な場合（たとえば、小論文だとか図示して説明することを求めるような問題の場合）には、生徒が答え方を選択できるようにする。
> 9　不正行為をなくしたり、発見しやすくなるように実施する。
> 10　何点でどのような成績が付与されるかが、生徒にわかるよう基準関連評価尺度を示しておく（たとえば、93～100点ならA、85～92点ならB、75～84点ならC、65～74点ならD、64点以下ならF、など）。
> 11　読解力のレベルが生徒に適切かどうか確かめる。
> 12　すべての生徒が解き終えるまで充分な時間を与える。生徒には残り時間をアナウンスする。
> 13　テスト用紙は明瞭に、質問項目間のスペースを十分取って印刷し、生徒が読みやすく答えやすいものとする。
> 14　視覚的な課題、口頭で行う課題、運動的な課題など、多様な方法を取り上げる。
> 15　特別な支援を必要とする生徒には、テストの方法を変えて実施する。

表4-9　自作テストのためのチェックリスト ☑

> ☐ 1　すべての設問が指導目標と望まれる学習成果に関連している。
> ☐ 2　テストには（　　）種類の異なる設問タイプが含まれている。
> ☐ 3　それぞれの設問タイプは、別々の場所に配されている。
> ☐ 4　テスト全体に対する指示、各設問への指示は明確である。
> ☐ 5　（　　）種類の異なるレベルの質問項目が含まれている。
> ☐ 6　質問項目は簡単なものから難しいものへと順に並んでいる。
> ☐ 7　生徒は小論文を書くか図示して説明するかを選択することができる。
> ☐ 8　各設問には配点が示されている。
> ☐ 9　生徒には評価の基準（基準関連評価尺度）が示されている。
> ☐ 10　読解力のレベルは生徒に合っている。
> ☐ 11　それぞれの問題文は読みやすく、答えやすいよう表現されている。
> ☐ 12　テストは特別支援の必要な生徒にも適合している。

協同学習と教師作成テスト

　テスト実施の一環として協同学習を用いるには、少なくとも3つの方法がある。すなわち、グループ・個人・グループ（GIG）手続き、グループで毎週テスト・個人で最終テスト、そしてグループ討論テスト、である。

◆グループで準備し、個人でテストし、グループでテストする（GIG手続き）

　テストは生徒の学習を査定するとともに、彼らの学びを向上させるために行われるものである。伝統的なテストを実施する際に、協同学習グループを用いる利点は2つある。1つ目として、テストの前に生徒たちが一緒になって準備することで、理解の内容を互いに比較する平等な機会が与えられ、彼ら全員が同じ背景的知識をもってテストに臨むことができるようになる。2つ目として、テストの後で生徒たちがグループで活動することは、それぞれのメンバーにとって(a)何ができ、何ができなかったのかをすぐに確認することができ、(b)解答するのに必要な情報が教材のどこにあるのかを発見し、(c)テストの課題内容を理解していないメンバーに対する補習の役割をグループで果たすことが可能となる。

　テストで協同学習グループを活用する手順は、次のようである。(a)生徒はテストで扱われる教材内容について協同学習グループで一緒になって復習をする、(b)それぞれの生徒は個別にテストを受ける、(c)生徒たちは再び協同学習グループでテスト

を受ける（グループによる準備、個別のテスト、グループでのテスト）。生徒たちは、読解力と数学の学力について集団内異質となるような協同学習グループに割り当てられる。グループはその週の間ずっと一緒になって勉強する。木曜日に、グループでテストされる教材について全員が理解しているかどうかを確認する。そして金曜日に、テストが行われる。生徒たちは個別にテストを受け、同じ答案を2枚作成する。1枚の答案は教師に提出する（教師はそれを採点する）。もし、グループのメンバー全員の個別テスト得点が一定の基準以上（たとえば90点以上）だったら、それぞれ所定のボーナス得点（5点ずつ）が与えられる。このボーナス得点は、各個人の得点に上乗せされ、個人のテスト成績となる。2枚目の答案は、生徒各自が持っていてグループでの話し合いの際に用いる。すべてのメンバーがテストを終えた後、今度はグループでテストを受けるために集まる。**彼らの課題**は、それぞれの質問に正しく答えることである。**協同グループとしての目標**は、すべてのメンバーがテストに含まれる課題を理解することである。答が一致しなかったり、不確かな解答については、その答が含まれている教科書の該当箇所を探すよう求められる。教師はランダムにグループを見回り、彼らが手続きにしたがって取り組んでいるかどうかをチェックする。

◆テスト実施のためのGIG手続き

　教師は、(a)生徒はどれだけ知識をもっているのか、(b)生徒がさらに学ばなくてはならないことは何か、を査定するためのテストや力試しの小テストをしばしば行うだろう。テストがいつ実施されるにしろ、協同学習グループは、メンバーがテストを受ける準備をしたり、テスト問題をやり直したりする場として役立つ。以下に示した協同学習グループによる手順を踏むことによって、(a)テストに最善の状態で臨む準備を整える、(b)自分の解答について、グループの仲間に説明する責任を自覚させる、(c)各自がどの程度の知識をもっているのかを知る、(d)生徒がまだ学習する必要のあることは何かを明らかにする、(e)生徒が何を理解しておらず、学んでいないかをはっきりさせる、(f)学んでいないことについてすぐに補習の機会を与える、(g)どれが正答なのか、それはなぜなのかといった、教師との間、生徒間での無駄な論争をさける、ことができる。

1　協同グループでテストの準備をする（G）

　生徒たちは協同グループを編成すると、(a)練習問題と、(b)試験のための準備時間が与えられる。彼らがすべきことは、それぞれの練習問題について話し合い、グループで統一した解答を導き出すことである。協同グループの達成目標は、メンバー全員が練習問題に正しく答えられるようになることである。もしグループで導き出した解答に同意できない場合は、その理由が説明できるような参考書の該当ページであるとか、関連した段落を見つけ出さなければならない。試験準備の時間が終わったら、お互いに次のテストを頑張ろうとエールを交換する。

2　個別にテストを受ける（I）

　生徒は各自でテストを受け、答案を2部作る。個々の生徒がすべきことは、テスト問題に正しく答えることである。生徒は答案のうちの1部を教師に提出する。教師は採点し、あらかじめ決められた基準にしたがって成績をつける。もう1部の答案は、グループでの話し合いのためにとっておく。メンバー全員がテストを終えたら、グループはもう一度答案をもって集まる。

3　協同グループでもう一度テストを受ける（G）

　生徒は協同学習グループになり、もう一度テストに取り組む。グループですべきことは、それぞれの設問に正しく答えることである。ここでの目標は、テストの出題内容をすべてのメンバーが確実に理解することである。そのためにメンバーは、(a)それぞれの問題の解答ならびにその根拠や解答に至る手順についてコンセンサスを得るとともに、(b)メンバー全員が解答とその根拠、解答に至る手順を確実に説明できるようにする。そのための手続きは、次のようである。

(1) テストの最初の問題の答を比較する。
(2) もし答が一致していれば、一人のメンバーがその解答の根拠あるいは導き方を説明し、次の問題に移る。
(3) もし一致していなければ、関連した情報や解き方を説明している教材のページや段落を見つける。グループには、メンバー全員がテストで間違えた箇所をしっかり理解できるようになる責任がある。必要であれば、メンバーは復習のための宿題を出し合う。すべてのメンバーが解答に同意し、課題を理解できたと思ったら、次の問題に移る。
(4) すべての問題を終えるまで、協同グループでこれをくり返す。
(5) このテストで一生懸命学び、首尾よく成果を上げられたことを互いに称え合う。

◆グループによる毎週のテストと個人の最終テスト

　高次の推理能力と長期的な知識の保持を最大限に伸ばすためには、次のような手順を踏むのが有効である。生徒に4人からなる協同学習グループを組ませ、その週の間、一緒になって課題を達成させる。グループは、算数の能力や読解力について集団内異質なメンバーから構成される。そして、金曜日にテストが実施される。

　それぞれの協同学習グループは、2組のペアに分かれる。ペアごとに、各設問に対する解答について協議しながらテストを受ける。ここですべきことは、それぞれの問題に正しく解答することである。協同グループの目標は、ペアになった2人がともに賛同し、ともに理由説明ができるような答を見つけ出すことである。解答についての賛同が得られるまで、次の問題に進むことはできない。2組のペアとも終了したところで、元の4人の協同グループに戻って、再度テストを受ける。ここでの課題は各設問に正しく解答することである。協同グループの目標は、すべてのメンバーがテスト

に含まれる教材内容について理解することである。グループのメンバーで、それぞれの問題について話し合う。2組のペアで解答の異なる問題があったり、不確かな解答があったりした場合、教科書の該当ページや段落を探し出す。それぞれのグループは、テストで誤った問題をすべてのメンバーが正しく理解するよう、責任を負っている。もし必要なら、メンバーは復習のための宿題を出し合うこともある。教師は、正しく解答しているかどうかを確認するために各グループを見て回る。その後、協同グループはメンバー全員の名前を付した答案を提出する。各メンバーは、(a) 自分がテストに含まれる課題内容について理解していること、(b) 他のメンバーも課題内容について理解したこと、を確認する意味でそこにサインを書き入れる。すべてのメンバーは、テストに合格したら同じ点数が与えられる。

その学期が終了した段階で、それぞれの生徒は個別に最終試験を受ける。あらかじめ定められた基準点（たとえば90点）よりも低い点数の生徒がいた場合には、協同グループで集まって、その生徒がテストに合格できるまで復習をする。ただ、メンバー全員の学びは毎週きちんと確認されることから、そうした事態はめったに起こらない。

◆ **グループ討論テスト**

グループ討論テストのために、生徒たちは協同学習のベース・グループ（第1章参照）に集まって、指定された課題文の内容について議論する。グループ討論テストの目的は、指定された課題文について、生徒たちに周到で活発な、創造的で楽しく、実際にも役立つような討論をさせることである。より具体的には、生徒たちが課題文についての完全かつ深いレベルの理解を示すようになることである。これは協同的な場でのみ、達成されるものである。メンバーは全員の納得が得られるような、そして皆が理由説明のできるような、ひと組の解答をグループで作る。グループでのテストの間、メンバーは次のような点に集中する。

1　関連のある理論、研究、実際の経験から得た情報を統合する
2　その問題についての洞察を得るために、考えられる解答を深く分析する
3　さまざまな視点から考える
4　お互いの推論理由について批判的に検討し、建設的な論争を行う
5　試験が全員にとって楽しい体験の機会となるようにする

討論される問題は、いくつかの話題が複合したものとなっている。これらの問題は、さまざまな章や書物から得られた教材が解答に関与しているという意味で、総合することが目指されている。それぞれのメンバーに求められる役割責任は、次のようである。

1　提示された討論問題から2つを選択する。それぞれの問題について、慎重に解答を考える。教科書の該当する各章の内容と関連する自分自身の経験の双方に照らして、その答を確認する。解答について学ぶ過程を通して、この問題の中心的課題が教科書ではどのように述べられているか、に関する「専門家」にな

ることを目指す。
2 問題を解くためには、高次の推論能力、批判的思考、教科書のさまざまな章で扱われている概念を総合することと、関連した理論や研究成果からの実行的知識が求められる。そのためのグループ討論をどのように進めるかについて、計画を立てる。その際、(a) 解答を要約したものと教科書の関連する部分のページ番号を付した資料、(b) 討論を促進させるような関連情報の配付資料、を用意しておく。メンバーの中には聴覚よりも視覚を通して学ぶ者もいることから、学びの助けとなり、批判的思考を喚起し、関連した理論や研究、体験を総合してくれるような図表やイラストなどの視覚資料を準備する。
3 それぞれの討論課題について批判的に思考し、関連した理論や研究、体験を概念的に総合することを学んで、グループ討論に寄与できるように準備して試験に臨む。

グループ討論テストには、少なくともメンバー一人につき1つ以上の討論課題を含ませるべきである。それぞれのメンバーは、2つの課題についての議論に臨むことになるから、どちらの課題を試験問題とするかコインを投げて決める。グループ討論テストを進める際のガイドラインは、以下の通りである。
1 人はたやすく脱線することから、集中して課題に取り組む。
2 関連した理論、研究、教科書で取り上げられていた概念を引用すること。また、参照したページを明示すること。大風呂敷を広げて過度に一般化したり、根拠のない個人的な見解を述べることは控える。
3 個人的な経験について言及する。自分の個人的な経験や実際の体験を理論とか研究成果と比較することは重要で、それによっていくつかの概念を統合することが可能になる。
4 各討論課題への取り組みには制限時間を設け、これを厳格に守ること。
5 意見の不一致や論争を奨励すること。あらゆる視点や立場は、それが理論や研究の知見によって支持されている限り、尊重されなくてはならない。これについては、協同学習の技法『建設的討論法』（協同と対立）を参照のこと (Johnson, Johnson, & Holubec, 2002)。
6 課題への取り組みとグループ内の良好な対人関係の維持の両方に責任をもつこと。グループは課題達成という明確な目標をもっているが、なされる討論は生産的であると同時に楽しいものでなくてはならない。
7 メンバーは全員が積極的に (a) 他のメンバーの学びにも貢献する、(b) 教科書を読み、その内容を習得していることを他のメンバーが見てわかるような形で示す、ようにしなければならない。

グループ・テストが行われ、メンバー全員が合格基準を満たしていることを書面で

記録しておくために、各メンバーは証明書にサインすることが求められる。これは"ただ乗り"する者がなかったことをはっきりさせるためである。十分に準備して試験に臨み、それぞれの課題の討論に積極的に参加した者でない限り、簡単に署名してはならない。もし欠席したメンバーがいた場合には、グループは追加の試験のためにすべきことを決めておく。

　グループは証明書（表4-10参照）を含むレポートを提出することが求められるが、それには、議論した課題とその解答の要約、討論によって生まれた結論、討論の手順、討論を通して学んだことについての主観的評価を付しておく。

表4-10　グループ討論テストによる証明書（見本）

　私たち、署名者は、グループ討論試験に参加し、次にあげられた基準を全員が満たしたことをここに証明します。

1　私たちは教科書や授業の中で扱われた、基本的な概念、理論、研究について理解しています。
2　私たちは、教科書や授業の中で取り上げられている主要な理論家や研究者について知ることができました。
3　私たちは、理論や研究の知見を現実の場面へと応用することができます。
4　私たちは研究課題を概念化することによって、私たちの仮説を検証するための研究を計画することができます。
5　ここに、私たちが選択した討論課題とグループとしての解答の要約を提出させていただきます。

討論テスト参加メンバー	署名	日付
		／　／
		／　／
		／　／
		／　／

学びのトーナメント

　個別テストの1つの代替案として、学びのトーナメントがある。学びのトーナメントは、ゲーム形式で行われる（通常は再認、もしくは完全な記憶再生レベルの）客観テストである。トーナメントの目的は、どの協同学習グループが与えられた教材をもっとも良く学んだか、を決定するものである。この技法、チーム・ゲーム・トーナメント（DeVries & Edwards, 1974）の手順は次のようである。

1. 学力レベルの異なるメンバーからなる、集団内異質の協同学習グループを構成する。たとえば、学力の高い者1名、中程度の者2名、低いもの1名が1つのグループに割り当てられる。メンバーは指示された教材について勉強し、与えられた課題に取り組んで、トーナメントに備える。

2. グループ間で競い合う3人組を編成する。学級でのトーナメントは、それぞれの生徒が自分のチームを代表して、他のチームの同じ学力レベルにあるメンバーと競い合うゲーム形式で行われる。生徒は、学力テストの結果に基づいてあらかじめ決められた、学力が同程度の相手と3人組になって競い合う。グループが3人なのは、勝者の数をクラスの中でもっとも多くすることができるからである（ペアが勝利者数ではもっとも多くなるが、ペアでは競争をあまりに私的なものにしてしまう）。それぞれの協同学習グループのメンバーを、事前の学力に基づいて高い者から低いものまで順位づけする。そして、1つのグループから1名ずつ、もっとも学力の高い3人をテーブル1に、次の3人をテーブル2にという具合に、もっとも成績の低い3人までを割り当てて、競い合いを行う3人組を編成する。こうして各3人組のなかで対等な競争が起こるようにすることによって、ベストを尽くしさえすれば、すべての学力水準の生徒がそれぞれのチームに最大限貢献することができるようになる。

3. 教室の配置を整える。教室は、3人グループは互いにできるだけ離れた位置に座り、グループ内の3人は接近して座れるように配置する。

4. 授業の教材を準備する。トーナメントの間、生徒たちは授業内容に関するゲームを10分から30分くらい行う。30項目からなるゲーム用紙、ゲームの解答用紙、ルール表を用意する。1から30まで数字の振られた1組のカードを作成する。それぞれのカードには、(a) ゲーム用紙からの問題が1つ、(b) 解答する回答欄の番号、が書かれている。出される問題は、再認ないし再生を求める課題である。

5. トーナメントを実施する。トーナメントは、どの協同学習グループが与えられた教材についてもっとも良く学んだかを決めるために行われる。生徒は、（競い合う3人組での他の2人のメンバーと比較して）どれほど教材を学ぶことができたかに応じて、得点が与えられる。ゲームの手順は、後に示した「トーナ

メント実施上のルール」の通りである。
6 もっとも優秀な協同学習グループを決定する。チームの個々のメンバーの点数を合計して、チーム得点を算出する。チーム得点を順にならべて、発表する。そして、優れた成績を収めたチームを表彰する。

トーナメント実施上のルール

このトーナメントは、与えられた教材について、どの協同学習グループがもっとも良く学んだかを決めるために行われます。皆さんには、「(対戦する3人組での他の2人と比べて)それぞれの教材をどのくらい良く学んでいるか」に応じて得点が与えられます。あなたの協同学習グループのメンバーの得点を合計したものが、グループ得点になります。もっとも得点の高かった協同学習グループが優秀チームとなります。

1 皆さんには、特別に作成された1セットのカードと1枚の解答用紙が配られます。ゲームを始めるにあたって、まずカードを混ぜ合わせ、裏を向けて机の上に置きます。順番は時計回りとします。3つの役割が一人に1つずつ割り当てられますが、これは1問終わるごとに時計回りに交代していきます。その役割は、
    a. **問題読み上げ担当者**：カードを引いて、問題を声を出して読み上げます。
    b. **解答者**：その問題に解答するかどうかを決めます。
    c. **採点者**：もし解答者が解答したら、解答用紙からその答を読み上げます（その解答に異議申し立てがあるかどうかに関わらず）。
2 ゲームを行うために、読み上げ担当者は一番上のカードを引いて、声に出してそれを読み上げます。解答者は、次の2つの選択肢からどちらかを選びます。
    a. 答がわからない、もしくは答に確信がもてない、と告げます。残りの2人は、その問題に自発的に解答します（読み上げた人が最初に答える権利があります）。もし誰も答えようとしない場合には、その問題カードは、カードの山の一番下に置かれます。
    b. 問題に答え、その解答に異議のある人はいないか尋ねます。解答者の右隣にいる人が、最初に異議申し立てをする権利をもっています。
3 もし異議の申し立てがなかったら、採点者は解答用紙の答を読み上げます。
    a. もし正解であれば、解答者はそのカードをもらいます。
    b. 答が間違っていたら、そのカードはカードの山の一番下に置かれます。
4 異議申し立てがなされた場合、申し立てをした人が答を述べます。
    a. もし解答者が正答した場合、解答者はカードをもらい、申し立てをした人は自分のカードを1枚差し出します（そのカードはカードの山の一番下に置かれます）。
    b. もし解答者が間違っており、異議申し立て者が正解だった場合、申し立てを

した人がそのカードを受け取ります。
5 　1問終わるごとに役割を交代します。
6 　山のカードがなくなったら、ゲームは終了です。参加者は自分のカードを数え、一番多くカードをもっている人、2番目に多い人、もっとも少ない人を決定します。順位は、下のように点数に換算されます。

順位	ポイント
1位	6点
2位	4点
3位	2点
2人が同率1位	各5点
3人が同率1位	各4点
2人が同率2位	各3点

Appendix 4-1

トーナメント得点表

トーナメント（3人）グループ　（　　　　　　　　　　　　）
日付：　　／　　／　　単元（　　　　　　　　　　　　）

　下の表の一番上の行に3人のメンバーの名前を記入しなさい。解答した問題のそれぞれについて、正解だった場合にはプラス（＋）を、不正解だった場合にはマイナス（－）の記号を書き入れなさい。それぞれの解答者について正解の数を合計し、3人の順位をつけなさい。

問題番号	氏名①　（　　　　　　）	氏名②　（　　　　　　）	氏名③　（　　　　　　）
1			
2			
3			
4			
5			
6			
7			
8			
9			
10			
合計			

Appendix 4-2

教師作成テストについてのふり返り

1　あなたがこれから教えることになる単元を1つ選びなさい。
　　_____

2　論文体テストと客観テストのいずれを重視するか決めなさい。単元の学習成果を査定する際に、どちらの方が有用だと思うか、その理由を説明しなさい。両者の設問の割合を示しなさい。
　　論文体テスト　　　（　　　）％
　　客観テスト　　　　（　　　）％

3　論文体テストと客観テストの長所と短所について要約し、なぜ上述した割合でテストを作成しようとしたのかについて説明しなさい。
　　_____
　　_____

4　試験に客観テストの質問項目を盛り込もうと考えた場合、どのタイプの項目をどんな割合で作成するか示しなさい。
　　多肢選択法　　　　（　　　）％
　　正誤法　　　　　　（　　　）％
　　組み合わせ法　　　（　　　）％
　　短答法・完成法　　（　　　）％
　　問題場面テスト　　（　　　）％

5　それぞれの質問タイプの長所と短所について要約した上で、なぜこの割合でテストを作成しようとしたのかについて説明しなさい。
　　_____
　　_____

6　テストの作成に当たって、他の教師へのアドバイスを5つ記入しなさい。
　　a. _____
　　b. _____
　　c. _____
　　d. _____
　　e. _____

第5章 作文とプレゼンテーション

生徒の成果発表と協同学習

　イソップ物語に、数々の外国を旅して故郷に戻ってきた一人の男の話がある（『ほら吹き男』）。彼は旅行中の驚くべき冒険譚や、自分の成した大偉業について自慢げに皆に話して聞かせた。彼が成し遂げたという偉業の1つは、ロドス島で記録した世紀の大ジャンプであったという。「俺のジャンプは、それは凄いものだった」と彼は話し始めた。「俺の他にはそんな距離を跳べる者は誰もいなかったものさ。俺の跳躍をたくさんの人たちが見物してたから、もし今度ロドス島へ行くことがあったら、誰かに尋ねてみるがいい。俺の言ったことが本当だってわかるから」。それを聞いていた一人がこう言った。「証人なんか必要ないさ。ここがロドスだと思って、ここで跳んでみるがいい！」。この寓話の教訓は、論より証拠で、実際にやって見せることが大切だということである。

　生徒たちがもつ技能について知るためには、書かせてみるだけでは不十分で、実際にどうできるのかを、他の人から見たり評価したりできるような形で、発表させることが必要である。生徒の成果とは、技能のレベルを示す際に必要な一連の行為に関わるもので、ある手順を実際にやって見せたり、ある作品を創造して見せたりすることである。こうした成果には、音楽リサイタルを開いたり、劇を上演したり、討論に参加したり、新聞を発行したり、理科の実験を行ったり、模擬裁判を開いたり、ディベートに加わったり、スピーチをしたり、作文を書いたりすることが含まれる。

　成果を頻繁に効率よく査定するためには、協同学習グループの力を借りるのが助けになるだろう。協同学習を使うことによって、一石二鳥ならぬ、一石五鳥の効果が期待できる。第1に、専門性を獲得するためには、生徒は頻繁に成果を示してみせる必要がある。たとえば、書く機会が多ければ多いほど、優れた書き手になる可能性も高くなる。理想的には、生徒は毎日書くことを続けるべきである。協同学習グループは、成果を発展させ、練習を積み、完全なものにする機会を提供してくれる。

　第2に、成果への関わり方を学ぶ中で、生徒は自分の成果の特質について即時の詳細なフィードバックを受ける。たとえば、協同のチームでペアになって作文を推敲することによって、書くことに関する継続的なフィードバックが与えられるようになる。

　第3として、成果の発表に熟達するためには、他の人が演じるところを観察したり、分析したりする必要がある。たとえば、野球の仕方を学ぶためには、他の人が野球をしているところを見て、彼らがどんなふうに守備をし、どう攻撃しているのかを分析しなければならない。上手な書き方を学ぶためには、他の人が書いたものを研究し、

どこが優れているのか分析することが必要だ。良いプレゼンテーションの仕方を学習するためには、他の人の発表をよく観察し、何が効果的で何がそうでないかを分析することが求められる。協同学習は、グループの仲間がどのように書き、どのように発表し、どのように成果を演じてみせるのかを、観察したり分析したりする場を提供してくれるだろう。

　第4として、学習成果の質の査定には、かなりの時間が必要だということである。もし生徒が毎日何かを書いているような場合、誰かがその作文を読んで、適切にフィードバックしなくてはならない。はっきりしているのは、教師にはそうした膨大な成果を毎日査定するような時間はないということである。学習成果の査定に多くの労力が必要であるとするなら、教師以外の人に査定に加わってもらう仕組みを工夫する以外にないだろう。そうすれば、一人ひとりの生徒のあらゆる成果を、教師が査定する必要はなくなる。教師は、個々の生徒の成果すべてを査定するようなシステムを創り上げなくてはならない。協同学習グループは、教師が生徒に作文を書かせ、それを頻繁に発表させても大丈夫な労力を提供してくれるだろう。

　第5に、他の人の成果を査定することは、自らの成果をどう改善したらよいかについて多くのことを教えてくれる。グループの仲間の成果を査定することにより、生徒たちは、(a) 質の高い成果には何が寄与しているのか、(b) 質の高い成果を得るためにはどのような行動が必要か、(c) 自分自身の成果を査定する際の基準は何か、についての理解を向上させていく。

　言い換えるなら、協同学習グループを査定のメンバーに組み入れることは、生徒たちを何度も課題に取り組ませ、自分たちの頑張りへの速やかで詳細なフィードバックを受け取り、仲間の取り組みをつぶさに観察して自分の良いところと欠けたところを理解し、頻繁な取り組みへの努力にもきちんとフィードバックをもらい、何が質的に高い成果をもたらしているのかについて理解することを可能にしてくれる。

　この章では、普段よく行われる2つの取り組みである、作文とプレゼンテーション（発表）を査定する際の協同学習グループの活用について述べることにしよう。

協同のペアで作文を推敲する（ピア・エディティング）

　授業で生徒に、エッセイやレポート、詩、物語、読んだもののまとめを書かせるようなとき、協同のペアを用いるとよい。
課題：作文を書くとともに、仲間の作文を推敲する。
達成の基準：それぞれの生徒が優れた作文を書き上げること。指導目標にしたがって、でき上がった作文は文法、句読点の打ち方、構成、内容など、教師が設定した基準で評価される。
協同の目標：すべてのグループメンバーは、個々の作文が教師の設定した基準を十分

満たしているかどうか確認しなければならない。生徒は、自分たちの作文の出来についての個人得点を与えられる。また教師は、各ペアの誤りの合計数（自分の作文の誤りとペアを組んだ相手の誤りの合計）にもとづくグループ得点を生徒に与える。

個人の役割責任：それぞれの生徒は自分自身の作文を書き上げる。

手続き：

1 教師は生徒にペア（生徒A、Bとする）を組むよう指示する。その際、2人のうち少なくとも一人は読解力の優れた生徒とする。
2 生徒Aは生徒Bに、書こうとしているプランを説明する。生徒Bはそれを注意深く聞いて、質問すべきことがらを考え、生徒Aの作文の概略をつかむ。そして、書き留めた概略をAに渡す。
3 役割を交代して、生徒Bが書こうと思っていることを生徒Aに話し、Aはそれを聞いて生徒Bの作文のあらすじをまとめ、Bに手渡す。
4 生徒は作文を書くために個人で取材を行うが、自分のパートナーにとっての役立つ材料についても同時に目を光らせる。
5 2人は一緒になって、どちらも明快な書き出しとなるよう心掛けながら、それぞれの作文の最初の段落を書く。
6 生徒は一人になって、自分の作文を書く。
7 完成したら、生徒はお互いの作文を校正し、句読点の打ち方、綴り、言葉や主題文の使い方など、教師によって指示された書き方の観点にしたがって訂正すべき点を直す。また、書き改めた方がいいところがあれば、その点について提案する。
8 生徒は提案された改善点を踏まえて、自分の作文を修正する。
9 2人はお互いの作文を再び読み合って、（ミスのないことをお互いに保証するために）自分たちの名前をサインする。

生徒たちが作業している間、教師は各ペアを見回って、必要とされる書き方や協同技能を生徒が適切に習得できるよう働きかける。生徒が作文を書き上げたら、2人がどれほど上手に作業することができたか（お互いに助け合った具体的な行動についてリストアップする）について話し合い、次にペアで活動するときにはどのように進めるか計画を立て、お互いの手助けと援助に感謝する。

◆**仲間と一緒に書く：ペアになって世界でもっとも素晴らしい2つの作文を書く方法**

ステップ1：パートナーシップを築く

自分のパートナーを確認して挨拶を交わし、作文課題の達成に必要なすべての教材（鉛筆、紙、話題）が揃っているかどうかを確かめる。これから、ペアの相手と

の協同的な取り組みによって、共に優れた作文を書いていくことになる。作文には2種類の得点が与えられる。1つは自分の作文の出来に対して与えられる得点であり、もう1つはペアとしての2人の誤りの少なさによって与えられる（ペアになった2人の誤りの合計から算出する）得点である。

ステップ2：作文のあらすじを書く

　じゃんけんで、どちらが生徒Aでどちらが生徒Bになるかを決める。まず、生徒AはBに何を書こうと思っているかを説明する。生徒Bはそれを注意深く聞いて、質問事項を考え、Aの作文のあらすじをつかむ。生徒Bはそのあらすじを書きまとめ、Aに手渡す。その後、この手順を逆にして、生徒Bが書こうと考えている内容のあらすじを説明し、Aはそれを聞いて作文の概要をまとめ、生徒Bに手渡す。もしもペアの相手があらすじの組み立て方を理解していないようであれば、どうすべきかを教える。

ステップ3：取り上げる話題について調べ、**参考になる材料を集める**

　この作業は協同して取り組むこともあるし、個人ごとに行うこともある。いずれの場合でも、自分が取り上げる話題に関する情報を探ると同時に、パートナーに役立つ材料についても目配りすることが求められる。関係のある材料や図書館から得た情報や、自分が学んだ内容をペアの相手に伝える。

ステップ4：最初の段落（最初の一文）を書く

　パートナーとの協同作業によって、それぞれの作文の第1段落を書く。まず、生徒Aの作文の最初の段落を書いて、次にBの最初の段落を書く。2人の作文のそれぞれが、明快で筋の通った始まりの文になるように気をつける。

ステップ5：**自分一人で作文を書く**

　自分だけで最善だと思う草稿を書き上げる。また、教師によって設定された課題の基準を満たすよう努める。ただ、どのような草稿であれ、何も書かないよりはましであるから、とにかく何かを書く。

ステップ6：**相手の作文を推敲する**

　互いの作文を交換し、何が書かれているのかを注意深く読み込む。どうしたらパートナーの作文を改善できるか、どうしたら与えられた基準をもっと満たすことができるか、について自分なりに提案する。句読点の打ち方や綴り、言葉や主題文の使い方など、教師によって指示された書き方の観点にしたがって訂正すべき点を助言する。2人が共に書き終えたら、相手への提案を伝え、自分の作文に対する相手からの提案に真剣に耳を傾ける。

ステップ7：作文を修正する（草稿の改訂）

　より良い内容にするための2回目の作業を行う。作文の改善のために、ペアの相手からもらった提案を慎重に検討して、一人で修正に取り組む。どの意見を取り入れるのか判断し、作文を改善するとともに、教師の設定した基準をさらに満たすよう書き改める。

ステップ8：ペアの相手の作文を再び推敲する

　　再度、相手と作文を交換する。相手の書いたものを注意深く読んで、どうしたら相手が作文を改善することができるか、について考える。相手がどのようにしたらいいかに関して、建設的な提案をする。その際、教師の設定した基準についても心に留めておく。2人が共に推敲し終わったら、相手に対する提案を伝えるとともに、自分に対する改善提案について耳を傾ける。2人共が教師の指示した基準を満たすことができ、作文を提出する準備が整うまで、修正を続ける。

ステップ9：互いに署名する

　　2人がそれぞれの作文について、現時点として最善であると認めたら、相手の作文にサインし、相手にも自分の作文にサインしてもらう。これはそれぞれが推敲者として、相手の作文にはミスがないこと、教師に読んでもらう準備ができていることを個人的に保証することを意味している。

ステップ10：自分たちのパートナーシップについてふり返る（自分たちは上手に協力することができたか？）

　　ペアの相手とのパートナーシップが効果的に機能したか否か、について話し合う。優れた作文を書く助けとなった各自の具体的な行動について、リストアップする。次の取り組みの際には、どうしたらもっと協調できるかを考える。相手の支援に対してお礼を言い合って、お互いの協力の成果を称える。

表5-1　パートナーシップ改善リスト

```
1  相手の学びの助けになった、私の行動：

   a. _____

   b. _____

   c. _____


2  次の機会にはもっと良いパートナーになるために、改善すべき私の行動：

   a. _____

   b. _____

   c. _____
```

表5-2　説得力のある文章を書く

主題の概要（他の人が同意して受け入れてくれる、異議を唱えられないような主張）

_____
_____
_____
_____
_____

根拠の説明（主張を立証するような事実や情報、理論。結論へと論理的につながるように配列する）

_____
_____
_____
_____
_____
_____
_____
_____
_____
_____
_____
_____
_____
_____
_____
_____
_____

結論（根拠から論理的に導かれた言明で、「主題の概要」と同じ内容のもの）

_____
_____
_____
_____
_____

著者のサイン（　　　　　　　　　　）　推敲者のサイン（　　　　　　　　　　）

表5-3　説得力のある作文を書くための評価表（ルーブリック）

名前（　　　　　　　　　）　学年（　　　）年　　日付　　／　／

タイトル（　　　　　　　　　　　　　　　　　　　　）

評定尺度　　　　　低い　1……2……3……4……5　高い

基準	得点	重みづけ	合計
構成： 主題の概要と導入 主張を支持する根拠の説明 根拠から論理的に導かれた結論 効果的な言い換え		×6	（30）
内容： 提起された主題 明快で論理的な推論 要点を根拠づけている証拠 明瞭な創造性		×8	（40）
語法： 各段落の始まりの主題文 主語・述語の一致 助詞の使い方 完結した文章（簡潔で、意味の明確な文章） 単純な文と複雑な文の混在		×4	（20）
技法： 句読法の正しい使用 表記の統一 綴り間違いのないこと		×2	（10）
評価：A（93～100点） 　　　B（85～92点） 　　　C（77～84点）		×20	（100）

コメント：

_____

_____

_____

_____

第5章　作文とプレゼンテーション

表5-4　「ペアで作文（ピア・エディティング）」のふり返りと評価

著者にとっての利点	推敲者にとっての利点
1	1
2	2
3	3
4	4
5	5
6	6
7	7
8	8
9	9
10	10

◆仲間と一緒に発表する：ペアになって世界でもっとも優れた２つの発表をする方法

ステップ１：パートナーシップを築く

　　自分のパートナーを確認して挨拶を交わし、発表（プレゼンテーション）課題の達成に必要なすべての教材（鉛筆、紙、話題）が揃っているかどうかを確かめる。生徒にとっての学習課題は、(a) 発表の準備をして、(b) 発表を行い、(c) その出来具合について評価する、ことである。発表には、視覚資料を活用し、聴衆の積極的な参加を促すようにしなければならない。協同的な目標は、すべてのメンバーが対象とした教材を学んで、それについての優れた発表を行うことである。

ステップ２：テーマを選択する

　　それぞれの生徒は、個人での取り組みにより、発表するテーマを選択する（あるいは、教師によって与えられたテーマについて考える）。そして、述べようと思うことがらに関係した見解を収集する。

ステップ３：発表のあらすじを作る

　　じゃんけんで、どちらが生徒Ａでどちらが生徒Ｂになるかを決める。まず、生徒

AはBに何を発表しようと思っているのかを説明する。生徒Bはそれを注意深く聞いて、質問事項を考え、Aの発表のあらすじをつかむ。生徒Bはそのあらすじを書きまとめ、Aに手渡す。その後、この手順を反対にして、生徒Bが発表しようと考えている内容のあらすじを説明し、Aはそれを聞いて発表の概要をまとめ、生徒Bに手渡す。ペアの相手にあらすじの組み立て方について知っていることを伝えるとともに、相手のパートナーが知っていることから学ぶ。

ステップ4：取り上げるテーマについて調べ、参考になる材料を集める

　この作業は協同して取り組むこともあるし、個人ごとに行うこともある。いずれの場合でも、自分が取り上げるテーマに関する情報を探ると同時に、パートナーにとって役立つ材料についても目を配ることが求められる。もし相手が関係のある教材や図書館から得た情報の使い方を知らなかったら、それをペアの相手に教える。

ステップ5：導入部分を書く

　パートナーと協同で取り組み、それぞれの発表の導入をどのようにするのかについて書く。まず、生徒Aの発表の導入部分を書いて、次にBの導入部を書く。2人の発表それぞれにとって、明快で筋の通った導入になるよう留意する。

ステップ6：自分一人で発表を計画する

　自分だけで発表の第1案の計画を立てる。その際、教師によって設定された課題の基準を満たすよう努める。ただ、どのような案であれ、何もないよりはましであるから、とにかく何らかの案を立てるようにする。

ステップ7：最初の案を発表する

　2つのペアを合体させて4人のグループを作り、それぞれが自分の発表を行う。発表者以外の3人は、（評価表(ルーブリック)を使って）発表を注意深く検討し、どのようにしたらもっと良くなるかについて提案する。教師は教室を回って、できるだけ多くの発表を見てチェックする。4人のメンバーすべての発表が終わったら、それぞれの発表についてどう改善したらもっと良いものになるのかを話し合う。

ステップ8：発表の計画を立て直す（発表の第2案）

　よりよい内容にするための2回目の作業を行う。発表を改善するために、ペアの相手からもらった提案を慎重に考慮して、一人で再考する。どの意見を取り入れるのか判断し、発表をさらに改善するとともに、教師の設定した基準をさらに満たすよう修正を加える。

ステップ9：発表を行う

　先ほどのペアとは異なる2つのペアを組み合わせて、新しい4人グループを構成する。それぞれが自分のプレゼンテーションを行うとともに、発表者以外の3人は、（評価表(ルーブリック)を使って）その発表を慎重に検討し、どのようにしたらもっと良くなるかについて考える。教師は教室を回って、できるだけ多くの発表を見てチェックする。生徒は、自分以外の3人のメンバーから受けた改善点についてのフィードバックを注意深く聞く。個々のメンバーの発表について生徒たちが評価した結果を教師が知

ろうとする場合には、その評価用紙を集めることになるだろう。

ステップ10：自分たちのパートナーシップについてふり返る（自分たちは上手に協力することができたか？）

　パートナーシップが効果的に機能したかどうかを、ペアの相手と話し合う。優れた発表をする助けになったそれぞれの具体的な行動について、リストアップする。次の取り組みの際には、どうしたらもっと協調できるかを考える。そして、相手の支援に対してお礼を言い合って、お互いの協力の成果を称える。

表5-5　パートナーシップ改善リスト

```
1  相手の学びの助けになった、私の行動：

   a. _____

   b. _____

   c. _____


2  次の機会にはもっと良いパートナーになるために、改善すべき私の
   行動：

   a. _____

   b. _____

   c. _____
```

表5-6　口頭発表のための評価表(ルーブリック)

```
名前（　　　　　　　　　　）　　　　日付　　　／　　／
発表タイトル（　　　　　　　　　　　　　　　　　　　　　）
```

基準	評定	コメント
学問的、教育的な主題の提起		
全体の構成（導入、本題、結論）		
創造的な推論、説得力		
好奇心をかき立てる（聴衆がもっと知りたいと思う）		
興味深い、変化に富んだ、理解しやすい、簡潔な		
声量、発音、視線、ジェスチャー		
聞き手を巻き込む（聴衆が積極的、受動的でない）		
視覚資料、補助資料、音楽		
その他		
合計		

＊それぞれの基準について、1（乏しい）から5（優れている）の5段階で評定する。

予習ノートの作成

　授業に入る前に、生徒に簡単な予習ノートの記入を求めることも役に立つだろう。そうしたノートは成績をつけるためではないが、生徒が自分の考えをまとめ、授業でも学びに責任を持たせるために有効である。
　1　生徒の課題は、授業の準備のために教科書の該当部分について、1～2枚の短いまとめを作ることである。授業に入る前に、生徒は次のことを行う。
　（a）その単元に出てくる主要な理論、概念、考え、人物を選び出す。
　（b）内容を要約して検討した1～2枚のノートと、さらなる分析のために他の情報源（本、雑誌、新聞など）からの資料を加える。

2　生徒は4人からなるベース・グループで集まる。ベース・グループは、1学期間もしくはその学年の間ずっと同じメンバーで過ごす。授業にはノートを人数分コピーしてもって来させることによって、協同的な体制を作る。各メンバーは、自分のノートの内容について2、3分で発表する。次の授業時間までに、協同グループのメンバーはそれらのノートについて読み、推敲し、批判的検討を加える。生徒たちは表5-7に示したような「予習ノート評価表」に各メンバーの評価を書き入れてくる。その後、メンバーは互いのノートにサインを記入する。このサインは、彼らがノートを読んで、メンバーの書くスキルを改善するためのフィードバックを与えたということを意味している。

3　協同的なグループで、メンバーのノートから何を学び、それを授業での話題にどのように適用したのか、についてまとめる。

表5-7　予習ノートの評価フォーム

基準	満点	得点
明快かつ正確で、説明的なタイトル	10	
始まりにおける自らの立場の明確化	10	
各段落1行目の1字下げ	10	
各段落がその段落の主題文で始まっている	10	
適切な体裁、句読法、綴り	10	
2つ以上の情報源がある	10	
主張を支持する説得的な文章	10	
分析、批判的思考	10	
結論で締める	10	
その他	10	
合計	100	

＊予習ノートの具体的な改善案については、この頁の裏面に書いて下さい。

Appendix 5-1

ふり返り：私の長所とさらなる成長への目標

1　私の文章作成スキルで、もっとも良いところは：
　　_____
　　_____
　　_____

　2　根拠理由の説明で、もっとも興味深い部分は：
　　_____
　　_____
　　_____

3　パートナーの文章の推敲から私が学んだことは：
　　_____
　　_____
　　_____

4　私の文章技術で次に改善すべきところは：
　　_____
　　_____
　　_____

5　私の文章技術で、もっと磨き上げることができると思うところは：
　　_____
　　_____
　　_____

Appendix 5-2

教師の自己評価フォーム ☑

1　生徒が、積極的かつ首尾よく取り組みに参加できるような機会を与えているか。
　　☐ 活動に適切な変化をつける
　　☐ 協同的なグループを適切に編成する
　　☐ 協同学習グループを適宜観察し、働きかけを行う
　　☐ 授業の中にペアによる討論を挟み込む
　　☐ 生徒の反応に加勢して、参加を促す
　　☐ 思慮に富んだ反応を得るために充分な時間を与える

2　授業の中で生徒の進展を評価し、フィードバックを与える。
　　☐ 学習課題を明確に定義・説明する
　　☐ 達成基準を明確に定義・説明する
　　☐ 協同学習グループでの生徒の活動を体系的に観察する
　　☐ 評価のために返答、説明、演示を求める
　　☐ 相互評価を行い、改善のためのフィードバックへとつなげる
　　☐ より質の高い取り組みのための相互支援の体制をつくる
　　☐ 望ましい反応や学習成果を強化する
　　☐ 改善のためのフィードバックを与えて、目標を明確にさせる
　　☐ 必要なときには補習指導する

3　生徒と学習教材を体系づける。
　　☐ 生徒の注意が集中するよう工夫する
　　☐ 明快な指示を与える
　　☐ 適切なグループ編成と座席配置を行う
　　☐ 生徒が速やかにグループに入ったり、グループ間を移動できるようにする
　　☐ 学習教材や補助教材、施設設備を準備する
　　☐ 学習グループにとってわかりやすい協同的な体制をとる

第6章 プロジェクト

プロジェクトの特徴

　プロジェクトは、カリキュラムに関連した知識を単にテストで"再現させる"のではなく、そのテーマについての何かを生徒が創り出すことを目的とした課題である。プロジェクトは、伝統的にもカリキュラムの一部をなしてきた。プロジェクトは、音楽、マスメディア、アート、科学、言語芸術、社会科のような教科領域について、あらゆる学年で取り組ませることができる。プロジェクトには、ひな型、地図、動画、図表、コラージュ、写真、演劇、映像などが使われる。そこで課されるのは、生徒のコミュニケーションや推論の技能、対人関係技能、組織化技能、意思決定や問題解決の技能である。プロジェクトは、個人や協同学習グループ、クラスや学校全体、地域の共同体でも取り組むことができる。プロジェクトによる研究・問題解決は、クラスの中と外の両方で行われる。プロジェクト課題では、生徒が創造的になって、さまざまな学習様式を用い、多元的知能を使って探究することが求められる。プロジェクトの短所は、その成果を査定したり、保存しておくことが難しい点である。

なぜプロジェクトを使うのか

　プロジェクトは、成果の査定が困難ではあるものの、他のどんな方法でも果たすことができないような目標の達成に有効である。プロジェクトには、次のような特色がある。

1　多様な知識や技能を統合して、生徒に創造性、独自性を発揮させることができる。
2　さまざまなマスメディアの利用を通して、生徒が自分たちのもつさまざまな知性（多重知能）を演示したり、明瞭化することができる（表6-1参照）。
3　幅広く多様な情報やスキルを利用し、統合し、適用し、転用して、最終的な成果を生みだすことが生徒に求められる。
4　生徒は、より高いレベルの結果を生みだすような活動（たとえば、科学的研究や調査など）に取り組むことが求められる。
5　生徒たちに問題発見、問題解決の機会を提供してくれる。
6　さまざまな困難度のプロジェクトが設定できることから、達成レベルを生徒によって調整することが可能となる。

7 読み書きに問題をもつ生徒に、学習や潜在能力を立証する代替的な方法を提供してくれることから、学びに関する自尊感情の向上につながる。
8 クラスの仲間同士の肯定的な関わりや協同の機会を提供してくれる。
9 生徒たちが学習や成果を、他の生徒や他のクラス、保護者や地域の人たちと共有する公の場を提供してくれる。

表6-1 多重知能理論における知性

知能	内容
言語的知能	言葉を生みだす能力（作家、詩人、演説家）。話し言葉、書き言葉に関連する。
論理数学的知能	抽象的なパターンについて推理したり、認識したりする能力（科学者、数学者）。演繹的推論、数、抽象的パターンを扱うことから、「科学的思考」とも呼ばれる。
音楽的知能	音程やリズムに対する感受性（作曲家、演奏家）。さまざまな環境音を含む音のパターンやリズム、テンポを識別する能力。
空間的知能	環境の視覚的・空間的表象を形成し、それらを操作する能力（建築家、彫刻家、技術者）。視覚を頼りに対象を思い浮かべて、心的イメージを作り出す能力。
身体運動的知能	問題を解決し、成果を生みだし、観念や情動を伝えるために身体を使う能力（スポーツ選手、外科医、ダンサー）。身体動作をコントロールする大脳の運動皮質を含んだ、身体の動きや身体についての知識に関連している。
対人的知能	他者を理解し、他者と効果的に協働する能力（営業・外交員、教師、政治家）。主に対人関係やコミュニケーションを通して働く能力で、他のすべての知能と関係している。
内省的知能	自分自身や自分の感情についての個人的な知識で、自らの存在や内省、メタ認知、霊的存在についての気づきに関連している。

（White, Blythe, & Gardner, 1992 による）

プロジェクト課題を提示する

　プロジェクトは幅広く多様な成果を達成する機会になることから、教師にとって重要かつ柔軟な教育手段となっている。その実り豊かで複雑な性質は、まさに協同学習グループに最適である。次に示したのは、(a) 一般的な場合と、(b) とくに協同学習グループを念頭においた場合、のプロジェクト実施の手順である。

◆一般的手順

1. 年間を通してさまざまなプロジェクトを課す。生徒が (a) プロジェクトのテーマや話題を選択し、(b) その達成のために多様な知能を駆使し、(c) 演繹や問題解決などの高いレベルの推論能力を必要とする、(d) 課題の達成に向けて創造的で多岐にわたるアプローチを取ることができる、プロジェクトを構成する。
2. それぞれのプロジェクトについて、いつプロジェクトを開始し、いつまでに各パートを完成させ、グループでの推敲と教師による最初のコメントを得るための草稿をいつ提出し、最終成果をいつまでにまとめるか、といった日程を定める。
3. 生徒に最終成果の完成例やひな型を示して見せる。さまざまな完成度の事例を示すことで、生徒は、どのような成果が優れているのかに関する参照枠組を形成する。
4. 生徒は、完成したプロジェクトの出来を評価するための明確な基準を身につける。その基準は、適時性、見栄え、独自性、出来具合、根拠、考察の深さ、アイデアの豊かさ、発表の仕方、に関連したものとなる。たとえば、もし生徒がビデオを制作する場合には、いくつかのビデオ作品を鑑賞して、質の低いビデオから、中程度、質の高いビデオを識別できる評定尺度を準備しておく。彼らが観た最高のビデオが、これから作ろうとする作品のベンチマーク（判断基準）になってくる。生徒たちは、優れたプロジェクトを構成する要素について理解しておく必要があり、作品の制作を進める際にそれを指標として用いるのである。
5. 学校や地域、あるいは自治体の基準となっている評価表（ルーブリック）を生徒に示して、指導する。プロジェクトを評価するための基準となる評価表の使い方を学ぶことは、生徒たちが自分自身の活動をふり返る際に利用可能な、より洗練された参照枠組を与えてくれる。
6. 生徒は、教職員からの支援や助けを借りてプロジェクトを完成させる。
7. 生徒は、完成されたプロジェクトをクラスで発表する。仲間の発表を見て、生徒は習得した評定尺度や標準化された評価表を使って、プロジェクトの出来を評価する。この段階で、仲間同士による推敲を行うことはとても有効である（第5章を参照）。

8 生徒はプロジェクトを提出して、教師の評価を受ける。

◆グループによるプロジェクト

協同学習グループの通常の流れでは、生徒はまずグループで学び、その後、個人で評価を受けることになる。学校では、グループとして評価されるより個人での評価の方が一般的であるが、実社会ではまったく逆かも知れない。大部分の組織体では、個々の成員の成否よりも、その組織全体、組織の中の部局、あるいはその部局に所属するチームとしての成否に焦点が当てられることが多い。したがって、実際の評価は、グループとしての評価を意味している。こうしたことから、クラスでの査定にもグループによるレポートや展示、活動成果、ビデオ作品、発表がしばしば求められる。

グループとしての成果が評価の目的である場合には、生徒が取るべき手順や評価の手続きについて、きちんと知らせておく必要がある。生徒たちには指示されたプロジェクトを成し遂げるという課題が与えられる。グループにとっての協同学習の目標は、メンバー全員が役割責任を果たし、課題内容について説明することができ、クラスで発表することができるような、プロジェクトを皆で完成させることである。先に述べた一般的手順に加えて、グループによるプロジェクトでは次のような手続きを取る。

1 生徒にプロジェクトの課題が与えられると、その達成に取り組む協同学習グループが編成される。そして、必要な教材が配られる。
2 グループでのプロジェクトを達成したら、すべてのメンバーが成果に貢献したかどうか、結果に納得しているかどうか、成果の説明ができるかどうか、について確認する。教師はそれぞれのグループを系統的に観察し、フィードバックを与えたり指導を行ったりする。
3 教師に報告書を提出したら、グループメンバーはクラスの仲間と成果を発表し合い、プロジェクトの内容についてのテストを受ける。
4 教師は、プロジェクトを達成するために必要とされる理論や概念、方法、手順を発表させるといった、発展課題を与えるかも知れない。その後、生徒たちはここで習ったことをもっと高度なプロジェクトに応用するよう求められる。

Appendix 6-1

グループによるプロジェクトの評価表

クラス（　　　　　　　）　プロジェクト名（　　　　　　　　　　　　　）
氏名（　　　　　　　　　）　　　　　　　　日付：　　　/　　/

「低い（不適切）」「中程度（普通）」「高い（優れる）」の3つのレベルに対応する指標を示しなさい。

低い	中程度	高い
基準1：		
・ ・ ・	・ ・ ・	・ ・ ・
基準2：		
・ ・ ・	・ ・ ・	・ ・ ・
基準3：		
・ ・ ・	・ ・ ・	・ ・ ・
基準4：		
・ ・ ・	・ ・ ・	・ ・ ・

コメント：
_____
_____
_____
_____

Appendix 6-2

評価表の例：キャリア教育プログラムの比較研究

課題：キャリア教育プログラムについて比較検討して、クラスで発表する資料を作成する。

採点のための評価表

基準1：研究の質
1・・・・2・・・・3・・・・4・・・・5 参照文献が1つ　　　　参照文献が3つ　　　　参照文献が5つ
基準2：質疑応答
1・・・・2・・・・3・・・・4・・・・5 事実誤認が多い　　　いくつかの事実誤認　　　事実誤認なし
基準3：図表の利用
1・・・・2・・・・3・・・・4・・・・5 図表なし　　　　適宜図表を利用　　　非常に印象的な図表の利用
基準4：全体構成
1・・・・2・・・・3・・・・4・・・・5 一貫性のない　　　構成の明確な　　　構成の非常にしっかりとした
基準5：口頭発表
1・・・・2・・・・3・・・・4・・・・5 理解が困難な　　　　明解な　　　　感銘を与える

コメント：
_____
_____
_____
_____

グループ成績：　　グループの得点（　　　）点

A：22〜25点　　　B：18〜21点　　　C：13〜17点　　　D：8〜12点

Appendix 6-3

プロジェクトを立案する

1. 単元の中で生徒に課すことができそうなプロジェクトをリストアップしよう。
   a. _____
   b. _____
   c. _____
   d. _____

2. リストアップしたプロジェクトから1つを選んだら、それに取る組む際の手順を書き出しなさい。
   _____
   _____

プロジェクトの事例

- ラップでギリシャ神話：ギリシャ神話の神々についてのラップ・ミュージックを創作し、発表する。
- 病気に関するパンフレットを作る：ある病気を選んで、それについて調べ、クラスで発表するためのパンフレットを作成する。
- ルネッサンス期の著名な作家、芸術家、政治家、あるいは哲学者を選んで、パネルディスカッションを開催し、その人物の役割を演じる。
- 国際紛争について探究する（さまざまな国のある側面、たとえば歴史、議会決議、地勢などを選んで、比較・検討する）。
- ガーデニングを通して植物のライフサイクルを教える（それぞれの生徒は種子、施肥など、異なるものを担当する）。
- 地球と人類の歴史を題材とする壁画を描く（グループごとに古代ギリシャ、古代ローマ、中世の芸術、というように分担する）。
- コミュニティ・プロジェクトの録画ビデオを作成する。
- 歴史年表を作成する（自分史、歴史、文学史、芸術史）。
- 戯曲、寸劇、ロールプレイを書く。
- 学校新聞、学級新聞を発行する。
- 学校内で郵便局を経営する。
- 模擬裁判を開く。
- 国際フェスティバル、多文化事業を計画する。
- 読書活動にもとづいて壁画を描く。
- 結末の異なる脚本を書いて、劇化する。
- コンピュータを使って、新たな発明をする。
- 物語や歴史的出来事を映画化する。
- 理想の学校をデザインし、そのクラスを演ずる。
- ニュース放送番組を作成する。
- 科学博覧会を開催する。

第7章 ポートフォリオ

ポートフォリオとは何か

　建築家や芸術家、作家、演奏家たちは、自分たちの作品の特徴を説明するために、かねてからポートフォリオを用いてきた。ポートフォリオはまた、生徒の学習活動に関する情報を集め、査定し、評価するためにも利用することができる。ポートフォリオは、生徒やグループの学業に関わる達成や進歩の様子、スキル、態度について積み重ねてきた証拠資料の類いを、系統的に集めたものである。それは、学習目標への進歩やその達成度に関する、全体的な観点から個々の学習活動を統合した活動標本（活動のサンプル）や、書面による根拠説明からなっている。

　ポートフォリオは、一学期間、一年間、あるいは数年間をカバーするとともに、一教科、数教科、もしくは全教科を代表するものである。ポートフォリオには一人の生徒、あるいは一グループの活動が含まれる。ポートフォリオは、綴じ込みファイル、ノート、書類箱、ビデオディスクなどの形で表現されている。これは生徒の学習活動についての"資産"であり、担当の教師から教師へと受け渡されることになる。ポートフォリオの内容に厳格な決まりごとがあるわけではないが、一般に次のような関連項目が含まれる。

・宿題や授業中の課題
・テスト結果（教師作成テスト、単元テスト）
・作文（エッセイ、報告書、物語）
・発表（記録結果、観察結果）
・探究、発明、プロジェクト
・学習記録（ログ）、学習日誌（ジャーナル）
・観察のチェックリスト（教師、生徒）
・創作物（デッサン、絵画、彫刻、詩、ダンス、戯曲）
・自己内省、自己分析のチェックリスト
・グループによるプロジェクト
・社会的スキルの裏づけ証拠
・活動習慣・態度を証明するもの
・逸話記録、ナラティブ（物語風の記録）
・標準学力テストの結果
・写真、自叙伝

　小学校では、ポートフォリオはすべての教科領域をカバーすることができる。中学校では総合学習などで用いられるだろうし、高校では卒業時に利用される進路ポート

フォリオを作成することになるかも知れない。一部のポートフォリオは評価を受けるだろうし、また別のポートフォリオは生徒が自らの進捗状況をふり返ったり、今後の学習目標を設定したりするために用いられる。ポートフォリオの内容を決めるのは、次の人たちである。

1　生徒

　　生徒は自らのポートフォリオに何を加えるかを決めることができる。

2　協同学習グループ

　　協同学習グループはメンバーに対し、ポートフォリオに何を含めるかについて勧告することができる。

3　教師、学校、地域

　　教師は、ポートフォリオに入れる活動標本や構成要素を具体的に指示することができる。たとえば、ある大学では学生による本来の活動成果に加えて、エッセイを要件として課している。数学の教師は、数学の2つ以上の分野を関連づけてみせるよう、求めるかも知れない（幾何学に関する定理の代数的な証明や、代数問題の図式解を求めるなど）。いくつかの地域の学校では、活動標本のメニュー、その標本の説明書き、補助的な説明資料が教師によって提示されている。そして、教師はどの活動標本をポートフォリオに入れるかを決めて、評価表とその解説を生徒に配布する。

表7-1　活動標本（ポートフォリオに含める取り組み）

1	説明書に記されている技能や知識
2	生徒が必要と考える教材について書き出したまとめ
3	説明書をより具体的に理解する手助けとなるような課題例
4	活動標本の質を査定するための採点基準

なぜポートフォリオを使うのか

1　ポートフォリオは、生徒たちが (a) 知識や技能、表現、態度における成長や進歩、達成や努力について記述すること、(b) さまざまな学習様式、手法、知性を駆使すること、(c) 自らの学習を査定し、どの項目が自分の最善の成果を示しているのか決定すること、(d) 次なる学習目標を設定すること、によって自分自身の学習を自己管理する機会を与えてくれる。

2　ポートフォリオは、学業達成のレベルを確かめるために用いることができる。

第7章 ポートフォリオ

ポートフォリオは生徒たちの学業達成、技能、能力の最善の姿を描き出す助けとなる。

3　ポートフォリオは、時系列に沿った生徒の成長を確認するために使われる。ポートフォリオによって、生徒たちが時間の経過とともに、目標達成へと歩みを進める取り組みの様子（初期の構想、最初の草案、1回目の論評、中間・最終段階の草案、仲間や教師からのフィードバック、今後どのように改善するかに関する意見）をうかがうことができる。

4　ポートフォリオは、生徒がどのように考え、推理し、まとめ、探究し、伝えたのか、について理解するために用いることができる。ポートフォリオは、目標を達成する過程での取り組みの進展や思考の深まりを詳細に示すことによって、生徒の推理能力や知的能力を理解する助けとなる。

表7-2　最良の成果のポートフォリオ

教科	生徒個人	協同グループ
理科	教師の出した理科の問題への最良の解法 理科の文献のレビュー 行われた実験作業 立てられた独自の仮説 理科の話題に関する覚え書き 長期にわたる実験の学習記録・学習日誌	実施された最良の理科の実験 完成したプロジェクト
数学	教師が出題した問いへの最良の解法 数学問題の解き方の説明 数学の文献のレビュー 数学者の伝記 展開された独自の数学理論 研究した数的概念に関する写真・図解・概念図	完成した最良のプロジェクト 計画・着手した小規模ビジネス
国語	さまざまな形式の優れた作文－説明文、滑稽・風刺文、創作（詩、演劇、短編）、新聞記事（報告、編集コラム、評論）、宣伝文句－	最良の演劇作品、ビデオ作品、テレビ番組、新聞、広告展示
社会	最良の歴史研究 歴史問題に対する論評 現代の出来事に関する評論 独自の歴史理論 歴史的伝記のレビュー 参加した歴史論争についての説明	最良の地域調査 学術論争に関する論文 口承による歴史の編集 歴史的出来事の多元的分析 歴史上の人物の記者会見
芸術	素描、油絵、彫刻、陶芸、詩、戯曲のような作品の優れた創造	壁画、演劇などの優れた創作、実演、創造物や建築物

5　ポートフォリオは、"紙と鉛筆"による方法では上手く査定することのできない幅広い学習結果について、成果を集めて論証する効果的な手立てを提供してくれる。こうした学習結果には、持続性、成長発展、誇り、学習に対する当事者意識、問題解決、高次の思考、他者と協働する能力、自己評価が含まれる。

6　ポートフォリオは、生徒の努力、学習目標への進捗状況、学業達成について、仲間や教師、保護者、大学の入試関係者などに報告するために用いられる。ポートフォリオによって、生徒の取り組みの全体像を基準に照らして表すことが可能になる。それに加えて、ポートフォリオは、教師やその他の関係者が、生徒の知っていることやできることを理解する際の多面的な情報を提供してくれる。

7　ポートフォリオによって、カリキュラムや指導案を評価し、改善することができる。ポートフォリオは、カリキュラムや指導の効果について幅広い視点を与えてくれることから、それによって教師は、指導法や教材を充実・改善することができる。ポートフォリオによって生徒の取り組みの評価基準を見直すことで、指導のあり方も変化することになる。ポートフォリオの利用はまた、生徒が自分自身の取り組みを評価する仕方も変化させる。生徒たちは、自分たちの取り組みが判断される基準について教えられる。これによって、生徒たちのより深く創造的に考える力、取り組みの長所と短所を分析する能力が向上するのである。

表7-3　学習過程のポートフォリオ

教科	生徒個人	協同グループ
理科	一連の実験課題を解決するために用いた科学的方法の証拠資料（経過記録）	一連の実験課題を解決するために用いた科学的方法の証拠資料（観察、チェックリスト）
数学	問題解決のための二段組表を使った、数学的推理の証拠資料（左の列に計算式を、右の列に計算過程について説明する注釈を記入する）	複雑な問題解決、高次の学習方略についての証拠資料
国語	初期のノートから、概要、研究ノート、仲間による推敲にもとづいた修正、最終稿を経ての作文の改訂	高いレベルの仲間同士による推敲を生みだす評価表と手順
社会	初期のノートから、概要、研究ノート、最終稿、批評に対する返答を経てのスピーチの向上	歴史研究プロジェクトに関する各ステップの証拠資料
芸術	生徒の創作活動に関する最初の着想から一次、二次、三次の改訂を経て最終作品に至る"創作史"	芸術表現の新しいかたちを創り出すために協働した芸術学派の伝記

表7-4 ポートフォリオの構成

> 1　生徒もしくはグループの取り組みの特徴を創造的に反映した**表紙**
> 2　それぞれの活動標本のタイトルと頁番号を記入した**目次**
> 3　どのような活動標本が加えられているのか、それらがなぜ重要なのか、取り組みの全体像とどのように合致しているのか、についての**理由説明**
> 4　**活動標本**（活動のサンプル）
> 5　生徒もしくはグループメンバーによる**自己評価**
> 6　現在の学業達成、興味関心、進捗状況を踏まえた**次なる目標**
> 7　教師、協同学習グループ、保護者などその他の関係者による、**他者からのコメントと評価**

ポートフォリオの利用法

　ポートフォリオは、学期を通じての生徒の学習の質を示すものである。教師は評価のために小テスト、テスト、宿題、プロジェクトなどの課題を課すが、ポートフォリオは生徒が学んだことや達成したことを、より全体的な視点から把握しようとするものである。ポートフォリオを用いる際に、教師がその役割を果たすべき重要な局面としては、(a) 単元や学期の始まる前、(b) 単元や学期の間、(c) 単元や学期の終了後、がある。

　ポートフォリオ利用の第1ステップは、準備である。ポートフォリオによる授業を展開する際の指針は、以下のようである。学期や学年、単元が始まる前に、教師は次のことを決めておかなければならない。

1　どんなタイプのポートフォリオを用いるか。ポートフォリオには、次のような構成の仕方がある。
　a．生徒はそれぞれ、自分のポートフォリオに授業の情報と教師からの支援について記入する。
　b．生徒はそれぞれ、自分のポートフォリオに授業の情報と協同学習グループからの支援について記入する（教師は学習過程を観察し、グループに必要な手助けをする）。
　c．協同学習のベース・グループは、自分たちのポートフォリオに教師からの援助について記入する。グループのポートフォリオには、①グループ全体としての取り組み、②個々のメンバーの取り組み、についての説明資料を含める。
2　ポートフォリオの意図と目的は何か。ポートフォリオには実にさまざまな種類があるので、教師はまずポートフォリオで何を目指そうとするのかについて、

考えておかなければならない。生徒は学校にポートフォリオを提出することになるのか、教師と議論する際の材料としてそれを使うことになるのか、三者面談にも使われるのか、生徒が自分の記録として保存するだけなのか。

3 どのような種類の活動標本をポートフォリオに加えるのか。生徒が証明すべきは、どのような技能、能力、知識なのか。どんな課題を与えたらそうした技能、能力、知識を確認することができるのか。どれだけの取り組みをポートフォリオに含めるべきか。ポートフォリオには、生徒が自らの学習をふり返る助けとなる課題（エッセイや能力評価表など）を入れるのか。

4 ポートフォリオの各内容をどのように選択するか。教師は活動標本の種類とそれを査定・評価する基準を具体的に示す一方、生徒は種類ごとの基準を満たす最善の取り組みを選択する。

5 ポートフォリオはどのようにして査定・評価されるか。誰が評価表を作成するのか。誰が査定・評価するのか。生徒をそれに含めるか否か。

　評価過程の一部としてポートフォリオの利用を計画する際、あまりに多くを望んではならない。ゆっくり一歩ずつ進めるべきである。ポートフォリオは決して万能な方法ではない。

　第2のステップは、学期や単元の期間中、ポートフォリオを管理することである。その間、ポートフォリオは次のようにして管理される。

1 教師は生徒たちに、ポートフォリオの作成過程とそれに加える活動標本の種類について説明する。

2 教師は生徒の活動標本を査定・評価するための評価表を作成する。生徒はそれらの評価表の一部もしくはすべての作成に参画する。

3 生徒は、最終的にポートフォリオに含まれることになる課題を完成させる。期間中に取り組んだ課題はすべて、"作業用ポートフォリオ"に保存しておく。

4 生徒は、自らの取り組みと目標の達成具合について質的、量的に評価し、ふり返りを行う。

　第3のステップは、学期や単元の終了時におけるポートフォリオを管理することである。いったんすべての取り組みが終わったら、ポートフォリオに加える活動を選択し、学習活動全体がまとめられた説明資料へと組み入れる必要がある。

1 教師は、いくつのどのようなタイプの成果を最終のポートフォリオに含めるべきかについて、具体的に示す。たとえば、学期中に行われた各単元から1つずつの学習成果を加えることにする、など。

2 生徒は、どの項目を最終ポートフォリオに入れるかについて決定する。最終項目の選択にあたっては、教師や協同学習グループからの助言が考慮に入れられるかも知れない。生徒には、取り組みをやり直して、成果をより良いものにす

る機会が与えられる。生徒は各課題の基準を理解していることから、教師が採点する基準についてもすでに知っている。
3　生徒は、対象となる学習期間における目標の達成具合について記述する。
4　協同学習グループは、対象となる学習期間における目標の達成具合について記述する。
5　教師は総括的評価を行い、取り組みの質と量を表した採点結果を示す。しかしながら、ポートフォリオの採点は、その信頼性に問題をはらんでいることが多い。異なる教師が同一のポートフォリオに異なる得点を与えたり、同じ教師が同じポートフォリオに時を経て異なる点をつける、といったことが起こり得る。採点については、以下のような意見が寄せられている。
　a.　ポートフォリオ自体は採点されるべきではない。なぜなら、個々の取り組みは学期中にすでに採点されているはずだから。
　b.　個々の取り組みこそ採点されるべきもので、ポートフォリオは採点しない。
　c.　すべての活動成果の質と量に関するポートフォリオ全体だけを、採点対象にすべきである。
6　評価後会議が行われる。評価後会議は、次のようなメンバーで実施されることになるだろう。
　a.　生徒と教師
　b.　生徒と協同学習グループ
　c.　生徒（および協同学習グループ）と保護者（と教師）
　d.　生徒とポートフォリオ発表会に来訪した人たち
7　ポートフォリオの何を、どの部分を、どのように次の担当教師に受け渡すかについて決める。最上級生のポートフォリオは、就職や大学進学の面接に使われることになるかも知れない。

◆協同学習グループの支援によるポートフォリオ作り

　協同的な方法でポートフォリオを作成する際の手順は、作文のピア・エディティングの場合と同じである。それぞれの生徒にとっての課題は、ポートフォリオを構成することである。達成基準は、首尾よくポートフォリオをまとめることである。協同的な目標は、グループメンバー全員が、個々のメンバーのポートフォリオを教師の設定した基準に照らして、完璧かどうかを確認することである。生徒たちは、自分のポートフォリオの出来についての個人得点を受け取る。また、教師はメンバー全員のポートフォリオの質に応じて、ボーナス点を与えるかも知れない。それぞれの生徒には、自分自身のポートフォリオをまとめる個人的責務が課されている。その具体的手続きは以下のようである。
　1　教師は協同学習のベース・グループを編成する。その際、それぞれのグループに読解力と文章力の優れた生徒が一人ずつ入るようにする。

2 　教師は個人のポートフォリオについて説明する。教師は、生徒がポートフォリオに入れる活動標本の種類やそれぞれの活動を評価する際の基準について詳しく伝える。
3 　グループのメンバーは互いに助け合いながら、学習目標に関わる個人課題に取り組む。たとえば、作文であれば、ピア・エディティングの方法を通して、教師の設定した基準を達成するよう務める。
4 　教師とグループメンバーは、活動中のグループを観察し、彼らのやり取りについてのデータを収集する。
5 　生徒はポートフォリオに加えるために、指定された種類の活動標本を選択する。各メンバーは、グループに対して自分のポートフォリオを提案する。グループメンバーは、生徒の発表の質に関するフィードバックを与え、活動の質をもっとも良く示す取り組みを選択し（評価基準を考慮に入れて）、ポートフォリオに加えることを手助けする。可能であれば、生徒の進歩を表しているチャートや図表を描く。
6 　教師は、生徒のポートフォリオについて総括的評価を行う。
7 　(a)生徒と教師、(b)生徒と保護者の間で（できれば、いつも教師の援助を受けるのではなく、協同学習グループの支援を得て）、評価後会議を行う。

◆協同学習グループのポートフォリオ

　協同のベース・グループにとっての課題は、グループとしてのポートフォリオを作ることである。達成基準は、そのポートフォリオが教師や生徒自身によって定められた基準を満たしていることである。協同の目標は、グループのポートフォリオがその基準を満たしていることをメンバー全員で確認することである。それぞれの生徒はそのポートフォリオの作成に貢献し、グループ全体のポートフォリオの完成を手助けする、個人的な役割責任を有している。具体的な手順は、次のようである。

1 　教師は協同学習のベース・グループを編成する。その際、それぞれのグループに読解力と文章力の優れた生徒が一人ずつ入るようにする。教師はグループに愛称をつけさせたり、シンボルマークを決めさせたりして、アイデンティティ形成による相互協力関係を仕組む。
2 　教師はグループのポートフォリオについて説明する。教師は、ポートフォリオに入れる活動標本の種類やそれぞれの活動を評価する際の基準について伝える。
3 　グループは一連のグループ課題（どのメンバーも一人では決して達成できないような課題）に取り組む。例としては、コンピュータを使って新たな工夫をしたり、短編小説や歴史的出来事を映像化する、キャリア教育について調査し、そのパンフレットを作る、などがある。
4 　グループメンバーは、学習目標の一端を担う個人の課題に協力して取り組む。たとえば、プレゼンテーションについて教師の設定した基準を確実に満たすよ

う、ピア・エディティングの手法で見直す。
5 教師とグループメンバーは、活動中のグループを観察し、彼らのやり取りについてのデータを収集する。
6 教師はグループのポートフォリオに加えるグループの活動標本と、個人の活動標本の種類を具体的に説明する。
7 メンバーはグループのポートフォリオに加えるために、活動全体の質やグループの学習目標の達成を、もっとも良く示しているグループ活動を（評価基準を考慮に入れて）選択する。
8 グループは、ポートフォリオの中にチームワークを証明するメンバー間の相互作用を描いた、チャートや図表のような根拠となる資料を含めておく。そうしたデータは、グループメンバーや教師による相互作用のパターンとか取り組みの観察、また、グループがどのくらい効率的に動いていたかについての自己評価、によってもたらされる。グループによる完成祝いの様子も加えておく。

表7-5　協同学習グループのポートフォリオ

協同学習のベース・グループとは何か	協同学習のベース・グループは、長期にわたってメンバーの安定した、集団内異質の協同学習グループである。グループは1学期間、1年間、もしくは数年間継続する。このグループの目的は、それぞれのメンバーが学業を進展させ、健全な認知的・社会的発達を遂げるために必要とされる支援、手助け、励まし、援助を与えることである。
グループ・ポートフォリオとは何か	グループ・ポートフォリオは、蓄積されたグループの活動標本と各メンバー個人の活動標本を体系的に集めたものである。
内容はどのようなものか	・グループの特徴を反映した独創的な表紙 ・目次 ・グループおよびメンバーの紹介 ・前書きと選ばれた活動標本についての理由説明 ・グループの活動標本（メンバー一人では取り組むことのできない、グループとしての成果） ・グループ活動中のメンバーたちの観察記録 ・メンバーによるグループについての自己評価 ・グループからのフィードバックにより改訂された、個々のメンバーの活動標本（作文、プレゼンテーションなど） ・メンバーについての自己評価（グループの効率や個々の学習を促進させてくれる長所・短所の情報を含む） ・個人およびグループのこれからの学習目標、社会的スキル目標のリスト ・教師、他のグループからのコメントとフィードバック

9 メンバーは、グループのポートフォリオに加えたのと同じ種類の活動から、自分自身の活動標本を選択する。各メンバーは、グループの仲間に対して自分が選んだ活動標本について説明する。グループメンバーは、個々人のプレゼンテーションの質に関するフィードバックを与え、活動の質をもっとも良く示す取り組みを選択し（評価基準を考慮に入れて）、ポートフォリオに加えるのを助ける。
10 教師は、生徒のポートフォリオについて総括的評価を行う。
11 （a）協同グループと教師、（b）グループとメンバーの保護者の間で、評価後会議を行う。

表7-6　評価表（ルーブリック）の作成に生徒を参画させる

---

1 ポートフォリオを評価する際に用いる、想定される基準のリストを作成する。これらの基準は、考え得る基準についての生徒同士によるインタビューや、教師が何を重要な基準と考えているかといった情報からもたらされる。
2 協同グループの生徒に、もっとも重要なものからもっとも重要でないものまで、基準を順位づけさせる。次に、その順位づけをグループで共有させ、基準についてクラス全体のコンセンサスが得られるまで議論する。
3 高・中・低の重要度の指標で、もっとも大切であると順位づけられた基準から始めて、それぞれの基準の評価表を構成する。
4 生徒に評価表を標本としての活動に適用してもらう。
5 生徒に評価表を自分自身やお互いの活動標本、ポートフォリオに適用してもらう。

ポートフォリオを用いた評価後会議

　評価後会議の目的は、学習目標の達成過程における生徒の進歩について、詳しく検討することにある。評価後会議では、生徒が関係者（協同学習のグループ、教師、保護者）に対して、学業の達成レベル（自分は何を学び、何を学ぶことができなかったか）について説明するが、そのことは自然と次なる目標の設定会議へとつながっていく。生徒が主導する保護者との事後会議は、評価後会議の一例である。

　生徒主導の評価後会議を構成するのは、保護者、生徒、そして教師の3者である。これは伝統的な教師と保護者による面談の変形版である。生徒が何を学び学習状況はどうだったのかについて教師が保護者に説明する代わりに、教師は（a）生徒がポートフォリオを準備して発表するのを手助けするとともに、（b）自分が何を学んだかについて両親に説明するのを援助し、（c）いかにうまく会議が進んだかについて評価する。生徒主導による評価後会議には3つの段階がある。

1　会議を準備する

　ミシガン州のある地域の教育委員会では、会議の前に生徒が取るべき5つの手順を定めている。

　a. 保護者の参加を促す、日時と場所を明記した会議の開催通知を作成する。
　b. ポートフォリオを作る。
　c. 会議のはじまりの挨拶を練習する。
　d. ロールプレイによって、会議での発表のしかたを練習する。
　e. 会議のために教室をしつらえる。

　協同学習グループは、メンバーが自分のポートフォリオをまとめるのを援助することによって、会議の準備を進める。ポートフォリオには、生徒の（a）さまざまな教科領域における最良の取り組み、（b）学習目標達成への進歩、（c）仲間の目標達成を助けた方法、が盛り込まれる。いったんポートフォリオが構成されたら、グループは生徒を助けて効果的なプレゼンテーションの準備を行い、会議での発表をより良いものにすべく、練習を行う。プレゼンテーションの準備や練習をする中で、生徒には発表の仕方や評価表の使い方を習熟させる。また、彼らは学習目標や勉学上の努力についての伝え方を習得したり、自らの進歩について説明する方法を学ぶのである。

2　評価後会議を行う

　それぞれの生徒は、共催者兼コーチである教師とともに、保護者に自らの取り組みを発表し、学業をさらに進展させるための次なるステップについて議論する。生徒を会議の責任者に据えることは、自分の役割責任を自覚させ、自分の取り組みに誇りをもつよう励まし、学校での成果に関する親子の話し合いを促す。会議を実施する手順

は、次の通りである。
   a. 生徒はポートフォリオを取り出し、会議のために配置されたテーブルに向かい、保護者とともに着席する。
   b. 生徒はポートフォリオを保護者に披露し、ポートフォリオとは何なのか、そこには何が集められているのか、について大まかに説明する。ポートフォリオ構成表と内容一覧は、こうした説明の助けになるだろう。
   c. 生徒はポートフォリオにある個々の取り組みを紹介し、なぜこうした活動標本がここで取り上げられているのか、なぜそれらが学習の大事な指標なのかについて理由を説明する。
   d. 教師は机間指導により、会議での発表の様子を見て回り、必要な手助けをする。教師が巡回してきたら、生徒は保護者に先生を紹介する。
   e. 生徒は達成できたことがらと達成できなかったことがらのまとめを行い、発表を締めくくる。
   f. 生徒は保護者に何かコメントや提案があれば書いてくれるよう依頼するとともに、会議に対する感想を求める。
   g. 生徒はポートフォリオを片づけて、会議の運び方についてふり返る。

3　会議の質について評価する

　生徒の進歩に関する評価は、(a)生徒自身、(b)協同学習グループ、(c)教師、(d)保護者、によって行われる。

Appendix 7-1

ポートフォリオの作成準備 ☑

1　誰がポートフォリオを構成するのか。
　　☐ 個々の生徒が教師からの情報と手助けを得て行う
　　☐ 個々の生徒が協同学習グループからの情報と手助けを得て行う
　　☐ 協同学習のベース・グループ（グループ全体での活動と個々のメンバーの活動）が教師からの情報と手助けを得て行う

2　どんなタイプのポートフォリオを使ってみたいか。
　　☐ 最良の活動を集めたポートフォリオ
　　☐ 学習過程・成長過程のポートフォリオ

3　ポートフォリオの意図と目標は何か。
　　a. _____
　　b. _____
　　c. _____

4　どんな種類の活動標本がポートフォリオに加えられるべきか。
　　a. _____
　　b. _____
　　c. _____
　　d. _____

5　生徒やグループは、取り組みを選択するためにどんな基準を用いるか。
　　a. _____
　　b. _____
　　c. _____

6　誰がポートフォリオを査定・評価するための評価表を作成するのか。
　　☐ 教師
　　☐ 生徒

Appendix 7-2

最終ポートフォリオ

生徒氏名／グループ名　（　　　　　　　　）授業時間・日付（　　　　）／　／
学年　（　　　　　）　　　　　　　　　　　　教科　（　　　　　　　　　）
目的　☐ 最良の取り組み　☐ 学習過程・成長過程

活動標本	得点	備考
1		
2		
3		
4		
5		
6		
7		
合計点		

コメント：
_____
_____
_____
_____

今後の目標の提案：
_____
_____
_____
_____

最終評価　（　　　　　）　　　　　教師名　（　　　　　　　　　　）

Appendix 7-3

グループ・ポートフォリオ

グループ名　（　　　　　　　　　　）　授業時間・日付（　　　）　／　／
学年　（　　　　　）　　　　　　　　　教科　（　　　　　　　　　）
目的　□ 最良の取り組み　　□ 学習過程・成長過程

グループ・プロジェクト　　　　　　　　評価基準
_____　　　　_____
_____　　　　_____
_____　　　　_____
_____　　　　_____
_____　　　　_____
_____　　　　_____
_____　　　　_____
_____　　　　_____

選択された活動標本　　　　　　　　　　理由説明
_____　　　　_____
_____　　　　_____
_____　　　　_____
_____　　　　_____
_____　　　　_____
_____　　　　_____

チームワークに関するデータ（生徒）　　チームワークに関するデータ（教師）
_____　　　　_____
_____　　　　_____
_____　　　　_____
_____　　　　_____

Appendix 7-4

ポートフォリオについてのふり返り

ポートフォリオの利用可能性についてふり返ってみよう。以下に、思いついた利用上のヒントとともに、プラス点とマイナス点について書き出して下さい。

プラス点	マイナス点	利用上のヒント
1	1	1
2	2	2
3	3	3
4	4	4
5	5	5
6	6	6

Appendix 7-5

数学のポートフォリオ

計算	基本的な計算手順について知る
問題解決	解法を見いだし、実行する
数学的説明	数学の話題について読んだり、書いたりする
数学的性向	数学に対する健全な構えをもつ
技法	コンピュータやグラフ作成ソフトを利用する
数学的関わり	数学を他の教科と関連させる
チームワーク	数学を学ぶために他者と協同的に取り組む

Appendix 7-6

ポートフォリオ構成表

名前（　　　　　　　　　）　日付　　／　／　　クラス（　　　　）

リーディング　　　　　　　　　　　ライティング
_____　　　　　_____
_____　　　　　_____
_____　　　　　_____

理科　　　　　　　　　　　　　　　数学
_____　　　　　_____
_____　　　　　_____
_____　　　　　_____

社会科　　　　　　　　　　　　　　体育
_____　　　　　_____
_____　　　　　_____
_____　　　　　_____

私は、次のことは首尾よく学べたと信じています。
　　1 _____
　　2 _____
　　3 _____

何かコメントやご提案があれば、お書き下さい。
_____
_____
_____
_____
_____
_____

第8章 観察

　時を超えて人生を支配する唯一のものは、農場の法則である。私たちは畑を耕し、種を蒔き、世話をし、水を遣らなければならない。そうして少しずつ成長していって、実りが得られるようになるのである。…そこに近道はない。

スティーブン・コヴィー（経営コンサルタント　1932～2012）

◆観察による学習の評価

　教師はいつも自分たちの周りで起こっていることを観察しているし、気づいてもいる。教師は、誰が課題に取り組んでいて誰が取り組んでいないか、どの生徒が席を離れているか、誰が困っているか、どの生徒が課題を終え次の指示を待っているか、を知ろうとしている。観察は、あまり有効に利用されているとはいえないが、学習と指導を査定するための基本的な手法である。これまで、生徒の学習に対する努力や学習成果の偏りのない観察のしかたを教師が身につけることには、ほとんど関心が払われてこなかった。観察は、行動が生起する様子を記録し、記述しようとしたものである。その目的は、次のような側面について客観的なデータを提供することにある。

1. 生徒の学習活動の質について

　　生徒の学習活動の多くは、直接観察することによってのみ、査定することができる。スピーチをする、テニスをする、仲間を手助けする、詩を暗唱する、画を描くといった多くの活動は、観察という手法によってのみ、査定することができる。

2. 生徒の学習過程と課題達成の手順について

　　学習過程の継続的な改善のためには、生徒は課題への取り組み方についてフィードバックを受ける必要がある。学習の過程は、基本的に観察という方法を通して査定される。

3. 教師の指導過程と授業実践の手順について

　　教師が不断に授業を改善しようと思うなら、授業実践や単元指導での振る舞いについてフィードバックしてもらう必要がある。指導過程に関しては、基本的に観察という方法を通して査定される。

　観察にとって大きな問題は、観察者の客観性が保ちにくいとされる点である。観察の偏りを扱った事例は、Hastorf & Cantril（1954）の古典的な研究にみることができる。彼らは、ダートマス大学とプリンストン大学の学生に、両校が対戦するフットボールの試合録画を観てもらった。その試合は、ペナルティのコールが飛び交う、いつになく荒れたゲームだった。全米代表でもあるプリンストンのクォーターバックは、鼻の骨を折って軽い脳震とうを起こし、第2クォーターで戦列を離れた。ダートマス

のクォーターバックは、足を骨折して第3クォーターで退場した。この試合の録画をダートマス大とプリンストン大の学生に観せて、両チームが犯した反則の回数と重さを記録するよう求めたところ、試合に勝ったダートマス大学の学生たちは、両チームが同じ数の反則を犯していたとみていた。それに対してプリンストン大学の学生は、ダートマスの選手がプリンストンの2倍の反則を犯しているとみていた。こうした観察の歪みを解決する方策の1つは、観察者が各グループの行動を客観的に定義されたカテゴリーに基づいてチェックする、構造化された観察システムを用いることである。

観察法を用いて査定する際には、次のことが求められる。

1　観察の基本についてきちんと理解しておく
2　以下のような準備を整える。
　a．生徒のどのような行動、振る舞い、スキルを観察するのかを決める
　b．誰が観察するのかを決める
　c．対象とする標本の抽出を計画する
　d．標的とする行為の頻度を記録する、生徒の年齢に合った観察表を用意する。
　e．観察者を訓練する
3　個々の生徒が特定の行動をどのくらいの頻度で行うかについて、観察し記録する。観察には、公式な手続きと非公式な手続きがある。
4　観察結果を明解かつ有用な方法でまとめる。そして、それぞれの生徒やグループにフィードバックするとともに、生徒が観察結果を分析して(a)効果的な学習のしかたや助け合いのしかた、(b)次の学習でのもっと効果的な取り組み方、についてふり返るのに役立てる。

CLICK! 8　5分間モニタリング

1　観察対象とする行動を選ぶ
2　観察表を作成する
3　教室内を巡る順路を計画する
4　すべてのグループのデータを収集する
5　各グループやクラス全体にフィードバックを与える
6　結果をチャートや図に表す

観察の基礎

　査定する目的で観察を行うためには、観察法の基本的性質について認識しておくことが必要である。観察とは何かを明らかにし、理解するために、同僚などと一緒に次のような課題に取り組んでみよう。

◆学習場面の特徴について観察する
1　学習場面の特徴について観察したことを、5分間でできるだけたくさん挙げなさい。

① _____　⑥ _____
② _____　⑦ _____
③ _____　⑧ _____
④ _____　⑨ _____
⑤ _____　⑩ _____

2　3人グループを作り、上で挙げたものを比べてみよう。
　a．それぞれが観察していたのは何だったか
　b．どんな手順で観察を行ったか
　c．何を書き残し何を残さないかを、どのように決めたのか
　d．課題の形式が観察することに影響を与えたか

◆客観的観察と主観的観察を区別する
1　3人グループで、次の区別を理解する。
　a．客観性（すべてのメンバーがたやすく同意できること）
　b．主観性（すべてのメンバーが同意することは難しい独特な見方、偏り、個人的な視点）
2　前項で書き出したそれぞれの観察について、「客観的」か「主観的」かを区別しなさい。

◆客観的記述と推論とを区別する
1　次の項目について、客観的記述（D）と推論（I）を区別しなさい。
　（　）教師が指名するまで、サムは90秒間挙手をし続けた。
　（　）ヘレンは教師のことを皮肉っぽいと評した。
　（　）ロジャーは討論の間に4回笑い声を上げた。
　（　）デイビッドは彼らが「ハッピーバースデイ」を唄ってくれたとき、困惑した。
　（　）ロジャーはペンを左手でもっている。
　（　）キースは勉強が好きではない。

(　) デールは教師の説明によって混乱した。
(　) エディスは十分に話をしなかった。
(　) ジョンはグループに背を向けていた。

◆質問をより具体的に表現する

1　客観的、記述的な方法で観察するためには、行おうとする観察の具体的な目的について理解し、問題解決に役立つような行動に焦点を当てることが必要である。そこでまず求められるのは、観察の対象を**直接観察可能な行動**に限定することである。

2　下に掲げた質問は、**直接観察可能な行動**に焦点を当てるような表現になっているか、確認してみよう。

質問	具体的な表現になっているか	理由
①授業中、男子は女子に比べて落ち着きがない	はい・いいえ	
②授業中、生徒からの質問はいくつあったか	はい・いいえ	
③教師は生徒が互いに反論したり異議を唱えるよう仕向けたか	はい・いいえ	
④自由時間中に勉強していた生徒は何人だったか	はい・いいえ	

◆カテゴリー・システムとサイン・システムを区別する

1　カテゴリー・システムでは、観察された行動がただ１つのカテゴリーに相互排反的に記録されるような、１組のカテゴリーを一覧にしておく必要がある。その際、カテゴリーは観察されるあらゆる行動を分類できるよう、特定の次元について網羅的なものでなくてはならない。

2　サイン・システムでは、関心の対象であるいくつかの限定された数の行動をあらかじめリストに挙げておく。観察者は、前もってリストアップされたカテゴリーに当てはまる行動だけを記録していく。こうした特定のカテゴリー以外の行動については、記録されないということになる。

表8-1　カテゴリー・システムとサイン・システムによる観察

<カテゴリー・システム>			
カテゴリー	メンバー1	メンバー2	メンバー3
説明する			
他の人の説明に質問する			
グループ作業で指示を与える			
他の人のアイデアをまとめる			
<サイン・システム>			
メンバー名	概念を説明する	図示して表す	考えを撤回する
1			
2			
3			
4			

◆ **カテゴリーのタイプを理解する**

1　相互排反的なカテゴリーとは、他のカテゴリーと依存関係がなく、他と明確に区別することができることを意味している。相互排反的でないカテゴリーは、他のカテゴリーとの重複（1つの行動が複数のカテゴリーに分類される）が存在する。

2　観察された行動のすべてが、いずれか1つのカテゴリーに分類することができるとき、そのカテゴリーは**網羅的**であるといえる。

3　次の各カテゴリーを検討してみよう。これらのカテゴリーは(a)相互排反的か、それとも重複があるか、(b)網羅的か網羅的でないか、を判断して、該当するか（○）しないか（×）を記入しなさい。

	カテゴリー	相互排反的か	網羅的か
①	質問をする 意見を述べ始める 概念について説明する 冗談をいう	( )	( )
②	黙っている 喋っている	( )	( )
③	窓の外を見ている 本を見ている 教師を見ている	( )	( )
④	立っている 座っている うつぶせになっている	( )	( )

表8-2 タイムサンプリング観察表と行動標本観察表

<タイムサンプリング観察表>					
グループメンバー	10:00	10:15	10:30	11:00	合計
1					
2					
3					
4					
<行動標本観察表>					
グループメンバー	着席している	読んでいる	書いている	描いている	合計
1					
2					
3					
4					

◆**行動標本の選び方を理解する**
1 タイムサンプリング法（時間見本法）は、特定の定められた時間経過に沿って、選択された行動の生起・非生起を記録するものである。
2 行動標本法（事象記録法）は、標的行動が自然に生起するその都度、記録するものである。
3 それぞれのタイプの観察表を作成する。

観察の準備をする

観察の準備に際して、まず、指導目標を適切な行動の形式で表現しておかなくてはならない。目標は、観察とカウントが可能な生徒の行動によって、表現されていなくてはならない。次に、どのような行動を観察するのか、誰が観察するのか、どのような観察計画（サンプリング・プラン）にするか、観察者をどのように訓練するか、を決める。そして、観察表を作成する。

◆**どのような行動を観察するのか**
1 課題に取り組んでいるかよそ事をしているか
　　生徒が課題の達成に取り組んでいるのか、それとも所定の学習活動以外のよそ事をしているのか、どちらなのかを判断するために観察を用いることができる。
2 学習への努力、手順、方略
　　学習結果の多く（たとえば、理解の深さ、推論のレベル、問題解決手順の習得、メタ認知的思考、など）は、生徒の"心の窓"を開いて"声に出された思考"を観察することによってのみ、査定することができる。協同学習グループは、そうした心の窓をもたらしてくれる。
3 社会的スキル
　　協同学習の数多い利点の1つは、他者との協働に必要な対人関係技能やグループ技能の習得の程度を、教師や生徒やその他の関係者が査定できる点である。

◆**誰が観察するのか**
1 教師
　　教師は常に観察者である。授業ではいつも、教師はグループからグループへと体系的に巡回する。そして、各グループのメンバー間の相互交渉に関する特定の情報を収集して歩く。必要な場合には、生徒の学習への取り組みや仲間の学習を支援する活動が改善するように働きかける。

2　生徒

　　生徒が協同グループでの学習経験を積んできたら、彼らを観察者として訓練すべきである。生徒は教室中を歩き回って、学習グループをモニターする巡回観察者ともいえる。教師と同じように、この巡回観察者たちにも、すべてのグループを同等に観察するための観察計画が必要である。生徒はまた、自分のグループを観察することもある（各グループに1名の観察者）。この場合、生徒による観察者はグループからわずかに離れた位置に身を置く。それはメンバー間のやり取りを見聞きできるくらい近く、学習活動に加わってしまわないくらい離れた立ち位置である。グループが作業している間、観察者はコメントしたり、働きかけを行ったりはしない。教師は、授業の終わり頃に、観察者が活動内容について論評する時間を設けておくとよい。観察者は、グループの各メンバーが同じくらいずつ経験できるよう、役割を交代する。

3　参観者

　　授業への参観者は、ただ座って何もせずに授業を観ているだけではいけない。誰かが教室を参観に訪れたときは、観察表を手渡して、観察者の役割について説明し、仕事に取りかかってもらおう。参観者は巡回観察者になってもらえるし、訪問の目的によってはもっぱら特定グループの観察に専心してもらうこともできるだろう。

◆巡回観察者のための観察計画をつくる

　授業の始まる前に、教師は各学習グループの観察時間をどのくらいにするかについて計画しておく（これが観察計画である）。教師は個々のメンバーについての情報を集めるために、ある授業の間ずっと1つのグループを観察することがあるかも知れない。あるいは、授業時間が50分で、クラスの中に10グループがあったとしたら、各グループを5分ずつ観察するかも知れない。また、それぞれのグループを2分ずつ、2回にわたって観察することもあるだろう。もし教師が学習活動への働きかけをしなければならない場合には、一時的に観察計画を中断して、指導後に再び観察に戻ればよい。

◆観察表を作成する

　観察表ないしチェックリストは、「特定の行為や出来事が何度くらい起こるのか」といった質問に答えるために用いられる。観察表は、ある時間内に観察された行動、取り組み、出来事の数をカウントするために使うものである。具体例は、表8-3に示す通りである。記入用紙は、観察者になる可能性のある人すべてが（つまり、どの年齢段階の生徒でも）利用できるようデザインされていなくてはならない。構造化された観察表は、以下の手順にしたがって作成される。

1　どのような活動、スキル、あるいは出来事を観察するのかについて、正確に定

義する（すべての観察者が同じ対象を観察するようにしなくてはならない）。
2　データを収集する時間を決める（分単位から週単位まで）。
3　観察すべき活動を左側の第1列に記入する（それぞれの活動やスキルを別々の行に書いて、最下段の行は合計を記入する）。
4　第1列の右側に、各メンバーの列を加えていき、最終列には各行の合計を書き込む。
5　すべての列に見出しを付け、データの記入に十分な横幅を確保する。

表8-3　観察表の例

観察者（　　　　　　　　　）　日付　　／　　／　　学年（　　　）

活動	エディス	キース	デール	合計
アイデアに貢献する				
参加を促す				
理解度をチェックする				
グループに指示を与える				
その他				
合計				

　観察者が決まり、観察表が作成されたら、記録用紙を観察者とクラス全体に説明する。教師は、観察表がどんなもので、どのようにして使うのかをすべての生徒に理解してもらわなくてはならない。

◆**観察者を訓練する**
　生徒あるいは参観者が観察者になる場合には、観察の手順にしたがい、観察表を使って、観察計画に沿って行うよう訓練しなければならない。最少限の訓練で生徒たちを優秀な観察者に変身させることができる。観察を終えたら、観察中に彼ら自身が何を学んだかについて話し合う時間を数分取っておくとよい。時には、生徒の観察者と隣同士に座り、教師が行った観察結果と比べてみて、もしずれがあるようなら、話し合ってみよう。グループ活動をビデオに撮ってクラス全員に観てもらい、観察結果と比較することは、生徒を訓練する優れた方法である。ビデオを撮ることの利点は、何度で

も見返して分析できるところにある。

> **CLICK! ⑨　観察者になるためには**
>
> 1　各グループ1枚ずつの観察表を用いなさい。生徒が観察対象（標的）とした活動を行ったら、該当する欄に画線法（「正」の字を書いて数を数える方法）でカウントしていく。
> 2　もしもグループで共有すべき出来事があり、それが観察対象になっていないような場合には、観察表の裏面に書き込んでおく。
> 3　それぞれのグループメンバーの積極的で重要な貢献について、（メンバー全員が肯定的なフィードバックを受けられるように）書き残しておく。
> 4　授業が終わったら、行と列の合計を求める。合計した数値を長期記録用紙や図表に転記する。観察表には日時を付し、生徒やグループの成長について査定するために保存しておく。1つのグループが授業中に複数回観察される場合は、鉛筆の色を変えて記入するとよい。こうすれば、メンバーのスキルの発達が一目で見て取れる。
> 5　収集した情報をグループに還元し、メンバーが結論を導く手助けをする。観察表をグループに示して、メンバー全員が参照できるように掲げておく。そして、(a)グループ活動に参画してみてどう思ったか、(b)グループとしての働き全般についてどのように思ったか、をグループに尋ねてみる。すべてのメンバーが、学業と仲間の学習への貢献について肯定的なフィードバックを受けることができるようにする。個々のグループによる活動の後、クラス全体での活動を行う。
> 6　グループメンバーが次のグループ活動で社会的スキルを活用して能力を伸ばすために、「グループが今日よりも明日はもっと成長しているために何が必要か」を尋ねることによって、目標の設定を支援する。

観察する

◆"課題に関連した"行動を観察する

　観察手続きのもっとも単純な使い方は、生徒を観察して、彼らが課題に関わる学習活動に取り組んでいるかどうかを見分けることである。こうした観察は、生徒が個別に学習している場合や、協同学習グループで学んでいるときに行うことができる。観察表には生徒の名前が記載され、課題に関連した行動か否かをチェックする2つの列を設けるとともに、コメント欄を付けておく。

表8-4　課題関連行動を観察する

クラス（　　　　　　）　　グループ（　　　　　　　）　　日付　　　／　／

生徒名	課題に関連した	課題に無関係の	コメント
フランク			
ヘレン			
ロジャー			
デイビッド			
エディス			
キース			
デール			
ミク			
ロバータ			

◆**生徒の心の窓：学習への努力を観察する**

　生徒の多くは、彼らが学業に取り組んでいるときの推論過程に気づいていないことがある。「この問題はどうやって解いたか？」と質問しても、大部分の生徒は「わかりません。ただ、そうやっただけです」と答えるだろう。しかし、そうした答をそのままですますわけにはいかない。もし生徒が問題解決の前後や途中での推論の過程について、詳しく説明することができないとしたら、彼らはその教材について本当に学んだことにはならないからである。

　査定の抱える問題は、いかに内面の目に見えない認知的推論を観察可能にして修正や改善への方途を開くのか、という点にある。紙と鉛筆によるテストや宿題では、生徒が"正しく答えた"ということはわかるが、それらは、認知的推論の過程や理解の深さを示しているわけではない。生徒が真に理路や概念を理解しているかどうか判断する唯一の方法は、彼らが誰かにそれを説明するのを聞くことである。そうした口頭による説明は、(a)彼らが協同学習グループで作業しているときに説明を聞くこと、(b)生徒にインタビューして推論過程の詳しい解説を求めること、によって可能になる。

協同学習グループの体系的な観察によって、教師は生徒の"心に通じる窓"に到達することができる。それによって、以下の点が達成される。
1 学んだことを生徒がどの程度理解したか、あるいは理解していないかについて判断することができる。これによって教師は、焦点を当てたり復習する必要のある部分を、正確に特定することが可能になる。
2 内的な目に見えない推論過程や理路を可視化して、検討を加えたり、修正したり、改善したりできるようにしてくれる。生徒の多くは、"正答"を引き出すことができても、そこに含まれた基本的原理や概念を理解していない場合がある。たとえば、生徒は何がそれをもたらしているのかについて理解していなくても、「月の運行」について正しく答えることができるかも知れない。推論のレベルや問題解決手続きの習得、メタ認知的思考のような学習成果は、紙と鉛筆によるテストでは測ることができない。そうした成果は、問題解決や課題達成のしかたについてお互いに説明し合っているときの、"声に出された思考"を観察することによってのみ、査定することができる。
3 根気強さ、さまざまな方略の利用、思考の柔軟性、メタ認知、質の高い学習や継続的な改善への関与、といった知的活動の諸側面について査定することができる。
4 唄ったり、踊ったり、演じたり、運動したりする技能のような動作を査定することができる。どのような動作（音楽を演奏したり、踊ったり、唄ったり、スピーチをしたりといった）も観察以外の方法では十分な査定をすることはできないだろう。
5 学んだ内容を援用したり応用したりすることについて、査定することができる。

生徒の心の窓に耳を傾けるための手続きは、次のようである。
1 協同学習グループに生徒を配置して、問題解決や推論手続きを必要とするような学習課題を与える。
2 各グループのメンバー1名に「理解度チェック係」の役割を与える。理解度チェック係は、他のグループメンバーに問題解決や課題達成に用いた手段や考え方の説明を求める責任を担うことになる。
3 観察用のチェックリストを作成する。観察チェックリストは、標的とする行動、活動、スキル、手順をそれぞれの生徒がどの程度示したかについて、その経過を記録するためのツールである。チェックリストには、生徒の名前と観察対象とする4～5つの標的行動、習得の水準を表す尺度（＋…しばしば、＠…ときどき、－…まだない、など）、コメントや逸話記録、発達的変化をみるための日付、などの記入欄が設けられている。チェックリストは授業中だけでなく、運動場、社会見学、廊下での生徒の行動を観察するためにも用いられる。それらは生徒が一人でいるときのみならず、グループでいるとき、下級生といるとき、上級

生といるとき、大人といるときにも使うことができる。生徒の根気強さについて観察するチェックリストの例は次のようである。

表8-5 「根気強さ」のチェックリスト

名前（　　　　　　　　　）　日付　　／　／

行動指標	しばしば見られる	時々見られる	まだ見られない
情報を手に入れようとする			
諦めない			
いくつもの方法を試す			
いくつもの解法を探す			
その他			

4　グループメンバー間での説明や知的なやり取りの質的情報を観察によって収集すべく、グループからグループへと巡回する。

5　生徒の学習への努力や指導案の効果を評価するために観察データをまとめ、分析する。そして、生徒に適切なフィードバックを行い、生徒が学習活動をふり返り、さらなる改善を目指すよう支援する。

　協同学習グループは、即時的な（a）理解レベルの診断、(b) 仲間からのフィードバック、(c) 誤った理解を正して生徒たちの理解のギャップを埋める補習教育、といった他では得られない機会を提供してくれる。お互いの認知的推論だとか、問題解決や課題達成の方略を観察すべく生徒を訓練することは、即時の診断－フィードバック－補習教育という循環的なつながりを促進してくれるだろう。

◆社会的スキルを観察する

　観察手続きの3番目は、生徒の社会的スキルを査定するためのものである。学業達成への努力を評価することに加えて、教師は、仲間ともに協同的に活動しようとする努力を査定・評価する必要がある。これについては、次の第9章で触れることにする。

◆非構造化（構造化されていない）観察

　構造化された観察が、生徒の行動を観察する唯一の方法ではない。あなたがクラスについて見聞きしている限り、それは観察なのである。非公式な準備なしの観察は、

常に行われ得るものである。やってみれば、それがどういうものかわかるし、できる限り的確で役立つものにすることも可能である。生徒についての自然観察をより精密にしたものを、非公式観察とか非構造化観察と呼んでいる。非構造化観察は、生徒の関わる重要かつ具体的な出来事を記録するものである。その際、重要なところに強調が置かれる。つまり、それぞれの生徒を毎日観察する必要はない。教師は次のような要件を備えた観察となるよう、聞き耳を立てるのである。

1　特定の具体的な（一般性に還元されない）観察
2　すばやく書き残せるような短い観察
3　生徒の行動の重要な側面を捉えた観察
4　(a)自分や仲間の学習をよりよいものにするための努力や、(b)指導の方略や手順を効果的に実践すること、に関する質問に答える助けとなる観察

聞き耳を立てることは、あまり頻繁ではない出来事の質的な側面の情報を集めるような、構造化された観察とは異なっている。出来事の長期にわたる記録を残すことができる、非構造化観察の手法を編み出したいと思うかも知れない。そんなときは、速記者の用いるノート、情報カード（75mm×125mm）、メモ用紙が、即座の観察記録に有効である。そうした記録は他の観察結果と一緒にまとめることができるよう、学習記録の中に納めておく必要がある。生徒の好ましい出来事をカードに書き留め、（適切なフィードバックを行った後）生徒名のファイルに綴じ込んでおく。そうして、保護者面談などの際に、生徒の能力や特質を表す例として利用するのである。

表8-6　逸話的観察記録

観察者（　　　　　　　　）　　　　　　　日付　　　／　　／

メモ1	グループ　　　　　生徒名
メモ2	グループ　　　　　生徒名
メモ3	グループ　　　　　生徒名
メモ4	グループ　　　　　生徒名

◆観察のための指針

指針1
　公式の観察表を用いて、生徒が標的行動に取り組んだ回数を数える。データが具体的であればあるほど、教師にも生徒にも役立つものとなる。

指針2

一度に数多くの行動を数えようとしてはならない。最初に数回観察してみて、そこから対象とする行動を2～4つ選択するのがよいだろう。いったん観察対象を決めたら、それらの変化を記録することができるように、同じ観察表をずっと用いることになる。

指針3

時には、体系的な観察表に加えて、簡単なチェックリストを利用する。たとえば、表8-7のようなものがある。

表8-7　観察用チェックリスト

対象行動	はい	いいえ	コメント
生徒たちは課題を理解しているか			
課題をどう達成するかについて、生徒たちは1ステップずつ考えを声に出して説明しているか			
生徒たちは仲間の推論を促したり、新たな情報や理解を探究しているか			
生徒たちはこの授業で身につけてほしい社会的スキルや認知的スキルを使っているか			

指針4

それらがもたらされたときには称賛の対象になり、それらがなかったときには問題視されるような、望ましい行動に焦点を当てる。

指針5

頻度データを生徒の具体的な活動についてのメモで補ったり、解釈を広げたりする。後に称賛すべき目標として共有できる優れた取り組みの場合は、とりわけ有用である。教師はまた、保護者との面談や電話連絡の際にそれを伝えることができる。

指針6

観察者となるよう生徒を訓練する。生徒による観察は、それぞれのグループの働きについてのより完璧なデータを集めることができる。年少の生徒の場合には、単に「誰が話していたか？」というような、きわめて単純な方式を守らせるようにする。多くの教師は、たとえ幼稚園であっても、子どもを観察者にすることによって優れた成果を上げている。教師がしておくべき重要なことの1つは、クラスで観察データを収集して、それをグループで共有するための適切な指導を（そして、その練習も）するということである。観察者はグループで使われているさまざまなスキルを学ぶベスト・ポジションにいることが多い。私たちは、四六時中喋ってばかりいる（一人で活動し

ているときでさえ、独り言を呟く）生徒を抱えた、小学校一年生の担任教師のことを思い出す。彼は、自分が所属するどんなグループでもその場を仕切ろうとするのである。そこで、教師は生徒による観察をクラスに取り入れて、彼を観察者に指名した。観察者が守るべき重要なルールの1つは、課題に介入してはならず、黙ってデータを集める、ということだった。彼は、学習活動に際して誰が話し、誰が良い働きをしたかについてデータを収集し、他の生徒はほとんど喋ってないのに、ある生徒は喋ってばかりであることに気がついた。翌日、別の生徒が観察者となり彼がグループに戻ったとき、以前のように喋り始めようとして、あわてて口を手で押さえ、観察者の方を一瞥する彼の姿があった。彼は何が観察されているのかを知っていて、自分がチェックされるのを避けたのである。このように、観察者はより良い行動の仕方を学ぶことで、しばしば恩恵を受けている。

指針7

生徒を観察者にした場合、各グループ・セッションの終わりに、グループメンバーが今何を学んだかについて教えるための時間を数分取っておく。こうした検討の間に、しばしば重要な変化がもたらされることがある。

指針8

生徒による観察者を導入する以前に、協同学習がどういうもので、互いの学びを助け合うにはどう振る舞うべきかについて生徒が理解するために、協同のグループをもっと使いたいと考えるかも知れない。しかしながら、生徒による観察者を取り入れるか否かにかかわらず、協同学習グループの活動は常に観察しておくべきである。

指針9

予期しない、計画にはなかった成果を見出したりすることがあるかも知れない。予期しない結果がもっとも興味深いものである場合もあり、次回に同じ授業をするとき、期待される成果の1つとしてリストに掲げたくなることもある。

観察結果をまとめ、フィードバックし、分析を促す

グループメンバーが一緒に取り組むことの効果について、きちんと理解していないとどのような結末を迎えることになるか、そんな話がイソップ物語にある（『3頭の牛とライオン』）。あるライオンが、野原で草を食べている3頭の牛を見つめていた。ライオンは何回か牛たちを襲おうとしたが、3頭は離ればなれにならないようにして、協力し合ってライオンを追い払ってきた。ライオンが牛たちを捕らえることは望み薄だった。なぜなら、鋭い角と固い蹄をもった3頭の強い牛たちには、とても敵わなかったからである。しかし、ライオンはその野原を離れようとはしなかった。捕まえるチャンスがほとんどなくても、こんなご馳走を諦めることはできなかったからである。するとある日のこと、牛たちの間で喧嘩が起こった。お腹を空かせたライオンがいつも

のように舌なめずりしながら見ていると、3頭はそれぞれが野原の隅っこで離ればなれになっていた。そこでライオンは、そのうちの一頭に襲いかかり、簡単に仕留めることができたのである。ライオンは大いに満足し、旨そうに平らげた。共に取り組むことの問題点を再検討したり、協同のあり方を不断に向上させることを怠ると、こうした牛たちのように、これまでの幸運が結束によってもたらされていたことを忘れてしまうのである。

　授業の終盤では、(a)観察結果を生徒や保護者などの関係者に伝えるために、要約してまとめ、(b)学びや仲間への支援に対する努力についてのフィードバックを与え、(c)どんな活動が目標の達成にとって有益でありまた有益でなかったかについて、ふり返って分析するよう生徒たちを促し、(d)どの活動を継続し、どの活動を修正するのかの意思決定を行うとともに、一層の質的向上を目指した目標を設定する、そして(e)お互いの達成について称賛し合う。

◆図で表す
　生徒や保護者、その他の関係者が解釈しやすいように観察結果を示す方法としては、棒グラフとランチャートが有効である。

<棒グラフを作成する>
1　観察しようとする活動、条件ないし要因をリストアップする。
2　所定の時間に生起した活動、条件ないし要因の回数についてデータを収集する。
3　縦軸の左側に、生起した活動、条件ないし要因の回数を記録するための測定目盛りを記入する。
4　横軸の下に、観察した活動、条件ないし要因を書き入れる。それらは、降順で配置するのがよい（もっとも頻度の高い活動を左側に、もっとも頻度の低いものを右側におく）。
　(1)活動、条件ないし要因の回数のうち、最大値を見つける。横軸の左側から右へと(a)まず最初に最大値を取った活動、条件ないし要因のラベルをつける、(b)合計の数値を記入する、(c)左側の縦軸の目盛りに沿って、合計値の縦棒を描く。
　(2)2番目に大きな活動、条件ないし要因の回数を見つける。横軸にその活動、条件ないし要因のラベルをつける。そして、合計の数値を記入して、左側の縦軸の目盛りに沿って、合計値の縦棒を描く。
　(3)すべての活動、条件ないし要因について、最大ものもから最少のものまで、同様の手順で描く。
5　生徒ならびに関係者は、どの活動が適切な水準だったか、どの活動を増やすあるいは減らすべきなのかに留意して、行動計画を策定する。

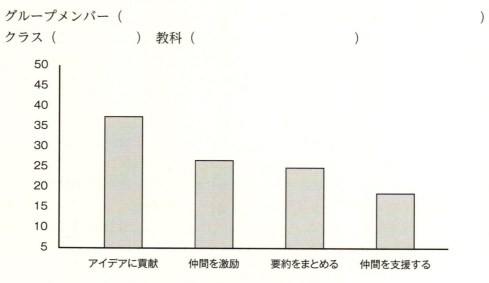

図8-1　長期的経過をみる週次棒グラフ

<ランチャート>

　ランチャートは、長期的な変化の傾向を時間の経過とともに観察するために用いられる（図2-6を参照）。ランチャートは、データをX軸とY軸による平面上に時系列でプロットしたものである。平均値の有意味な傾向を見いだすための指針が2つある。第1は、どのようなプロセスを観察しても、通常は平均値の上下にほぼ同数の観測値

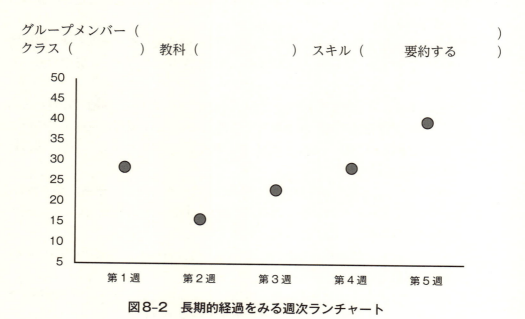

図8-2　長期的経過をみる週次ランチャート

が落ちるはずである。もし9つの観測値が平均の一方の側に落ちているとしたら、それは（a）通常は統計的に起こり得ない出来事であり、（b）平均が変化している、ことを示している。第2に、6つないしそれ以上の観測値が一様に増加、もしくは減少していたとしたら、普通は統計的に起こり得ない出来事であることを示している。両者とも、そのチームに詳しく調べてみるべき重要な変化が起きていることを示唆している。教師は次のようにしてランチャートを描く。

1　横軸に沿って対象とする時間間隔を区切る。
2　左側の縦軸に測定単位を記入する。
3　順次、データを記入していく。
4　データが示す時間的経過に伴う傾向を（データの各点を全体平均と比較して）分析する。
5　観察対象とする活動、条件ないし要因の生起頻度を増加、ないし減少させるための計画を立てる。

◆フィードバックを与える・フィードバックを受ける

　生徒たちは、学習への努力や仲間の学びに対する援助の質について、それらを継続的に向上させるべくフィードバックを受ける。フィードバックというのは、理想的な活動と比較して実際の活動がどうであったか、についての情報である。フィードバックが巧みに与えられると、活気を生み、その活気が新たな活動へと向かい、チームワークを向上させる活動を活性化するように働く。その結果として、実際の活動と理想の活動のずれが減少し、自己効力感が向上し、次にもっと効果的に取り組むための生きる力を与えてくれる。表8-8のようなチェックリストは、フィードバックの効果を査

表8-8　フィードバックのためのチェックリスト

グループメンバー　（　　　　　　　　　　　　　　　　　　　　　　）
クラス（　　　　　　　）教科（　　　　　　　　　　　　）

フィードバック	はい	いいえ・やり直し
フィードバックはなされたか？		なかった・やり直す
フィードバックによって生徒は活気づいたか？		生徒は無関心・やり直す
その活気は課題達成を促すよう作用し、成果が改善されたか？		フィードバックを避けたり、抵抗したりする・やり直す
生徒には成果を改善するための機会が与えられたか？		なかった、失敗感を抱いたまま・やり直す

定する助けになるだろう。

◆フィードバックのふり返りと分析

　指導でよく見られる誤りは、学習への努力や仲間の学びに対する援助についてふり返り、分析し、どんな活動を継続ないし修正するのかについて判断する機会を生徒に与えていないことである。こうした取り組みを促したり、チェックしたりする方法は次のようである。

1. それぞれの生徒は、(a) どのようなフィードバックだったか、(b) 自分自身や仲間の学びの向上にとって何が役立ち、何が役立たないか、(c) どの活動を継続し、どの活動を修正するか、についてまとめる。そして、そのふり返り結果を学習の成果とともにフォルダに納め、教師に提出する。
2. 生徒は達成の秘策を表現するマインドマップ（トニー・ブザンが提唱した、自分の考えを図に表わして表現することにより思考を整理する方法）を描く。
3. 生徒は棒グラフ上のそれぞれの項目について自己査定する。

　ふり返りと分析の手段を多様化することは、その取り組みを力強く、興味あるものにしてくれる。取り組みの最後に、生徒は学習への努力や仲間の学びに対する支援をさらに改善するための目標を設定する。

CLICK! ❿ 押しつけない、役立つフィードバック・チェックリスト ☑

- ☐ フィードバックの焦点は、（性格特性にではなく）行動に当てる。
- ☐ 説明的なものとする（判断するのではない）
- ☐ 明確かつ具体的であること（一般的、抽象的ではない）
- ☐ 即時にフィードバックする（遅くならない）
- ☐ 活動の肯定的側面に目を向ける（否定的側面に焦点化しない）
- ☐ フィードバックを音声（話し言葉だけではなく）や視覚的（図表など）に表す

観察データをまとめる：事例

　4人からなる協同学習グループの観察を終えた、と考えてみよう。教師はそれぞれの生徒に直接フィードバックすることもできるし、観察したデータを示して、取り組みを生徒たち自身がどう評価するかについて尋ねることもできる。もし直接的なフィードバックを与える場合は、次のように伝えるかも知れない。

ヘレンのなした貢献は10回、ロジャーは7回、エディスは5回、そしてフランクは2回でした。フランクは仲間の参加を10回にわたって促してくれました。エディスは5回、ロジャーとヘレンは2回でした。ロジャーはまとめを5回してくれました。フランクは2回、ヘレンとエディスは1回でした。

　もし生徒たち自身に評価させる場合は、以下のように尋ねる。

　表の行と列の合計欄を見て下さい。(a)あなたの授業への参加度、(b)課題の達成にとってのグループの有効性、についてどのように評価しますか？

　そして、全般を要約して、次のように伝える。

　君たちはそれぞれ、今日よりも明日はもっと効果的に取り組めるよう目標を設定したいと願っていることでしょう。もっとも多く関わった行動、もっとも少なかった行動は何ですか？　今回の学習でもっとも適切かつ役立った活動、不適切で役立たなかった活動は何ですか？　その他のどんな行動がグループ活動をより効果的にしてくれるでしょうか？　学習効果を向上させるための目標を定め、グループのメンバーと共有しましょう。

表8-9　観察表

生徒名	アイデアに貢献する	仲間が貢献するよう励ます	意見を統合・要約する	合計
フランク				
ヘレン				
ロジャー				
エディス				
合計				

◆**改善目標を設定する**
　受け取ったフィードバックについてふり返った後、次の授業でさらに手際よく振る

舞うにはどうすべきかについて、生徒たちは改善のための目標を設定する。生徒は自分が向上を目指そうとする活動を皆に宣言する。その目標は書面にして、次の授業の始めに披露される。目標の設定は、生徒たちが今日どのように振る舞ったかということと、明日はいかに上手く振る舞うかということを取り結ぶためのものである。目標設定は生徒の行動に強い影響力を及ぼし、指示された行動ではなく、生徒が自分で取り組もうと決めた活動への関与度とわがこと感を高めてくれる。

◆ **互いに称え合う**

学習への取り組みは、お互いの健闘と達成を祝して称え合うことによって終了する。称え合いは、生徒たちが学ぶ努力を続けるよう激励する鍵になる。個人を称えることもあれば、グループ、クラス全体を称えることもある。達成、感謝、尊敬の念を感じることによって、教科内容の習得や仲間との協同についての自己効力感とともに、学習に対する傾注と意気込みが形成される。

模擬場面の応用・ロールプレイ・観察

生徒のある行動パターンだとか、特定のスキルを観察したいときがしばしばあるが、その行動が自然に起こるのを待って観察すると、あまりにも時間がかかり過ぎてしまう。このような場合に、模擬場面を作って生徒の行動を観察することにより、時間を節約することができる。ある手順を訓練したり、査定したりするために、模擬場面やゲームを用いることが次第に多くなっている。模擬場面は、個人やグループを対象とした比較的単純な事態から、たくさんのグループが参加するようなコンピュータによる複雑な仮想場面に至るまで、さまざまな問題の複雑さや参加者数に幅広く対応が可能である。評価を目的とする場合、生徒を模擬場面におき、彼らの行動を観察することによってデータを収集する。

模擬場面では、生徒はある役柄についてロールプレイを行う。最初に進め方が説明され、生徒は役割に応じて演技する。ロールプレイには、次のような働きがある。
1 特定のスキルに焦点を当てて、それを実践するための練習になる。
2 あるタイプの相互交渉について検討するために、それを具体的に経験する。
3 仮想的な生活場面を構成することによって、ある前提を受け入れたり、ある考え方の立場に立ったり、ある役柄を演じたりする生徒の行動が観察できる。
4 討論をしたり、効果的な振る舞いと効果的でない振る舞いの見分けを、生徒に経験させる。

教師は、模擬場面におけるロールプレイの調整役として、以下のことを行う。
1 生徒に"役柄"に入ってもらう。教師は演技者が感情移入しやすいよう配慮し

て、模擬場面で役割演技することを手助けする。役名を使って演技者に役柄の感情を尋ねたりすることは、役に立つだろう。
2 　模擬実践を行う。生徒が役割を演じている間、教師は有効な活動と効果的でない活動について注意深く観察し、記録する。
3 　生徒に"役柄"を終えさせる。ロールプレイが終わったときには、常に"脱役割"を行う。
4 　生徒がそこで起こったことや、より効果的な行動のしかたについて検討するためのふり返りセッションを行う。

本章のまとめ

　観察は、ある行動が起こったときにその行動を記録し、描写しようとするものである。その目的は、生徒の活動や学習経過、課題達成に用いた方法の質、また、授業を行う際の教師の進め方や方法の質、に関する客観的なデータを得ることにある。観察法を用いるためには、教師は観察の基礎について理解し、何を準備したらいいかを把握するとともに、生徒や保護者やその他の関係者が利用しやすいように、データを要約してまとめる方法を覚えておく必要がある。

　観察の基礎には、次のようなことが含まれる。すなわち、学習場面の特徴について知ること、客観的観察と主観的観察を区別すること、客観的記述と推論を識別すること、質問をより具体的に言い表すこと、カテゴリー・システムとサイン・システムを区別すること、相互排反的カテゴリーと重複のあるカテゴリー、網羅的カテゴリーと非網羅的なカテゴリーの違いを知ること、タイムサンプリング法（時間見本法）と行動標本法（事象記録法）の相違を理解すること、である。

　観察の準備には、どのような行動を誰が観察するのか、どのような観察計画にするかを決め、観察表を作成し、その使い方を生徒に訓練することが含まれる。観察は、生徒の"課題に関連した"行動、学業上の努力、社会的スキルに焦点を当てることになる。観察には、公式なものと非公式なもの、構造化されたものと構造化されていないものがある。観察結果をまとめる際は、棒グラフやランチャートを使って示し、生徒や他の関係者にフィードバックするとともに、それを受け取った人はふり返りを行って、改善のための目標を設定する。

Appendix 8-1

週次報告フォーム

生徒名（　　　　　　　　　）　日付　　　/　　/　　　　クラス（　　　）

曜日	課題関連活動	アイデアへの貢献	統合する・まとめる	仲間の援助	課題の達成
合計					

コメント：
_____
_____
_____
_____

Appendix 8-2

観察計画の手順

1　観察の対象とする生徒の行動は：
　　_____

2　観察者は：
　　_____

3　観察計画（どの対象をどれだけ観察するか）は：
　　_____

4　観察表は：
　　_____

5　観察者の訓練方法は：
　　_____

6　観察で焦点をあてるところは：
　　_____

7　観察結果の表し方は：
　　_____

8　観察結果を伝える相手は：
　　_____

9　ふり返りと目標設定を促す方法は：
　　_____

Appendix 8-3

協同学習：観察チェックリスト ☑

授業担当者（　　　　　　　）日付　　／　　／　　　観察者（　　　　　　　　　）

教師の行動	実施上のポイント	備考
学習目標	☐ 認知目標（教科内容） ☐ 態度目標（社会的スキル）	
肯定的な相互依存関係	☐ グループ目標 ☐ グループへの報償 ☐ 共有する／分配する学習資源 ☐ 役割配分 ☐ グループの一体感の共有	
グループ構成	☐ ランダム ☐ 教師主導	
座席配置	☐ グループの仲間や教師とのやり取りのしやすさ ☐ 学習資源へのアクセスのしやすさ	
個人の役割責任	☐ 個別にテストする ☐ 生徒が互いにチェックする ☐ ランダムに生徒を抽出して評価する ☐ 点検係を設けてチェックする	
社会的スキルの明確化	☐ Tチャートを使って定義する ☐ 演示して示す／モデルによって示す ☐ 手ほどきして練習する ☐ 役割を付与する	

教科内容とグループ技能の観察（タスクワークとチームワーク）	☐ 教師がモニターし、指導する ☐ 生徒がモニターする ☐ 決められた観察リストを用いる ☐ 略式の（エピソードなどによる）観察	
教師によるグループ技能のフィードバック	☐ 学級に対するフィードバック ☐ グループに対するフィードバック ☐ 個人に対するフィードバック ☐ 使われた技能の頻度と質 ☐ 使われた図や表 ☐ それぞれの生徒への肯定的フィードバック	
グループ技能向上への手立て	☐ チームワーク・タスクワークの分析とふり返り ☐ 改善に向けての目標の設定 ☐ 顕彰の機会	
教室全体の様子	☐ グループ成果の展示 ☐ グループの進化の展示 ☐ 活動展示の支援手段	

Appendix 8-4

協同グループのためのチェックリスト

名前（　　　　　　　）　日付　　／　／　　クラス（　　　）

1　答を見つけたり、アイデアを思いついたりしたとき、グループでそれを共有する。
1・・・・2・・・・3・・・・4・・・・5 　まったくしない　　　　　　　　　　　　　いつもする
2　自分の答が他の人と違っているとき、なぜかを明らかにしようとする。
1・・・・2・・・・3・・・・4・・・・5 　まったくしない　　　　　　　　　　　　　いつもする
3　何か理解できないことがあったとき、仲間に説明してくれるよう求める。
1・・・・2・・・・3・・・・4・・・・5 　まったくしない　　　　　　　　　　　　　いつもする
4　誰か理解していない人があったら、理解してくれるまで説明する。
1・・・・2・・・・3・・・・4・・・・5 　まったくしない　　　　　　　　　　　　　いつもする
5　グループの仲間に感謝と敬意を感じてもらえるように努める。
1・・・・2・・・・3・・・・4・・・・5 　まったくしない　　　　　　　　　　　　　いつもする
6　自分がすべてを理解し、答に同意し、他のメンバーすべてが答を理解していることを確かめた上で、確認のサインをする。
1・・・・2・・・・3・・・・4・・・・5 　まったくしない　　　　　　　　　　　　　いつもする

Appendix 8–5

観察表

観察者（　　　　　　　　　）　日付　　／　　／　　　学年（　　　　）
単元（　　　　　　　　　　）

行動	生徒1:	生徒2:	生徒3:	生徒4:	合計
アイデアに貢献する					
気持ちを伝える					
参加を促す					
まとめる／統合する					
理解度をチェックする					
前に学習したことに関連づける					
作業を指示する					
合計					

利用しかた：(a) 各列の一番上の欄に、グループメンバーの名前を記入する、(b) グループメンバーがそれぞれの行動を行った都度、適切な欄に画線法で（「正」の字を書いて）カウントする、(c) カテゴリーにない興味深い出来事があったときには、裏面に書き留める、(d) 各グループメンバーに必ず1つ以上の貢献を記すこと。

Appendix 8-6

基準関連行動の観察

観察者（　　　　　　　　　）日付　　／　　／　　　学年（　　　　　）
単元（　　　　　　　　　）

記入方法：観察しようとする基準をリストアップし、次にその基準を客観的に示すような具体的な行動を書き入れる。そして、生徒を観察し、その指標となる具体的な行動が起こる度に頻度を記録する。

基準	生徒1:	生徒2:	生徒3:	合計
1				
(a)				
(b)				
(c)				
2				
(a)				
(b)				
(c)				
3				
(a)				
(b)				
(c)				
4				
(a)				
(b)				
(c)				

コメント：
_____
_____
_____

Appendix 8-7

週次観察表

観察者（　　　　　　　　　）　日付　　/　　/　　　学年（　　　　　）
単元（　　　　　　　　　）

記入方法：左側の第1列に観察対象の生徒名を記入し、第2列にはそれぞれの生徒に取り組んでほしい社会的スキルを書き入れる。そして、毎日のそのスキルの頻度を記入していく。最後に毎日の頻度を合計する。

生徒名	社会的スキル	月曜日	火曜日	水曜日	木曜日	金曜日	合計

コメント：
_____
_____
_____
_____

第9章 社会的スキルのアセスメントと評価

社会的スキルとは何か

　日常生活という観点からみて、私たちのわかっていることが１つある。それは、人は他の人のためにこの世に存在するということである。とりわけ、その人の笑顔や幸福が私たち自身の幸せと繋がっている人々や、私たちと共感の絆で結ばれる運命にある数多くの見知らぬ人々のために…。一日に幾度となく、私は実感する。私自身の生活が、いかに多くの、現在や過去の同胞の努力の上に築かれているかということを。また、自分が受けてきた恩義に報いるためには、いかに真剣に努力しなければならないかということを。

アルベルト・アインシュタイン（理論物理学者　1879～1955）

　人生における成功は、社会的スキルにかかっている。その一例がエイブラハム・リンカーンである。大統領在任中の４年間、リンカーンはほとんどの時間を、仕事をやり遂げてくれると彼が信じた人々との折衝に費やした。それは軍隊である。彼は、自宅やオフィス、あるいは戦場で将軍や閣僚たちと会った。彼は海軍工廠やワシントン周辺の陣地を見て回り、兵士たちとことばを交わした。彼は、新しい兵器を視察するとともに、それを扱う兵士とその使い方について議論した。彼は政府の鍵となる人物、たとえば国会議長の元を訪れたり、病院を訪問して病人や傷病者と懇談した。実際のところ、彼は陸軍省の電信局に住み込んでいるようなものだったので、戦争に携わるあらゆる部署の人々との意思疎通が図れたのである。リンカーンは軍隊とともにいくつかの戦場にも赴き、少なくとも一度は戦火を浴びている（彼は任期中に戦火を浴びた数少ない米大統領の一人なのだ）。実際に戦いに従事する人々と接触することによって、リンカーンは比類のないリーダーシップを発揮することができたのである。それから100年後、リンカーンの哲学は、トーマス・ピーターズとロバート・ウォーターマンがその著書『エクセレント・カンパニー（原題：In Search of Excellence）』で「巡回管理」と名付けた、リーダーシップの変革へとつながったのである。リンカーンの関係性の重視と高いレベルの対人関係技能なしには、彼の成功はなしえなかっただろう。

　社会的能力を身につけるために、人は社会的スキルを学ぶ。社会的能力とは、どの程度まで行為の結果を自らが意図した通りにできるか、ということを示すものである。社会的能力の高い人は、他者とのやり取りを適切に行い、それによって意図通りの共同成果を産み出すことができるような、幅広い対人関係技能やグループ技能を身につけている。よどみなく、かつ柔軟に社会的スキルを使うことは、他者との肯定的な関

係性を築き、共同の成果を上手く達成する助けとなる。社会的スキルは、単純なもの（たとえば、相手の顔をきちんと見て話す）から、複雑なもの（相手の能力は認めつつその考えを批判する、など）までさまざまである。生徒の対人関係技能やグループ技能は、集団凝集性と高い生産性を生み、発展させ、維持する能力や、他者と効果的に協働する能力に影響を与える。社会的スキルはさまざまな方法で分類することができる。

個々の生徒が"挑戦して（dare）"身につけるべき対人関係技能としては、次のようなものがある。

D：できる限りお互いの信頼に基づいて自己開示をする。自分を知ってもらう場合に重要な開放性は、自己覚知、自己受容、他者を信頼することにともなうリスクを進んで負うことが基礎となる。

A：相手とお互いに精確に伝え合う。人に何かを伝える際は、相手が容易に理解できるように話すとともに、相手を十分に理解するためにきちんと聞くことができなければならない。

R：論争や葛藤、対人関係にまつわる問題を建設的に解決する。対人関係というのは、それに関われば関わるほど、葛藤も頻繁に起こってくる。交渉や調整などを通じてそうした葛藤の解決が図られるとき、関係性はより強固なものとなる。

E：鋭意、多様性を奨励するとともに、それを尊ぶ。多様性は強さにつながる。人がその人らしくあるよう促し、いろんな考え方や態度を尊重するようにする。文化や生育環境が異なる人たちと関係性を作り上げ、維持していくためには、高い対人関係技能が必要となる。

生徒が習得すべきグループ技能には、目標を設定する、効率的に伝え合う、リーダーシップを発揮する、効果的な意思決定を行う、葛藤を建設的に処理する、勢力を適切に用いる、ことなどが含まれる。Johnson, Johnson, & Holubec（2002）は、生徒が協同学習グループで必要となる社会的スキルを、形成する技能、機能させる技能、定着させる技能、醸成する技能に分類している。

> **CLICK! ⓫　どのようなチームワーク技能を教えるか**
>
> 1　**形成する技能**：協同学習グループを作り上げるのに必要とされる技能で、「グループに留まり、教室内を歩き回ったりしない」「穏やかに話す」「順番に交代する」「きちんと相手の名前を呼ぶ」などがある。
> 2　**機能させる技能**：課題を達成したり、メンバーが効果的に学び合う関係を維持するために必要なグループ活動を管理する技能で、「アイデアを出したり、結論を下したりする」「グループの活動に方向性を与える」「仲間の参加を促す」などがある。
> 3　**定着させる技能**：学習課題の深い理解を可能にしたり、より一層質の高い推論方略を使うよう促したり、与えられた課題の習得や保持を最大化するために必要とされる技能である。例としては、「自分が辿った推論の過程を一歩ずつ説明する」「今学んだことを前に学んだことと関連づける」などがある。
> 4　**醸成する技能**：学んだ課題の再概念化を促したり、認知的な葛藤を処理したり、より多くの情報を集めたり、結論の根拠や理由について説明したりする際に必要とされる技能である。たとえば、「人ではなく意見を批判する」「論理的に説得されるまで、自分の考えを変えない（多数決原理によって学習を進めない）」などがある。

なぜ社会的スキルを指導し、評価するのか

　　私はこの世の他のどんな能力よりも、人を扱う能力に多くの給料を払うつもりだ。

　　　　　　　　　　　　　　　　　　ジョン・D・ロックフェラー（米の実業家　1839～1937）

　社会的スキルは、人々を繋ぐ絆であり、人生のあらゆる局面で鍵となるものである。生徒たちが話すとき、遊ぶとき、交渉するとき、協働するときにはいつでも、社会的スキルが用いられる。しかしながら、仲間との肯定的な関係を取り結び、維持していくのに必要な社会的スキルが身についていない子ども、青少年、若者が次第に多くなってきている。家庭や近所付き合い、地域共同体の変容によって、多くの子どもたちが他者との効果的な関わり方を教えられないまま成長している。直接指導されることなしに、社会的能力を獲得することは決してない。子どもたち、青少年、若者の間で起こる激しく、絶え間のない社会問題は、学校が社会的スキルの指導に積極的に関わることを余儀なくしている。しかしながら、多くの学級では社会的スキルの指導が軽視され、ほとんど教えられないままである。

社会的スキルは時間に余裕があったら学べばいい、というような"嗜好品"ではない。生活のあらゆる側面にとっての"必需品"なのである。社会的スキルが次にあげるようなことがらに関わって重要であることは、いくら強調しても強調し過ぎることはないだろう。

1　人間的成長とアイデンティティの確立

アイデンティティは他者との関わりの中から生まれるものである。他者と関わり合うとき、自分に向けられた反応に気づき、自分をどのように見ているかに関するフィードバックを受け、彼らが自分を見ているように自分自身を見る方法を学ぶ。対人関係技能に欠ける人は、他者との歪んだ関係を形成しやすく、自分自身についての不正確で不完全な見方を発達させやすい。

2　雇用可能性、生産性、職業的成功

雇用可能性や生産性、職業的成功にとって、社会的スキルは教育や専門的スキルよりも重要かも知れない。最近の調査では、(a) 新しく社員を雇用するとき、雇用者は対人関係技能やコミュニケーション技能、責任感、自発性、意思決定のスキルを重視すること、(b) 解雇された人の90％は乏しい職務態度、対人関係技能の低さ、不適切な行動や身なりによって首を切られていることが明らかになっている。現実社会における仕事の中心は、他者と協同したり、リーダーシップを発揮したり、複雑な勢力関係や影響関係を処理したり、仲間の問題解決を手助けすることにある。とりわけ、給料の高い、興味深い仕事ほど、そうしたことが言えるのである。

3　生活の質（QOL：Quality of Life）

意義深い生活を送るための簡単な処方箋はないが、質の高い生活にとっての必要条件は、満ち足りた身近で親密な対人関係であることが、調査により明らかになっている。

4　身体的健康

肯定的で支持的な人間関係は、長寿、病気や怪我からの回復力、重篤な病の罹患率の低さと関係している。他者と自発的な関係を結ぶための対人関係技能を学んで、建設的方法で葛藤を処理することができるようになると、人の健康は増進する。孤独や孤立は、寿命を縮める。質の高い人間関係は人生を広げ、創造的にしてくれる。

5　精神的健康

他者と肯定的な関係を築き、維持するための対人関係技能をもち合わせていない場合、精神的健康が損なわれやすい。受容的な人間関係が結べないでいるときは、不安や抑圧、欲求不満、疎外感、不適応、無力感、恐怖や孤独感に苛まれやすい。他方、肯定的で支持的な人間関係を築く能力は、精神的健康や適応、神経症や精神病になりにくいこと、心理的苦痛の低減、効果的なストレス処理、レジリエンス（折れない心）、自立性と自主性、アイデンティティの確立、高い自尊心、一般的幸福度、社会的能力、と密接に結びついている。

6　ストレス対処能力

肯定的で支持的な人間関係は、気遣いとともに情報資源やフィードバックを与えて

くれることから、ストレス対処の助けとなる。支持的な関係は、ストレスの数や重篤の度合いを減らし、不安を低減し、ストレスへの対処能力を向上させる。また、支援してくれる仲間との議論は、ストレスをもたらす出来事の意味を理解し、主体的に生きる力をもたらし、自尊心を高めてくれる。

多くの社会科学領域の研究が指摘するところによると、ある程度の社会的スキルがないとつつがなく人生を送ることは難しい。他者との関係を取り結ぶことができないと孤立するし、孤独になる。孤独と孤立は成長を阻害する要因となり、落伍を招きやすい。また、人生が無意味だと感じ、不安や抑圧をもたらし、過去にまつわる強迫観念を呼び起こし、脆弱性や非人間性を増大させ、短命に至る可能性さえある。

社会的スキルをどう評価するか

生徒の社会的スキルを評価するための手順は、次のようである。
1　社会的スキル指導の根拠について再確認する。
2　生徒に当該の社会的スキルを指導する。
3　当該の社会的スキルが観察できるような、協同的な学習場面を構成する。
4　社会的スキルを適切に使うよう、働きかける。
5　社会的スキルの知識について査定する。
6　社会的スキル習得の程度に関する自己診断を促す。
7　継続した改善のために目標を設定する。
8　生徒自身や保護者、雇用関係者などに対して、生徒の社会的スキルに関する報告を行う。

CLICK! ⑫　グループで活動するとき、私たちは…

G：励ましを与え（Give Encouragement）
R：互いに敬意をもって（Respect Others）
O：課題に集中し（Stay On Task）
U：穏やかな声で（Use Quiet Voices）
P：積極的に参加し（Participate Actively）
S：グループを離れない（Stay In Our Group）

社会的スキル評価の基本的考え方

　生徒の社会的スキルを評価する際の基礎になっている考え方とは、次のようなものである（Johnson, Johnson, & Holubec, 1993）。

1　**社会的スキルは学ばなければならない**。社会的スキルをもたない生徒をグループの中に入れて、協同するように告げたとしても、それができるようになるわけではない。私たちは生まれつき、他者との効果的な交渉のしかたを知っているわけではない。対人関係技能やグループ技能は、それが必要になったときに、魔法のように現れて来はしない。他者との効果的な交渉に必要な社会的スキルは指導しなければならないし、社会的能力を高めるためにはそれを使うよう動機づけなければならない。

2　**協同学習では常に、教科内容と同時に社会的スキルを学ぶ**。生徒はアカデミックな教科内容（タスクワーク）と、学級の仲間と活動する際に必要な対人関係技能やグループ技能（チームワーク）の両方を学ぶ必要がある。協同学習は元来、競争による学習や個別学習よりも複雑である。なぜなら、生徒はタスクワークとチームワークに、同時に取り組まなければならないからである。もし、生徒がチームワークの技能を学んでいないと、彼らはタスクワークを十分に達成できなくなる。メンバーのもつチームワーク技能が多ければ多いほど、彼らの学習は質・量ともに高まってくる。どのような対人関係技能やグループ技能が必要とされるかを決定する方法は、次のようである。

　a．どのような社会的スキルが欠けているかを見定めるために、活動している生徒を観察する。
　b．どのような社会的スキルが生産性を向上させると思うか、生徒に尋ねる。
　c．グループが実際にどのように課題を達成したかについて、フローチャートを描く。必要とされるプロセスをもとに、特定の社会的スキル（および認知的スキル）を選び出す。

CLICK! ⓫　技能を学ぶKISSES

K：課題に集中して（Keep On Task）
I：一緒にみんなと（Include Everyone）
S：静かな声で（Six-inch Voices）
S：座って仲間と（Stay With Your Group）
E：援助をみんなに（Encourage Everyone）
S：進んでアイデア共有（Share Ideas）

3 どんなチームワーク技能をどのように教えるか、を理解する。
4 チームワーク技能を指導する際に守るべきルールは次の３つである。
   a. **具体的であること**：それぞれの社会的スキルの内容は、Ｔチャート（図9-1）によって操作的に定義する。
   b. **小さなことから始めること**：生徒が一度に学ぶことができないほど、多くの社会的スキルを過重に課したりしないこと。授業では、１つか２つのスキルを取り上げれば十分である。生徒には過大な情報を与えるべきではない。
   c. **過剰学習を心がけること**：当該のスキルを１度や２度練習させるだけでは不十分である。生徒がそのスキルを自身の行動レパートリーに組み込み、それを自然に、習慣的に行うことができるようになるまで、強調し続ける必要がある。

社会的スキルを指導する

　警察官が疑わしい容疑者を査定するとき、３つの特徴を併せもつかどうかを調べるという。すなわち、機会と動機と方法である。人と人との関わりには、行動を起こそうとする他者との接触の機会があること、その行動を動機づける充分な理由があること、行動を起こすための手段や方法を入手できること、が必要である。生徒たちがチームとして活動するためには、(a) 協同的に活動する機会（そこではチームワーク技能の必要性が明らかになる）、(b) チームワーク技能を使おうという動機づけ（そうした行動が有益であると信じるに足る理由がある）、(c) チームワーク技能の使用に習熟していること、が求められる。協同学習グループで学ぶ準備を整えたら、生徒たちには社会的スキルを用いる動機と方法を与えなくてはならない。

　第１段階は、チームワーク技能が必要であることを生徒に納得させることである。チームワーク技能の必要性を認識してもらうためには、次のような手立てがある。
1 効果的な共同作業にはどのようなチームワーク技能が必要か、生徒に尋ねる。そして、提案された技能から１つないし２つを選んで取り上げる。
2 選択した技能を知らないでいるより、知っていた方がいいという事例を生徒に示して見せる。教師は教室にポスターを掲示したり、いかにその技能が重要であるかを生徒に伝えたり、その技能を使う生徒を援助したりする。
3 当該のスキルを明らかに欠いているような反対事例をロールプレイで演じさせることは、技能の必要性を例示する楽しい方法である。

　第２段階は、その技能がどのようなもので、いつ、どのように使えばいいかについて、生徒に理解させることである。そのために教師は次のことを行う。

1　生徒が具体的に何をすればいいかわかるように、ことばと動作によって技能を操作的に定義する。授業でどんな技能を見せて欲しいかを、生徒に述べただけ（「お互いに積極的に参加するよう励まそう。そして、学んだことをメンバーが理解しているかどうか点検しなさい」）では不十分である。ある生徒への励ましが、他の生徒にとっては落胆につながる場合もある。したがって、教師は生徒たちがすべきことを精確に説明する必要がある。社会的スキルを具体的に説明する1つの方法は、Tチャートを用いることである。まず、目標とするスキル（たとえば、「参加を促す」）を掲げて、生徒たちに次のように尋ねる。「この技能に相応しいのはどんな行動だと思いますか？」（非言語的行動）。彼らがいくつかの考えを出し終えたら、続いて「この技能はどんなことばで表すことができるだろう？」と尋ねる。生徒たちが意見を出したら、いつでも参照できるよう見やすいところに掲げておく。
2　その技能がどのようなものかという明確な考えを生徒がもてるようになるまで、実演したり模範を示すとともに、一歩ずつ丁寧に説明する。
3　授業が始まる前に、グループで2回ほどロールプレイによって練習する。

身につける技能：「参加を促す」

しぐさ・行動（非言語的）	ことば・言い回し（言語的）
微笑む	「君の考えはどう？」
目と目を合わせる	「すごい！」
親指を立てる（OKサイン）	「いい考えだ！」
背中をやさしく叩く	「それは面白い！」

図9-1　Tチャート「参加を促す」

　第3段階では、くり返し練習する場面を設け、技能の習熟を促す。技能に熟達するためには、くり返しの練習が必要である。教師は次のように練習を指導する。
1　あるメンバーに特定の役割を割り当てたり、あるいはメンバー全員に一般的な役割責任を与えるなどして、社会的スキルを課す。週ごとに1つか2つの新しい技能を取り入れ、以前習った技能を復習する。すべての技能が終わるまで、この手順をくり返す。
2　各グループを観察し、どのメンバーが何回、その技能を効果的に使ったかを記録する。生徒の観察係をできるだけ早く導入する。最初は2～4つの技能が載った簡単な観察表から始めて、手順に慣れてきたら、6～8つの技能をチェックする中レベルの観察表にして、最後に10～12の活動を観察する上級に進んでいくとよい。生徒の観察係は、初級から中級へ、そして上級へという同一の

順序で練習を積んでいく（第8章を参照のこと）。
3 授業中、メンバーにその技能を使うよう定期的に求めることによって、技能の使用を促す。
4 社会的スキルの性質や使い方を明確にするために、学習グループに働きかける。
5 技能の使い方を向上させるためにコーチする。

> **CLICK! ⑭　協同技能へのSTERN**
>
> S：示そう、技能の必要性（Show Need For Skill）
> T：Tチャートで技能を具体化（T-Chart Skill）
> E：演じてみせる、技能の練習（Engage Students In Practice）
> R：プロセスふり返り、成功へ（Reflect On Success）
> N：スキルが自然に使えるまで（Practice Until Using Skill Is Natural）

　第4段階では、それぞれの生徒が（a）スキルの使用に関するフィードバックを受け、（b）次はもっと効果的にスキルを使うことができるようふり返りを行う。チームワーク技能を練習するだけでは十分ではない。生徒はその技能をどのくらいの頻度で、どれくらいうまく活用しているかについて、フィードバックを受けなくてはならない。観察データを棒グラフやランチャートにまとめて、個々の生徒やグループ、あるいはクラスに報告する。生徒たちがそれらのデータを分析し、ふり返りを行う手助けをする。観察者はグループで集めた情報を報告し、グループのメンバーは自分たちの活動についての印象を報告する。観察者はグループに観察表を見せ、全員が参照できるように掲げておく。そうして、グループに対し（a）グループ活動への参加の度合い、（b）一般的なグループの活動状況、はどうだったのかを尋ねる。観察者は、すべてのグループメンバーが学習への努力や仲間への援助に対して、肯定的なフィードバックを受けることができるようにする。グループで改善活動を行った後、今度はクラス全体でフィードバック情報を共有し、改善のための取り組みを行う。

　ふり返りは、学習課題の達成にとって何が助けとなり何が妨げになったのか、どの行為がプラスあるいはマイナスの効果をもっていたのか、を見つけるために重要なのである。観察者は、グループ活動がどのくらい上手くいったのか、各メンバーはどの程度の頻度でどのようにチームワーク技能を使っていたか、メンバー間の交渉をもっと有効にするためにはどのように修正すべきかについて、グループのメンバーが改善を図る手助けをする。受け取ったフィードバックや使った技能の自己評価にもとづいて、生徒たちはもっと効果的に技能を使うためにはどうしたらいいかをふり返り、改善のための目標を設定する。そして最後に、グループは学習活動でのお互いの貢献と発揮した技能を称え合う。

> **CLICK! ⑮　「謎の人物」は誰だ**
>
> 1　教師はクラスに向かって、名前を明かさずに、ある一人の生徒に焦点を当てることを告げる。
> 2　一人の生徒をランダムに、あるいは望ましい役割モデルであったり優秀だとされる生徒一人を選ぶ。
> 3　授業の間、観察していることを明かさないまま、その生徒を観察する。
> 4　生徒の名前を明かさずに、彼の振る舞いについての観察記録（頻度データ）をクラスに発表する。
> 5　生徒たちに、その謎の人物が誰かを当てさせる。

　第5段階では、生徒が当該の技能を自然に使いこなすことができるまで、技能の練習を続ける。ほとんどの技能は、習得の進み具合が遅い時期と早い時期があり、それから成果が以前と変わらない停滞期、再び進歩が早くなる時期、そしてまた停滞期が訪れる、といった具合に進んでいく。生徒は、最初の停滞期を乗り越え、やがてチームワーク技能が彼の行動レパートリーの中にしっかり根付くまで、かなり長期間の練習を重ねなくてはならない。ほとんどの技能が熟達していく道筋には、次のような段階がある。

1　ぎこちないながらも、自覚的にその技能を使う。
2　技能を使っていても、手応えが感じられない段階がある。しかし、しばらく続けているとぎこちなさは抜け、スムーズにその技能を使えるようになる。ところが多くの生徒は、技能を用いている間、これは役に立たずどうせ身につかないものだと感じる。この段階をくぐり抜けるのには、教師や仲間の励ましが必要である。
3　技能を使うのが上達するものの、やみくもに機械的に使ってしまう。
4　その技能が意識せず習慣的に使われ、完全に生徒の行動レパートリーの中に入って、自然の行動のように見えるようになる。

　そして、チームワーク技能を洗練、修正、調整することによって、不断に改善していくよう生徒を励ますのである。

表9-1　社会的スキルを教えること

技能Aを教える	教師の行動
第1ステップ：技能の必要性を納得させる	①生徒は必要な技能を選ぶ。 ②教師が選んで納得させる。 ③その技能が欠けている場合のロールプレイをする。
第2ステップ：技能を明確化する	①Tチャートを使って技能を定義する。 ②実演し、モデルを示し、説明する。
第3ステップ：技能の練習指導をする	①社会的スキルを役割として割り振る ②使用の頻度と質を記録する。 ③定期的にその技能の使用を促す。 ④明確化するために働きかける。 ⑤コーチする。
第4ステップ：ふり返りと反省を指導する	①クラス、グループ、個人のデータを報告する。 ②データをグラフやチャートで示す ③生徒にデータを分析させる。 ④全員が積極的なフィードバックを受け取る ⑤生徒に改善目標を立てさせる。 ⑥グループのがんばりをねぎらう。
第5ステップ：第3、4ステップをくり返す。	①技能発達の各段階をくり返し練習させながら、継続的な改善を強調する

表9-2　メンバー全員に肯定的フィードバックを受けさせる

1．各グループは、一度につき一人の生徒に焦点を当てる。その生徒に対し、効果的に学んだり、協力したりする助けとなる行動をするよう伝えて、その行動についてメンバーはフィードバックを与える。すべてのメンバーが肯定的フィードバックを受けるまで、対象とするメンバーを交代していく。
2．各メンバーの参加の様子について、情報カードに肯定的なコメントを書き入れる。その後、生徒はそのコメントを交換し、全員が他のメンバーからの肯定的なフィードバックを受けることになる。
3．対象となるメンバーがいかにうまく社会的スキルを使ったかについてのコメントを、次のような文例を使って書き、それを互いに交換する。
　（1）あなたが～をしてくれて、感謝してます。
　（2）私は、あなたの～が好きです。
　（3）あなたの～は、本当にグループのためになりました。

　　この手順は口頭で行ってもよい。その場合、自分が賛辞を述べているメンバーをまっすぐ見て、その人の名を呼び、コメントを述べる。肯定的フィードバックを受けた人は、相手の目を見て「ありがとう」と言う。肯定的フィードバックは直接的かつ明確に表現し、無視したり否定したりしてはならない。

スキルが使用可能な協同場面を創る

　生徒の社会的スキルを評価するためには、生徒が一緒に活動して共通の目標を達成するための課題状況を設定しなければならない。そのために、生徒が社会的スキルを学び、その習得の程度を演示できるような、協同学習場面を構成するのである。生徒が一緒に学んでいる間、教師は対象とした技能の使われ方について質的、量的に評価するための観察を行う。

表9-3　社会的スキルのチェックと声かけ

チェック項目	達成されている場合の声かけ	未達成である場合の声かけ
膝をつき合わせて着席する	いい座り方だね。	椅子をもっと近づけよう。
グループは適切な教材を整え教科書の適切な頁を開いている	すごい。準備万端だね。	必要だと思うものを準備してごらん。見てるから。
与えられた役割をこなしているか	素晴らしい。ちゃんと自分の仕事をしてるね。	誰が何の仕事をすることになってたんだっけ？
グループは課題にとりかかっているか	いいね。もう始まってるね。	始めてごらん。何か手助けが必要かな。
使われている協同の一般技能	素晴らしいグループだ。このまま続けて。	ここではどんな技能が必要かな。君は何をすべきなんだろう。
使われている協同の特定技能	素晴らしい励ましだね。とてもいい言い換えだ。	誰がエディを励ますことができるかな。エディが今言ったことを、誰か別の言葉で言い換えてごらん。
教科内容の学習は上手く進んでいるか	手順に沿って頑張ってるね。ナイス、グループ。	もっと幅広い答がほしいね。もう一度、やり方を説明してごらん。
メンバーの役割責任を確認し合う	みんなが理解したか確認してるね。素晴らしい。	ロジャー、①のやり方を見せてごらん。ディビッド、なぜ君のグループはこの答を選んだのか説明してごらん。
乗り気でない生徒が含まれていないか	全員が参加していてくれて嬉しいよ。	④についての説明をヘレンに尋ねるからね。戻ってくるまでに準備しておいて。
学んでいることとそこでの推論のしかたを互いに説明し合う	いい説明だ！その調子。	それぞれが問題に取り組み、どう解決するか順を追って説明してくれるかな。
グループ同士で協同し合っているか	他のグループと助け合っていてすごい。素晴らしい模範だね！	それぞれ他のグループに行って、⑥の答を確認しましょう。
一人のメンバーが活動を牛耳っていないか	全員が同じように参加していて、素晴らしいグループだ。	ヘレン、君はいつも最初に答えてるね。正答チェック係をやってくれないか。
グループ活動は完了しているか	順調に進んだようだね。それでは黒板に書かれた課題をやりましょう。	君はちょっと慎重すぎるね。でも、時間がないから急いでやりましょう。
グループ活動は効果的に行われているか	君たちのグループは上手に活動しているね。どんな行動が役立ったのかな。	このグループの活動の何がいけなかったのか言ってごらん。その問題を解く方法を3つ考えてみよう。

社会的スキルを効果的に使うための働きかけ

　生徒たちの学習活動に取り組む姿勢を観察していると、学習やチームワークを妨げている活動パターンのあることに気づくだろう。教師が働きかけをしようとする理由には、次のようなものがある。
1　課題の指示や教科に関わる概念、学習の手順についての誤解や思い違いを訂正するため
2　対人関係技能、グループ技能、認知技能などが欠けていたり、誤った使い方、不適切な使い方を修正するため
3　社会的スキルや学習手順が適切で、優れた使い方のとき、それを強化したり、励ましたり、称賛したりするため

教師は、いつ、どの程度の働きかけをすべきかについて、次のようにして決める。
1　今すぐ介入すべきか、それともグループのふり返りの時間まで働きかけを待つべきか。グループ活動を一時ストップさせてすぐに働きかけを行うか、それともふり返りの時間まで待って行うか、どちらが望ましいか。
2　グループに対して介入を行うか、それともそのことがらに焦点を当ててクラス全体に働きかけを行うか。起こっている問題がグループに特有のものである場合と、すべてのグループが経験する一般的な問題である場合とがある。

　教師は、効果的な働きかけのしかたを決めておく必要がある。効果的でない、無意味な働きかけというのは、(a)効果的な方法を生徒にただ告げたり、(b)グループに代わって問題を解決してしまったり、(c)つまずいているグループを助けたり、することである。そうではなくて、教師がしなければならないのはグループの解決すべき問題に光を当てて、彼ら自身が解決法を発見したり、実行したりするよう導くことなのだ。教師は、生徒たちがグループの問題について診断し、解決する方法を、次のようにして指導する。
1　学習自体に関連することばや方法を用いて教える。「そう、それでいいです」という代わりに、課題に具体的に関連させて、たとえば「そう、それは各段落の主だった主題を見つける1つの方法だね」というような言い方をする。具体的な言い方をすればするほど、望ましい学習を強化することができるし、学習とその方法を連合させることによって、正の転移を促すことが可能になる。
2　協同学習グループのメンバーに、彼らの推論過程について次のように尋ねる。
　(a)君は何をしているの？
　(b)君はなぜそれをしているの？
　(c)それはどのように役立つだろうか？
3　観察データをグループのメンバーに示して、問題点を指摘するよう尋ねてみる。

記録情報からの気づきであっても（たとえば、グループメンバーは共有していなかったり、助け合っていないことを表しているデータを示すことで）、メンバーを本来の筋道に戻してくれることがしばしばある。

4 もしグループのメンバーが問題点を修正するための明確な手順を確定できなかったら、いくつかの解決の選択肢を示して彼らを導いていく。問題に光を当てても、彼らが解決法を見つけられないと思い込んでいたなら、無力感や士気の喪失、欲求不満を生むだけである。そんな場合には、彼らを力づけるいくつかの方略を与えるとよい。

5 教師はグループに加わって、次のように指導する。
  (a) グループメンバーに、課題を一時脇に置いておくように言う（「鉛筆を置いて、教科書を閉じましょう」）。
  (b) 問題点を指摘する（「ここに、私が観察した結果があります」）。
  (c) 可能性のある解決策を3つ見つけるように、彼らに求める。
  (d) どの解決策を最初に試してみるか、決めさせる。

6 その場面についての役割演技を行い、問題を解決してくれる新しい行動パターンを練習する。

CLICK! ⓰　協同学習グループへの働きかけ方法

観察：観察する
働きかけ：データを共有し、質問を投げかけることによって働きかける
計画：生徒に対応を考えさせ、どのように処理するか計画させる
取り組み：生徒に学習活動に戻るように言う

社会的スキルの知識について評価する

　指導された社会的スキルについて、生徒がどのくらい覚えているかを査定するために、客観テストを実施することがある。たとえば、リーダーシップ技能に関するテストの具体例は、この章の末尾に示す通りである。

社会的スキルの習得について自己評価する

　リーダーシップ技能を測定するための自己診断用の質問項目は、この章の末尾に示した通りである。対象とする社会的スキルを個々のメンバーがどのくらいの頻度

で、いかに上手く用いるかを評価するために、生徒自身がグループでの活動についてチェックしたり、評定したりするものである。生徒たちが彼らの社会的スキルの水準を診断する方法には、少なくとも2つがある。すなわち、生徒が学習活動に携わりながら参加観察によって社会的スキルを診断する、もしくは、生徒が自己診断用の質問項目に回答するという方法である。それぞれのメンバーが、チェックリストや質問項目に答える形で、査定は行われる。そこでの質問は、自分自身が行ったこと（「私」が主語の場合）、他のメンバーが行ったこと（「あなた」が主語の場合）、あるいはメンバー全員で行ったこと（「私たち」が主語の場合）、のいずれかに焦点が当てられることになる。自己査定（「私」が主語である質問項目）では、どのくらいの頻度で、いかに上手く社会的スキルを用いたかについて、グループメンバーそれぞれに評定を求める。「あなた」が主語になっている質問項目は、どの活動が役立ったか（あるいは役立たなかったか）のフィードバック情報を仲間のメンバーに伝えたかどうかについて尋ねるものである。また、「私たち」が主語の質問項目は、どの行動が有益あるいは有害だったかについて、グループメンバーで意見統一を図った結果について尋ねるものである。

　その後、グループメンバーがいかに上手く協働できたかを分析するために、これらのデータを利用することになる。各質問項目について、グループごとにメンバー一人当たりの平均頻度を算出する。あるいは、それぞれのメンバーが自分の結果をグループにざっと公表して、1つの質問項目につき30秒ずつ時間を与えて、グループで各メンバーの答を共有する機会をもつ。3つ目の方法は、まずそれぞれのメンバーにグループ活動に貢献したと思う自分の活動を列挙させ、次に、一人ずつ右隣のメンバーのもっとも貢献したと思われる活動を、1つずつ指摘するというものである。もう1つは、生徒たちに（a）自己査定を求め、（b）社会的スキルを使う協同的な学習活動に取り組ませて（その活動を観察し、個々人にフィードバックを与える）、（c）その場面で実際にどう振る舞っていたかについての観察者による結果と、自分自身の認識とを比較する、という方法もある。

継続的な改善のための目標を設定する

　グループのメンバーは、次のグループ活動でより優れた技能を発揮するための改善目標を設定する。メンバー同士でその目標について議論し、それを達成することを宣言する。観察者は、「今日よりも明日はもっと素晴らしいグループになるために、何をしたらいいでしょう」と尋ねることによって、グループが成長するための目標設定を手助けする。生徒の社会的能力とグループの活動能力を継続的に改善することが、強調されるべき点である。目標設定の具体的な手順は、第2章で詳しく見たとおりである。また、目標設定の様式については、この章の終わりに紹介されている。

生徒の社会的スキルの報告

　社会的スキル向上のためには、授業中もしくは授業直後に、査定した技能の結果を生徒に伝える他に、保護者などの関係者にも生徒の社会的スキルについて定期的に報告する必要がある。たとえば、生徒たちは社会的スキルについてのデータを彼らのポートフォリオに加えて、生徒主導による討論の機会を作って話し合いたいと考えるかも知れない。教師は、社会的スキルに関するデータをチャートや図に表したり、短評としてまとめたり、保護者面談や通知表のためのチェックリストに記入したりするだろう。社会的スキル報告書の例は、この章の末尾に示すとおりである。

本章のまとめ

　社会的スキルの査定は、次のようなステップからなる。最初のステップは、社会的スキルを指導する際の根拠について再確認することである。社会的スキルは学ばなければならない。あらゆる協同学習では、教科内容と同時に社会的スキルについて学ぶのである。したがって、教師はどのような社会的スキルをどのように教えたらいいか、について理解していなければならない。そして、社会的スキルを指導する際は、具体的かつ簡単な技能から一歩ずつ、習慣化するまで過剰学習させることが大切である。第2のステップでは、それぞれの社会的スキルを生徒に指導する。教師はまず教える技能の必要性を示し、Tチャートを使って定義し、生徒がその技能を練習できる場面を用意し、技能の使い方についてフィードバックするとともに改善のためのふり返りを行わせ、その技能が自然に使えるまで練習を続けさせる。第3のステップでは、社会的スキル指導の一環として、当該の技能の使用状況が観察できるような、協同学習場面を構成する。第4のステップでは、協同学習グループにおいてメンバーが社会的スキルを適切に使用し、それがしっかり身につくように働きかける。第5ステップでは、社会的スキルの習得の程度について自己診断を求める。生徒は、チェックリストや質問項目に答える形で、自己査定を行う。第6ステップでは、社会的スキル習得の程度を査定したり、生徒に自己診断を促す。第7ステップでは社会的能力を不断に向上させるための改善目標を設定する。そして最後のステップでは、生徒自身や保護者などの関係者に対して、生徒の社会的スキルに関する報告を行う。

Appendix 9-1　さまざまなTチャート

（1）理解しようとしているか

しぐさ・行動（非言語的）	ことば・言い回し（言語的）
・相手の目を見る ・身を乗り出す ・興味深そうな表情をする ・受容的な態度・姿勢をとる	・説明してくれる？ ・やって見せて？ ・どうやってするか説明して。 ・どうやったらその答になったの？ ・例を示してみて。 ・先生にどんなふうに説明するの？

（2）アイデアを出そうとする

しぐさ・行動（非言語的）	ことば・言い回し（言語的）
・身を乗り出す ・受容的な態度・姿勢をとる ・順番に意見を言う ・人が喋っているときは聞き耳を立てる	・私の考えは…。 ・私の提案は…。 ・私たちができるのは…。 ・私たちで…することを提案します。 ・私が考えていたのはこれなんです。 ・もし私たちが…したとしたら…。

（3）要約しようとする

しぐさ・行動（非言語的）	ことば・言い回し（言語的）
・身を乗り出す ・楽しげな表情をする ・受容的な態度・姿勢をとる	・鍵になる考え方は、たぶん…。 ・今まで出た意見をまとめてみよう。 ・今の時点で、私たちが…。 ・これまでに私たちが達成したのは…。 ・私たちの考えは…。

Appendix 9-2　社会的スキルを観察する

	ピーター	ジェーン	マイク	合計
アイデアに貢献する		丁		
理解度をチェックする	正			
参加を促す		圧		
意見を支持する・褒める	一		下	
合計				

Appendix 9-3

リーダーシップ技能の理解度をテストする ☑

　リーダーシップ技能の課題達成と集団維持の働きが左側の列に、そのスキルを反映した内容の例が右側の列に示されている。課題遂行と集団維持のそれぞれの活動について、行われていたかどうかをチェックしなさい。

＜課題遂行機能＞	ことば・表現例
☐ ①情報や意見を発信する	合衆国の初代大統領のジョージワシントンは、私の考えでは最良の大統領だ。
☐ ②情報や意見を探究する	ロジャー、合衆国第4代大統領は誰で、何で有名なのか知ってる？
☐ ③指示や役割を与える	私たちはまず問題を明らかにした上で、解決策を提案すべきだね。そして、どの解決策を採用するか決めることにしよう。
☐ ④まとめ・総括をする	デールは私たちがフットボールをすべきだって考えてて、ジョーは昼食に行こう、ピーターは作文を書こうって考えてるんだね。
☐ ⑤活気を注入する	気合いを入れていこう！　きっといい解決法を見つけられるよ。もう少し頑張ろう。
☐ ⑥理解度を確認する	フランク、12番の問題の解き方を私たちに一歩ずつ説明してくれない？
＜集団維持機能＞	ことば・表現例
☐ ⑦参加を促す	ヘレン、これについてどう思っているのか聞きたいんだけど。君はいい考えをもってるんじゃないかな。
☐ ⑧コミュニケーションを促す	マーク、私の理解では、あなたは問題を解こうとする前に問題自体をもっと明確にした方がいいって考えてるんだよね。
☐ ⑨緊張を和らげる	逆立ちをしながら、ヨガについての報告を発表するっていうのはどうだろう？
☐ ⑩進行状況を見守る	ジェーンは5分間の間、何も喋ってないよ。何か調子の悪いことでもあるの？
☐ ⑪対人関係の問題を解決する	ディビッドとリンダのもめ事を解決する手助けをした方がいいんじゃないかな。
☐ ⑫支持する・称賛する	それはいい考えだね、ロジャー。君が頑張って宿題をしたってことがよくわかるよ。

Appendix 9-4

リーダーシップ行動を把握する質問項目

　グループのメンバーが、(a) グループの課題遂行を手助けする活動、あるいは (b) メンバー間の望ましい関係を維持する活動、に携わっている場合、リーダーシップが発揮されているといえます。あなたがグループの一員であるとき、どのようなリーダーシップ活動を行っていますか？　また、どのようにして仲間の課題達成を支援したり、効果的な協働に取り組んでいますか？

　以下の各項目に記されたリーダーシップ行動について、あなたが日頃行っている程度を次の5つの選択肢から選んで、その記号を（　　）の中に記入して下さい。

　　　　　　　　a：いつも行っている
　　　　　　　　b：しばしば行っている
　　　　　　　　c：ときどき行っている
　　　　　　　　d：あまり行っていない
　　　　　　　　e：まったく行っていない

私はグループの一員であるとき、

① グループ討論を活発にするために、事実を提示したり、意見や考え、気持ち、情報を提供するようにしている。　　　　　　　　　　　　　　　　　　　（　　）

② グループのメンバー皆が参加するように温かく励ます。私は彼らの考えを受け入れようとするし、彼らの貢献が価値あるものだと知らせるよう努めている。
　　　　　　　　　　　　　　　　　　　　　　　　　　　　　　　　　　（　　）

③ グループ討論を活発にするために、他のメンバーが事実や情報、意見、考え、気持ちを発表してくれるように求める。　　　　　　　　　　　　　　　　（　　）

④ メンバー間の話し合いが上手く進むように、コミュニケーション技能を使って支援する。各メンバーが他の人のいったことを理解しているかどうか確認することにしている。　　　　　　　　　　　　　　　　　　　　　　　　　　　　　（　　）

⑤ グループ活動をどのように続行させるか計画したり、達成すべき課題に注意を喚起したりして、グループに指示を与える。　　　　　　　　　　　　　　（　　）

⑥ グループの緊張を和らげたり、一緒に活動することが楽しくなるよう、冗談を言ったり、面白い取り組みを提案したりする。　　　　　　　　　　　　　（　　）

⑦ メンバーの関連した考え方や指摘を1つにまとめたり、グループで議論となった主要なポイントを言い換えたり、要約したりする。　　　　　　　　　　（　　）

⑧ グループの活動のしかたを観察して、その結果をグループ活動がもっと効果的に進むよう、改善のために役立てる。　　　　　　　　　　　　　　　　　（　　）

⑨ グループに活気を与えて、目標達成のために頑張るようメンバーを励ますようにしている。　　　　　　　　　　　　　　　　　　　　　　　　　　　　（　　）

⑩意見の不一致を解消したり、グループの凝集性を高めるために、メンバー間の衝突について開かれた議論をするよう促す。そして、彼ら自身で直接解決できなさそうなときには、葛藤を仲介する。（　　）
⑪グループの議論や課題内容を理解できているかどうかを確認するために、話し合った結果をまとめるように求める。（　　）
⑫グループのメンバーを支持していること、受け入れていること、好意をもっていることを表明するとともに、誰かが建設的な働きをしたときには称賛する。
（　　）

課題遂行行動と集団維持行動の総計を算出するために、それぞれの得点を合計する。

＜課題遂行行動＞		＜集団維持行動＞	
①情報や意見を発信する		②参加を促す	
③情報や意見を探究する		④コミュニケーションを促す	
⑤指示や役割を与える		⑥緊張を和らげる	
⑦まとめ・総括をする		⑧進行状況を見守る	
⑨活気を注入する		⑩対人関係の問題を解決する	
⑪理解度を確認する		⑫支持する・称賛する	
課題遂行総計		集団維持総計	

Appendix 9-5

社会的スキルの自己改善のために

改善対象とする技能	チェックリスト	質問項目	観察された行動
1			
2			
3			
4			

結論：
_____
_____
_____

社会的スキルの改善計画：
_____
_____
_____

改善目標達成のためのタイムライン：
_____
_____
_____

Appendix 9-6

社会的スキル報告書

生徒名（　　　　　　　　　）　　日付　　／　　／　　学年（　　　）

N：要改善　　　　P：進歩あり　　　　S：良好　　　　E：優秀

	協同的な姿勢を示す（形成技能）	リーダーシップを発揮する（機能技能）	
	静かにグループに加わる	目標を明確にする	
	グループに留まる（歩き回らない）	グループの活動を指示する	
	穏やかな声で話し合う	積極的にアイデアや意見を出す	
	順番に交代する	仲間のアイデアや意見を求める	
	相手の名前を言う	意見やアイデアを分かち合う	
	他者の権利を尊重する	仲間の参加を励ます	
	グループ活動に前向きに取り組む	承認や称賛を与えて支持する	
	仲間に援助の手を差しのべる	分かりやすく言い換える	
	指示に従う	コミュニケーションを促す	
	仲間に礼儀正しくする	緊張を和らげる	
	理解を促進する（定着技能）	知的な挑戦を挑む（醸成技能）	
	声に出してまとめる	人ではなく、意見を批判する	
	正確さを追求する（修正する）	メンバーの意見の違いを明確にする	
	新しい学習を前の学習と関連づける	別々の意見を１つにまとめる	
	長く覚えられる方法を考え出す	正しいと考える根拠や理由を尋ねる	
	理解度をチェックする	結論や答えを拡張する	
	推論の過程を声に出すよう求める	より深い理解のための質問をする	

Appendix 9-7

報告書：活動習慣と個人的成長

生徒名（　　　　　　　　）　日付　　/　　/　　学年（　　　）

　　　N：要改善　　　P：進歩あり　　　S：良好　　　E：優秀

活動	4月	10月	3月	全体
時間内に課題を終える				
時間を有効に使う				
取り組みをチェックする				
挑戦を歓迎する				
注意深く聞く				
学びへの挑戦がある				
必要な努力は惜しまない				
責任を果たす				
質の高い活動に励む				
適切に援助を求める				
適切に教材を使う				
議論に参加する				
応用課題に挑戦する				
ルールを守る				

第10章 態度のアセスメントと評価

態度の重要性

　戦後の日本に品質管理の概念を導入したエドワーズ・デミングは、好んでこのように言った。「教師の第一義的な責任は、向学心に火を点けることにある」。もし彼があなたの学級を訪れたとしたら、こう尋ねるだろう。「生徒たちはこのクラスが好きだろうか？ それとも嫌いだろうか？ 彼らはあなたの教えている教科が好きだろうか？ 彼らは放課後の時間を使ってでも、授業で議論した話題についてもっと学ぼうとするだろうか？ 授業は退屈で、興味がわかず、やらされているだけと思ってはいないだろうか？」。

　すべての学習は、感情的な要素を有している。生徒が知識や技能を習得するときは、その教科や学習過程に対する態度を同時に形成している。生徒の態度は将来の行動に影響を与えることから、学習に対する積極的な態度を発達させることは、特定の知識や技能の習得よりもずっと重要であろう。もし生徒が読書を嫌いになったり、避けるようになって終わるとしたら、国語を教えることに何の意味があるだろう。

　学校教育の最終目的が、生産的で幸福な社会の一員としての、個々の生徒の能力を最大限に発達させることだとしたら、成功の重要な指標は生徒の習得した知識や技能の程度ではなく、日常生活の中や卒業後の人生において、生徒たちがそうした知識や技能を自発的に使おうとするかどうかである。教科や読み・書き・そろばんなどの技能に対する積極的な態度の他に、(a) 自己、(b) さまざまな他者、(c) 将来のキャリア、(d) 社会的役割に対する責任（機敏さや清潔さといった適切な役割行動への期待に応える能力）と心構え（組織からの要請に対して協調して応えようとする能力）についての肯定的な態度を育むことが、学校には期待されている。おそらく、学校がなすべきもっとも重要なしごとは、私たちの多元的で民主的な社会、選択の自由、機会の均等、自己信頼、自由で開かれた問題への取り組み、に対する肯定的な態度を育てることだろう。

　生涯にわたって学び続ける、あるいは学びに関与し続ける、といった指導目標を達成するためには、知識の習得よりも、肯定的な態度を育成することの方がずっと大切になる。態度というのは、人やもの、考えに対する肯定的もしくは否定的な反応傾性である。すなわち、特定の人、もの、考えに対して学習された好意的、あるいは非好意的な反応傾向であり、行動の重要な決定因となる。指導によって興味や熱意を生むことができれば、学習はより容易でより速やかなものになるだろうし、無関心や消極性を生みだす授業と比べて高い達成をもたらすことが期待できる（Bloom, 1976）。

　生徒たちは、学習が点数稼ぎや制度的な要請などではなく、意味だとか理解を継続

的に探求することだと見なすようになるだろう。授業に臨む姿勢が開放的なときにだけ、生徒は効率的に学び、課題に集中し、困難や障害を克服できるという自信をもつようになる。科学について学ぶ強い熱意は、科学の学力を高めることにつながるだろうし、シェークスピアに対する高い関心は、彼の戯曲に親しむことにつながり、反対に、学校嫌いは欠席や宿題の無視、引きこもりをもたらすことになるだろう。学級や教科、学ぶことや学校に対する生徒の態度は、学力や向上心、学業面の自尊感情に大きく影響する。生涯にわたって、未知の考え方について探求したり、新たな関心を抱いたりすることは、教科内容の習得を通してよりも、肯定的な態度の発達を通じて生みだされることが多い。

CLICK! ⑰　「読み」の態度目標

1　「読み」を情報獲得の手立てとして使おう。
2　フィクションやノンフィクションなどの読書が、生涯にわたる習慣になるようにしよう。
3　良書に親しむ中に癒やしや愉しみを見出そう。

生徒の態度を査定する

　学校では数多くの教育的成果が求められることから、教科や授業での取り組み、教職員、他の生徒たち、与えられた課題を首尾よく達成するための能力などに対する態度について、定期的に査定しなくてはならない。そうした情報は生徒たちの学習への肯定的な態度を醸成するべく、授業案の修正・改善に役立てられることになる。もちろん、態度の査定結果は通常、成績と関連づけることはしない。しかしながら、指導方略や教材といった授業案の各要素の見直しに、態度の査定結果は非常に参考になる。
　生徒の態度は、観察の手続き、質問紙法（標準化された尺度、教師作成の尺度）、インタビューなどによって査定することができる。観察法とインタビュー法についてはすでに他の章で述べているので、ここでは質問紙によって生徒の態度を査定する方法に焦点を当てることにしよう。質問紙を使って生徒の態度測定を計画する際は、次のような手順で行う。

1　どのような態度を測定するかを決定する
　態度の測定対象としては、少なくとも、教科領域、用いられる指導方法、学習それ自体がある。また、クラスの仲間たちへの態度、学業面での自尊感情などについて明らかにしたいと考えるかも知れない。

2 態度測定のための質問項目による尺度を構成する

質問項目を考え、尺度を構成するための手順は次のようである。

(a) どんなタイプの質問項目を用いるか、決定する。
(b) 引き出そうとする反応の形式について決める。
(c) こなれた文章で質問を作る。
(d) 質問項目を最適な順序で並べる。
(e) 魅力的なレイアウトを考え、記入や得点化のしやすい質問項目の並びで構成する。

3 もし使いたければ標準化された態度尺度を採用する

標準化された態度項目を使用するかどうかは、教師の指導目標や測定結果を授業改善に用いる際に必要となる専門性に応じて決められる。

4 単元や学期、年度の始めと終わりに質問紙調査を実施する

一定の間隔をおいて調査することにより、態度が改善したか、悪化したかを測定することができる。もし何年間かにわたって同一の質問紙を使えば、一般的な生徒の反応についての規準を作ることができるかも知れない。そうした複数年の比較は、生徒の態度の肯定的側面について解釈する助けとなるだろう。

(a) 授業の特定の側面に関する生徒の態度を測定する際、複数の尺度項目、異なるタイプの質問項目を用いるようにする。たとえば、観察と質問紙法を組み合わせて実施することは、有益である場合が多い。
(b) 生徒の匿名性を守るために、質問紙は無記名とする。こうすることによって、率直な反応の得られる可能性が高まる。連結可能匿名化（必要な場合に個人を識別できるよう、名前と付した番号の対応表を残す）など、同一の生徒やグループを同定する方法を工夫することによって、それぞれの生徒やグループの事前・事後の態度を比較することができる（教師が生徒に付された番号を知らなければ、匿名性は保持される）。もし高い信頼性で結ばれているような場合には、記名式でもいいだろう。
(c) 実施にあたっては、生徒を評価するためではなく、授業改善のための態度測定である点を強調する。態度の測定結果は成績には関係しない、ということをはっきりさせておく必要がある。そして、正直に答えてくれるよう生徒に協力を求める。

5 関係者への説明や指導上の意思決定のために、データを分析し、まとめる

各質問項目と尺度の平均値・標準偏差を算出し、結果を棒グラフやランチャートに表す。

6 適時、適切なしかたでフィードバックを行い、関係者が有効にデータを活用することを促す

生徒（そして関係者）が結果を①簡単に理解することができるように記述するとともに、②学習の改善に用いることができるような、迅速なフィードバックの仕組みを

工夫する。収集されたデータは生徒の動機づけに関する正確な情報を与えてくれるものでもある。生徒たちが態度項目に思ったままを正直に答えてくれるかどうかは、その結果がどのように使われるかによるところが大きい。結果がどう共有されたかが、彼らの協力を得ることができるかどうかを左右することになる。多くの測定プログラムに共通する欠点は、結果に関するフィードバックや情報の利用を怠ることであり、それによって解答者が正直に正しく答えようとする意欲は著しく損なわれる。したがって、関係者に対する結果報告には充分な留意と配慮がなされなくてはならない。

7　態度データを学習課程や指導の修正・改善に用いる

　教科や学習それ自体に対する積極的な態度を育成するために、指導方法、教材を改める。

CLICK! ⑱　音楽の態度目標

1　音楽を私たちの文化遺産の大切な一部として味わおう。
2　優れた音楽に対する感覚を養おう。
3　素晴らしい音楽への尽きない喜びを育てよう。

どの態度を測定するかを決定する

　どのような態度を測定したらいいかは、指導目標と教えようとする教科内容次第である。しかし、少なくとも、教科領域、用いられる指導方法、学習それ自体についての態度は測定することになるだろう。また、社会的支援、学業面での自尊感情、クラスの凝集性に対する態度についても明らかにしたいと思うかも知れない。

自分用の態度尺度を構成する

　教師は、単元の具体的な内容や、生徒が教科や学ぶことそれ自体を好きになってくれたかどうかについて測定するための、自分自身の測定尺度を構成したいと考えるだろう。自分のための質問紙の作成については、3つのタイプの質問様式を用いることができる。すなわち、自由回答による質問、択一式の質問、SD法（意味差判別法）による質問、である。自由回答による質問とは、内容も長さも自由に意見を記述してもらう方法である。これは、まったく自由に回答を書いてもらったり、空欄にことばや文章を記入してもらう形で実施する。自由回答による質問の例としては、次のようなものがある。

- 英語という教科についての私のイメージは
  (　　　　　　　　　　　　　　　　　　　　　　　　　) というものです。
- 私たちの先生は (　　　　　　　　　　　　　　　　　　) です。
- 誰かが「アメリカ史」を私の生涯のテーマとして履修するよう勧めてくれたら、
  私は、(　　　　　　　　　　　　　　　　　　　) と答えます。
- 「歴史」という教科は私にとって (　　　　　　　　　　　　) です。

　こうした自由回答による質問は、生徒の態度に関する興味深い事例を提供してくれる。自由回答による質問は、生徒の態度や価値観を測る際に何を尋ねたらいいかについて、新しいアイデアを得るための良い方法である。生徒の反応は、単語や字句の出現頻度で得点化し、平均値と標準偏差を算出する。しかしながら、自由回答による質問は分析が難しく、解釈しにくいことも多い。

　択一式の質問は、自分の気持ちにもっとも近い選択肢を生徒に選ばせるものである。選択のしかたとしては、二者択一、多肢選択、順位づけ、尺度評定がある。具体例を次に示す。

- 「英語」は私の好きな教科です。　(　) はい　(　) いいえ
- あなたは他の「英語」の授業も履修しようと思っていますか？
  　　　　　　　　　　　　(　) はい　(　) いいえ　(　) わからない
- 「英語」の授業について、あなたの気持ちにあてはまる単語を○で囲みなさい。

　　　　　興味深い　重要な　価値がない　難しい　単調な

　　　　　おぞましい　わくわくする　退屈な　役に立つ

- 次の教科について、もっとも興味のあるもの(1)から興味をもてないもの(6)まで、順に数字を記入しなさい。
  　　　　　(　) 社会　　　　(　) 国語
  　　　　　(　) 理科　　　　(　) 数学
  　　　　　(　) 体育　　　　(　) 英語

- 「英語」をもっと学習することについて、どのくらい興味がありますか？
  　　　興味がない　　1・2・3・4・5・6・7　　興味がある

　それぞれの質問に関して各反応の頻度を数えて得点化し、平均反応数と標準偏差を算出する。

　おそらく態度の測定でもっとも一般的な方法は、SD法（semantic differential;

意味差判別法）だろう（Osgood et al., 1957）。この質問方法を用いることによって、あらゆる対象に対する態度（人、話題、活動、教科、その他何でも）について測定することが可能になる。SD法による質問は、教師が態度を測定したいと考えている対象についての、相反する意味をもつ一連の形容詞対によって構成されている。例としては、次のようである。

「詩」の学習

かっこ悪い　1・2・3・4・5・6・7　かっこ良い
退屈な　　　1・2・3・4・5・6・7　楽しい
価値のない　1・2・3・4・5・6・7　価値のある
消極的な　　1・2・3・4・5・6・7　積極的な

　評定の後、「詩を学ぶ」ことに対する態度の全体的な指標を得るために、得点の合計を求める。このタイプの質問項目は、興味・関心に関するいかなる概念にも応用が可能である。形容詞対の同じセットを用いて、異なる概念についてそれぞれを調査することもできる。上で例示したような評価的な意味を有する形容詞対を用いない場合には、合計点を算出せずに、個々の形容詞対ごとに得点を分析すればいいだろう。

質問項目の適切性

　適切な択一式質問項目や自由回答による質問項目を作成するには、いくらかの専門性と訓練が必要とされる。あなたの授業に対する態度を測定するための質問項目を作成し、それらの項目を次にあげた観点から評価してみよう。

1　その質問は簡潔で、略語や難語が使われたりしていないか。
2　質問項目に使われているのは、生徒になじみのあることばか。
3　質問には、スラングや口語表現、隠語などが使われていないか。
4　感情的なことば、曖昧なことば、一般化し過ぎた言葉が使われていないか。
5　その質問には、特定の反応を引き出すような暗黙の仮定や言外の意味が含まれてはいないか（たとえば「この単元の授業案は変えた方がいいと思いますか？」）。
6　その質問は、特定の事態を前提とはしていないか（「あなたの先生は、課題の出し方を改善していますか？」）。
7　その質問は、幾つものことがらについて尋ねてしまってはいないか（「この授業の質と有用性について評定しなさい」）。
8　質問に使われている形容詞や副詞は1つだけか（「先生は手助けしてくれたり、気を遣ったりしてくれますか？」）。
9　質問の言い回しに、望ましい返答が暗示されたりしていないか。

10 誤解を招くような両義的な意味をもつことばが使われていないか（「進歩的」「保守的」「伝統的」など）。
11 選択肢は相互排反的で、想定される回答をきちんと網羅しているか。
12 その質問は、必ずしも共通した認識がないことばを含んだりしていないか（「大事な」「いつも」「ふつう」「大部分」「決して」「いくつかの」など）。

　質問がこれらのチェック項目を満たしていたら、事前実施の準備が整ったことになる。事前調査をきちんと行うことは、質問項目に含まれるかも知れない問題点の発見にとって役に立つ。

回答の形式を決める

　前述のように、回答の形式には2つのタイプがあった。すなわち、択一式と自由回答によるものである。自由回答による形式は、空欄に語句を書き込んだり、自由に記述するものである。択一式の回答には、二者択一法、多肢選択法、順位づけ、尺度評定などがある。回答形式を決める手順は、以下のようである。

1 その質問の回答は自由回答が適しているか、それとも択一式が適しているか。
2 自由回答形式にする場合、自由記述がいいか、空欄を埋める形式がいいか。
3 択一式の回答にする場合、二者択一、多肢選択、順位づけ、尺度評定のいずれの形式にするか。
4 多肢選択や尺度評定の回答形式にする場合、(a) それらの選択肢には重複がなく、主要な回答のすべてを網羅しているか、(b) 選択肢は降順に並べられているか、(c) 選択肢は等価間隔（等しい心理的距離）になっているか。

　尺度評定による回答形式でもっとも良く知られた手法は、リッカート法である。リッカート尺度を作成するための手続としては、まず、興味の対象である話題についてのいくつかの質問を用意する。そして、それぞれの質問に対して、3～9段階の程度を尋ねる反応尺度を構成する。通常は、5点尺度の選択肢とすることが多い。5点尺度には、以下のような2通りの選択肢がある。

(a) あてはまらない（1）
　　あまりあてはまらない（2）
　　どちらともいえない（3）
　　ややあてはまる（4）
　　あてはまる（5）

(b) あてはまらない　1・2・3・4・5　あてはまる

　すべての質問項目の得点を合計したものが、測定対象に対する態度を表す全体的な指標となる。クラス全体や学校全体の結果を因子分析することによって、いくつかの下位因子からなる態度尺度を構成することも可能である。

質問項目の言い回しをチェックする

　以下に挙げたのは、適切とはいえない質問項目の例である。なぜ適切ではないかの理由について、確認しなさい。

1　理科の教科書は十分な情報が含まれていて、興味深いものですか？
　　　　　　　　　いいえ　1・2・3・4・5　はい
　これは、一度に2つの情報について尋ねる二重の意味をもつ質問である。回答者が理科の教科書について、十分な情報をもっているけれども退屈だ、あるいは興味深いけれども情報が不十分だ、と考えるような場合、混乱を生じることになる。

2　健康にとって良い習慣というのは、必要なことだと思いませんか？
　　　　　　　　　いいえ　1・2・3・4・5　はい
　この質問には、すでに望ましい回答が含意されている。

3　あなたはいまだに試験に失敗していますか？
　　　　　　　　　いいえ　1・2・3・4・5　はい
　この質問は、解答者がこれまで試験に失敗してきたという状況を前提として含んでいる。

4　先生の授業は「しみったれて」いますか？
　　　　　　　　　いいえ　1・2・3・4・5　はい
　解答者の多くは「しみったれた」ということばの意味を知らないかもしれない。この質問は、「しみったれた」ということばが不明瞭であるために、意味が曖昧となっている。

5　「歴史」を学ぶことは望ましいことだと思いますか？
　　　　　　　　　いいえ　1・2・3・4・5　はい
　「望ましい」ということばは、あまりにも一般的に過ぎる。

6　健康にとって良い習慣を学ぶことは、通常、寿命を延ばしますか？
　　　　　　　いいえ　1・2・3・4・5　はい
「通常」ということばはあまりにも漠然としており、すべての人が共通した認識をもっているわけではない。

7　「歴史」の授業は進歩的過ぎると思いますか？
　　　　　　　いいえ　1・2・3・4・5　はい
「進歩的」ということばは二重の意味をもっている。それは政治的革新性を意味することもあるし、きわめて寛大であることを意味する場合もある。

8　「社会科」にはナショナリズムによる偏向があると思いますか？
　　　　　　　いいえ　1・2・3・4・5　はい
「ナショナリズムによる偏向」ということばは感情的で、妥当な回答を得るのに相応しいものではない。感情的に負荷のかかったことばは回答を歪めることになるし、特定の方向へと回答者を偏らせることにつながる。

9　すべての高校生が「数学」の上級コースを履修すべきではないと思いませんか？
　　　　　　　いいえ　1・2・3・4・5　はい
この質問は二重否定であり、混乱を招きやすい。

10　あなたの「数学」のクラスでは、競い合うことが強調されていますか？
　　　　　　　いいえ　1・2・3・4・5　はい
これは数学の授業で競争が強調されることを見越した、誘導的な質問である。

11　あなたがこれまで受けてきた「英語」の授業で、最悪だと感じた授業を思い浮かべて下さい（どの授業かを特定する必要はありません）。率直かつ手短に、どのように最悪だったかを書いて下さい。
（　　　　　　　　　　　　　　　　　　　　　　　　　　　　　　　　　　　）
この質問は文章が長くて難解であることから、誤解を生みやすい。また、言外の仮定を含み、先行する状態を前提としてしまっている。そこでは、回答者がこれまでにいくつかの英語の授業を受けており、しかもその中に「最悪の」授業のあったことが前提とされている。回答者は、その質問に答えるのに必要な情報が与えられていないということになる。

12　この国でもっとも優れた「保健」の授業が行われている地域は、次のうちどこですか？
　　　　　　　（　）中西部　（　）北西部　（　）西部

この質問の回答の選択肢は不完全であり、すべての地域を網羅する必要がある。このままでは回答できない場合がでてくる。

13　次に掲げた都市のうち、どこがもっとも好きですか？
　　（　）ケベック（　）ブリティッシュコロンビア（　）マニトバ（　）カナダ
　　これらの選択肢は等価ではない。カナダは他の3つをすべて含んでいる。

14　「理科」の授業の教え方は次のうち、どれでしたか？
　　（　）わかりにくい　（　）わかりやすい　（　）満足のいく　（　）優れた
　　これらの選択肢は間隔が均等になっていない。

15　あなたは「数学」が好きですか？
　　　　　　　　　　　　（　）いいえ　（　）はい
　　この質問の問題点は、回答が制限されるという点にある。どちらでもないとしたら、どう答えたらいいだろうか。

16　あなたは何歳ですか？
　　　　　　　　　　　　（　　　）歳
　　これは私的な質問であり、回答者が困惑し、答えるのを躊躇したり、抵抗したり、ごまかしたりするかも知れない。

質問内容を決める（言い回しを除く）

1　質問紙調査の実施目的を明らかにする。目的には、どのような情報を得たいと考えているか（すなわち、サンプリングの対象とする情報領域）が示されているはずである。
2　その情報領域に関連した質問項目を作成する。そして、以下の基準を参照して質問項目の出来をチェックする。

基準（1）：その質問項目は必要なものか
　a. その質問項目は、すでに他の質問で尋ねているものでないか。
　b. 必要以上に細かな情報を聞いてはいないか。

基準（2）：その質問項目はあまりにも多くのことをカバーしてはいないか
　a. その質問項目はもっと細分化すべきではないか。
　b. その質問項目は意図した領域を適切にカバーしているか。
　c. 回答を解釈するための追加的な質問になってしまってはいないか。

基準（3）：回答するにあたって必要とされる情報を回答者はもっているか
　a. 回答者がまったく答えられなかったり、信頼できる回答ができないような質問になってはいないか。
　b. ある回答者には答えられるが、別の回答者は答えることができないような質問ではないか。
　c. 異なる対象者に調査する場合、質問内容を修正する必要はないか。

基準（4）：質問項目をより具体的で、回答者の経験に密接に関わるものにする必要はないか
　回答者が"普段"していることではなく、最近あった特定のできごとについて尋ねているものか。

基準（5）：質問内容が特定の対象のみに関わるものではなく、十分に一般性のあるものとなっているか
　回答は、特定の態度を示しているように見えても、一般的な態度を表したものとなっているか。

基準（6）：質問内容がある方向へと偏ったものになっていないか
　異なる考え方をもつ人にも公正であると見なされる質問内容になっているか。

基準（7）：回答者は求めようとしている情報を答えてくれるだろうか
　a. 質問があまりにプライベートなことにわたっていたり、困惑させる内容であったり、回答に抵抗を覚えるようなものになってはいないか。
　b. 質問が感情面での悪影響を与えたり、回答を偽ったりすることにつながるものではないか。

質問項目の配列

　質問紙調査（あるいはインタビュー調査）は、質問項目の一連の系列から成り立っている。その系列の順序は、反応が偏ることのないように配列されていなければならない。質問項目を順序よく並べるためには、さまざまなフィルター項目（該当対象を選別するための質問）を用いた、"漏斗型"の構成をする必要がある。漏斗型の構成とは、大局的な内容の質問から始めて、徐々に質問内容を狭めていき、最後に具体的な内容について尋ねる、というものである。たとえば、文法を学ばなければならないために英語の授業が嫌いになっているかどうか、について知りたいと考えたとしよう。その際、次のように、知りたいと思っていることを最初からダイレクトに尋ねるべきではない。

Q1：英語の授業は、文法の勉強があってとても大変だと思いますか？
Q2：文法の学習が苦手だから、英語の授業を受けるのをやめたいと思いますか？

こうした著しく誘導的な質問は、生徒が英語の授業を受けたくない他の理由を排除してしまう可能性がある。もし生徒が質問の真意に気づく前に、文法の学習があるために英語の授業を避けていることを自発的に述べることになったとしたら、価値ある情報となるだろう。したがって、質問内容としてはかなり広いところから始める方が望ましい。たとえば、

Q3：時間割の中で、英語についてはどのように思いますか？
Q4：英語の授業をたくさん受けている生徒について、あなたはどう思いますか？

　上記のそれぞれの質問は、文法の話題についても自発的に言及する機会を与えるものになっている。次には、もう少し限定された内容について尋ねることになる。

Q5：今年はどんな英語の授業を受けていますか？
Q6：昨年は英語の授業をいくつ取りましたか？
Q7：あなたは英語の授業を友だちにも勧めますか？

　もしこれらの質問に対する返答が否定的な場合には、「それはなぜか」を聞いてみるべきである。そうすれば、文法についての話題が自然に出てくる可能性があるだろう。その後、質問の内容をさらに狭めていく。

Q8：英語の授業に何か好きになれないことがありますか？
Q9：英語の授業を受けていて、何か困難な点がありますか？
Q10：なぜ一部の生徒たちは英語の授業を嫌がるのでしょうか？

　文法の話題については、まだ直接触れられていないことに注意してほしい。最後に、できるだけ間接的なしかたでその話題に言及する。

Q11：ある生徒たちは、文法の勉強があるために英語の授業は大変だと考えているのに対して、別の生徒たちは文法の学習は英語の授業の役に立つし、興味深いので外すわけにはいかない、と考えています。あなたはどう思いますか？
Q12：あなたは、文法の勉強があるために英語の授業は大変だと思いますか、それとも文法の学習は英語の授業の役に立つし、興味深いので外すわけにはいかないと思いますか？

　このように質問を進めていくことによって、知りたいと思っている情報を自発的な返答によって得る可能性が高まるだけでなく、いかなる要因が英語の受講傾向を規定するかという文脈で、英語の授業と文法の問題を考えることもできる。この文脈とい

うのがとても大切で、英語の授業を避ける重大な理由が、文法以外にあるかも知れないからである。

　ある人たちに関わりのない質問項目があった場合、特定の質問系列からその人を除外するためのフィルター項目を用いることになる。上の例で、英語の授業の履修登録に関する事実について尋ねたいとしよう。当然のことながら、もしある生徒が英語の授業を履修していたとしたら、なぜ英語の授業を受けないのかについて尋ねることは意味がないことになる。

Q1：あなたは今、英語の授業を履修していますか？
Q2：あなたは去年、英語の授業を履修しましたか？

　もしこれらの質問に対して「はい」と答えた生徒は、続くいくつかの質問を飛ばして、次の質問系列に進むことができる。
　質問紙調査（あるいはインタビュー調査）では、(a) 回答者に先入観を植え付けること、(b) もっていない態度をもっているかのように仄めかすこと、は避けなければならない。いかなる論題であれ、最初は自由回答による質問から始めて、後の段階でより構造化された、選択肢による質問を課すようにすべきである。
　質問項目はしばしば、項目内容もしくは回答の形式によってグルーピングされる。英語に対する態度に関する項目が一緒にまとめられたり、すべての多肢選択項目が1つのグループにまとめられたりする。もしあらゆる質問項目の重要性や内容が等しくて、グループとしてまとめる基準が存在しない場合には、一般にランダムな配列とする。
　次の基準は、ある系列内に質問項目をどう配置するかを決める際に、助けとなるものである。

1　冒頭には威圧的でない、ごく一般的な質問が置かれているか。
2　その質問に対する回答は、すぐ前にある質問の内容に影響を受けてはいないか。
3　質問項目は心理的序列に沿って正しく配列されているか。
4　質問項目の位置は、興味喚起、注意喚起、心理的抵抗の回避という観点から、早過ぎたり遅過ぎたりしていないか。
5　質問は、項目内容もしくは回答の形式によってグルーピングされているか。
6　もしあらゆる質問項目の重要性が等しくて、順序性も存在しない場合には、ランダムに配列されているか。
7　必要な場合には、フィルター項目が適切に用いられているか。
8　質問項目は、最初は一般的な内容から、最後は具体的な内容へと、漏斗型の配列になっているか。
9　個人的な内容の質問項目は、末尾に置かれているか。

質問紙のレイアウト

1　質問紙の内容の特徴を表すタイトルが表紙に太字で書かれているか。
2　教示文が簡潔かつ明瞭に記されているか。
3　頁番号が付されているか。
4　質問紙の見栄えは、回答者に「時間と労力を使っても回答しよう」と思わせるものになっているか。
5　質問紙のレイアウトは、回答が集計しやすいものになっているか。
6　項目数が多い場合、つけ間違いを防ぐために、3項目ずつに区切って表示するなどのレイアウトになっているか。

質問紙の全体形式

　質問項目を構成したら、それらを質問紙に配置していく必要がある。質問紙の全体的形式は、生徒が真摯に取り組んでくれるかどうかに影響する重要な要因である。質問紙の完成度を評価する一般的な指針は、次のようである。

1　質問紙は、興味深く回答がしやすい質問項目で始まっているか。
2　質問紙はいかにも専門的だと感じさせる見栄えになっているか。
3　質問紙は、回答者を最後まできちんと取り組もうという気にさせるものか。
4　質問紙には、必要に応じて、簡潔で正確な教示が記されているか。
5　回答形式は、実施後の結果の集計やデータ入力がしやすいものになっているか。
6　回答者がすべての項目に回答することができるか。

表10-1 「歴史」の授業についての態度測定項目例

> 「この授業についてのあなたの考え」
>
> 　次のそれぞれの質問に率直に答えて下さい。回答漏れのないように気をつけて、すべての問いに回答すること。
>
> 1　「歴史」の授業全般について、あなたはどう思っていますか？
> 　　（　　　　　　　　　　　　　　　　　　　　　　　　　　　　　　）
> 2　「歴史」は、あなたにとってどのような教科ですか？
> 　　（　　　　　　　　　　　　　　　　　　　　　　　　　　　　　　）
> 3　誰かが「歴史」を生涯にわたって勉強するよう勧めてくれたら、あなたはどのように答えますか？
> 　　（　　　　　　　　　　　　　　　　　　　　　　　　　　　　　　）
> 4　あなたは「歴史」の授業が好きですか？
> 　　　　　　　　　　（　　）はい　　（　　）いいえ
> 5　あなたは他の「歴史」の授業も履修しようと思いますか？
> 　　　　　　　　（　　）はい　　（　　）いいえ　　（　　）わからない
> 6　あなたは「歴史」についてもっと学びたいと思いますか？
> 　　　　　　　　　　学びたくない　1・2・3・4・5　学びたい
> 7　「歴史」の授業について、あなたの意見にもっとも近い番号に○印をつけて下さい。
>
> 　　　　　　　　　　　　　　　「歴史」
> 　　　楽しくない　　1・2・3・4・5　　楽しい
> 　　　面白くない　　1・2・3・4・5　　面白い
> 　　　価値のない　　1・2・3・4・5　　価値のある
> 　　　　　　古い　　1・2・3・4・5　　新しい

学校生活に関する標準態度尺度

　教育方法や指導案が生徒の態度的側面や価値観に及ぼす影響について、学校レベルや地域レベルで評価しようとする場合には、妥当性や信頼性が確立された尺度項目を用いる必要がある。学校生活に関する態度尺度（Johnson & Johnson, 1983）は、83項目からなるリッカート型の質問紙で、各項目について「あてはまる」から「あてはまらない」まで5段階で評定を求め、1点から5点を与えて得点化する方法で実

施する。この尺度は全部で16の因子から構成されている。それぞれの因子とその内容、因子ごとの具体的項目については、表10-2に示した通りである。こうした調査項目は、生徒たちの学習環境の実態に関する情報を収集するために用いることができる。

態度にもとづく意思決定

もし学校が価値観について教えないとしたら、結果的に価値観を否定することになる。
ゴードン・オルポート（1897～1967　米心理学者）

教師作成の質問紙や標準態度尺度によって収集された態度データは、生徒の学習や指導の改善方法の策定を促すためにまとめられる。その手順は次のようである。

1　回答を得点化する。
2　クラス全体およびグループごとの平均値を算出する。
3　クラス、それぞれの協同学習グループ、個々の生徒にフィードバックする内容をまとめる。
4　生徒に結果をフィードバックし、教科や授業での取り組み、学習自体に対する態度を向上させるための計画立案を支援する。
5　学習グループに結果をフィードバックし、教科や授業での取り組み、学習自体に対するメンバーの態度を向上させるための計画立案を支援する。
6　教師たちに結果をフィードバックし、(a)学習指導の質、(b)教科や授業での取り組み、学習自体に対する生徒の態度を向上させるための具体的な働きかけの質、を改善するための計画立案を援助する。

本章のまとめ

態度というのは、人やこと、もの、考えに対して積極的であったり消極的であったりする、学習された反応である。態度はもっとも重要な指導目標の1つであり、生徒がその教科を学び続けるかどうか、教科に対する興味を失わないかどうか、その教科を避けるようにならないかどうか、に大きく影響するものである。生徒の態度を査定するにあたっては、(a)どのような態度を測定対象とするのかを決定し、(b)質問項目を構成し、(c)必要に応じて標準尺度項目を選び、(d)単元や学期、年度の始めと終わりに調査を実施し、(e)関係者へのフィードバックのためにデータを分析してまとめ、(f)適宜フィードバックを与えて、(g)結果を指導案の改善のために活かしていく。

どのような態度を査定するかの決定に際しては、教科、用いられた指導法、学習全般に対する態度を加えておく。次に、自由回答、択一式、あるいはSD法による質問項目を作成する。それぞれの質問項目については、文章の言い回しを整えて、自由回答（空欄を埋める、もしくは自由記述）あるいは択一式（二者択一、多肢選択、順位づけ、尺度評定）のいずれかで回答を求めるようにする。そして、質問項目を適切に配列し、魅力的なレイアウトに編集する。表10-2に示した「学校生活に関する態度尺度」のような標準化された質問項目は、幅広い態度の測定に用いられることが多い。

表10-2：学校生活の態度測定尺度

◎……他の尺度因子との重複項目
★……逆転項目

態度測定尺度は、それぞれの項目について、各自にあてはまる程度を「あてはまる」「ややあてはまる」「どちらともいえない」「あまりあてはまらない」「あてはまらない」の5段階で回答を求めるものである。	
(1) **協同的な学習**：仲間との協同的な取り組みに対する好意的な態度や肯定的な態度	・自分の考えや教材を仲間と共有し合うことが好きだ。 ・仲間から大切なことを学んでいる。 ・仲間の学びを手助けすることが好きである。 ・それが有効だと思うときには、アイデアや教材を仲間と共有しようとする。 ・お互いに助け合って学ぶということは、いい考え方だと思う。 ・仲間と協力して取り組むことが好きである。 ・私たちは仲間からたくさんの重要なことを学んでいると思う。
(2) **目標の互恵性の認知**：目標の達成は協同による成果であり、与えられた課題をすべてのメンバーが学ぶべきとする認知	・グループで一緒に学んでいるとき、全員が課題に取り組んでいることを常に確認する。 ・グループで一緒に学ぶときは、全員が課題を達成するまで活動は終わりではない。 ・グループで一緒に学ぶときは、全員が基準点以上を取ったらみんなにボーナス点が与えられるといい。 ・グループで一緒に課題を達成するためには、教材を共有すべきである。◎ ・グループで一緒に課題を達成するためには、みんなのアイデアが必要だ。◎ ・グループで一緒に学ぶときは、自分が上手く課題を達成できるかどうか、他のみんなに知っていてほしい。◎
(3) **学習資源の相互依存性**：教材の共有や労力の分担、各メンバーがもつ異なる情報に対する認知	・グループで一緒に学ぶときは、全員の貢献がなければ課題の達成は不可能だ。 ・グループで一緒に学ぶときは、全員が教材を共有しなければ課題の達成ができないように、教師は別々の情報を生徒に分配するのが良い。 ・グループで一緒に課題を達成するためには、教材を共有すべきである。◎ ・グループで一緒に課題を達成するためには、みんなのアイデアが必要だ。◎ ・グループで一緒に学ぶときは、自分が課題を上手く達成できるかどうか、他のみんなに知っていてほしい。◎

項目	質問文
（4）教師による学業の支援：教師が生徒の学びをどのくらい気にかけ、援助しようとしているか、についての認知	・先生は、私がどれだけ学んだか気にかけてくれている。 ・先生は私の学習を積極的に手助けしてくれる。 ・先生は私の学習をいつも見守ってくれる。 ・先生は、私が最善を尽くして課題に取り組むことを望んでいる。
（5）教師による生徒の支援：教師が個々の生徒をどのくらい気にかけているか、についての認知	・先生は私のことをいつも気にかけてくれる。 ・先生は、私の支援者であることが大事だと思っている。 ・先生は、他の生徒と同じように私にも好意的である。 ・先生は私の気持ちを大切にしてくれる。
（6）生徒による仲間の学習支援：クラスの生徒たちが仲間の学びをどのくらい気にかけ、助け合おうとしているか、についての認知	・私が最善を尽くして課題に取り組むことを仲間のみんなは望んでいる。 ・他の生徒たちは、喜んで私の学びを手助けしてくれる。 ・他の生徒たちは、私がどれだけ学んだか気にかけてくれる。 ・他の生徒たちは、私が毎日登校することを望んでいる。
（7）生徒による仲間の支援：クラスの生徒たちが仲間をどのくらい気にかけ、親愛の念をもっているか、についての認知	・他の生徒たちは、私の大切な味方である。 ・他の生徒たちは、ありのままの私に好意的である。 ・他の生徒たちは、私の気持ちを大切にしてくれる。 ・他の生徒たちは、仲間と同じように私に好意的である。 ・他の生徒たちは、私のことをいつも気にかけてくれる。
（8）クラスの凝集性：クラスの生徒たちがどのくらい仲間意識をもち、お互いに親愛の念を抱いているか、についての認知	・このクラスには私の親友がいる。 ・このクラスの仲間と一緒に活動するのが好きだ。 ・このクラスの生徒はみんなお互いのことをよく知っている。 ・このクラスでは、みんなが友達だ。 ・このクラスでは、一人ぼっちになることがある。◎★
（9）学業面の自尊感情：自分が良い生徒であり、学習への取り組みも頑張っているという意識	・学校では、自分が思ったようにはものごとが上手くできない。◎★ ・学校の課題は、容易にやり遂げることができる。◎ ・テストを受けるときはいつも、出来が悪いのではないかと心配になる。◎★ ・学校での勉強には自信がある。 ・私はいい生徒だと思う。◎
（10）公正な成績の付与：生徒が自分の努力や達成度に見合った成績を与えられているという実感	・このクラスでは、ベストを尽くせば誰もが良い成績を取ることができる。 ・このクラスでは、一生懸命にやればみんな成功することができる。 ・このクラスでは、それぞれの生徒に見合った成績が与えられている。 ・私の成績は、妥当なものだと思う。 ・ときどき、成績の付け方が公正ではないと感じる。◎★

(11) 社会的賞賛の獲得・外発的動機づけ：教師や保護者、仲間たちに喜んでもらっているとする、生徒の意識	・私は、先生に喜んでもらうために勉強している。 ・私は、クラスの仲間に期待されているから勉強している。 ・私は、両親に喜んでもらうために勉強している。 ・私は、先生に怒られないようにするために勉強している。 ・私は、クラスの仲間に好かれるために勉強している。	
(12) 疎外感：学校やクラスの仲間、学習活動との間の距離感	・学校では、自分が思ったようにはものごとが上手くできない。◎ ・クラスでは、自分の考えをはっきりと伝えることが難しい。 ・学校の課題は、容易にやり遂げることができる。◎★ ・今以上に、仲間と上手くやっていかなければならないと思う。 ・テストを受けるときはいつも、出来が悪いのではないかと心配になる。◎ ・ときどき学校で落ち込むことがある。 ・クラスで質問することができなかった疑問がたくさんある。 ・このクラスでは、一人ぼっちになることがある。◎ ・私はいい生徒だと思う。◎ ★ ・ときどき学校で気が動転してしまうことがある。 ・ときどき、成績の付け方が公正ではないと感じる。◎	
(13) 多様な仲間との学習：異質で多様な仲間と一緒に活動することは有益で楽しいとする意識	・自分と同じレベルの仲間からの方が学ぶべきことが多い。★ ・自分とは違った仲間とグループになって学ぶことが好きだ。 ・自分とは違った仲間とグループになって学ぶ方が楽しい。 ・自分とは違った仲間とグループになる方が、多くを学ぶことができる。	
(14) 建設的な論争：意見の違いや対立は必然的なものであり、建設的に解決することができるとする意識	・他の生徒と議論することによって、新たな学びが得られる。 ・仲間と議論するより、一人で勉強していたい。★ ・自分とは違った意見に出会えるグループが好きだ。 ・仲間と議論し合うと不快になってくる。★	
(15) 競争による学習：仲間と競い合うことを好ましいと肯定する態度	・誰が一番になるか、挑戦するのが好きだ。 ・2番手に甘んじるのは好きではない。 ・他の生徒に打ち勝ったとき、幸福感を感じる。 ・他の生徒と競争することは、学習にとって良い方法だ。 ・他の仲間より良い成績を取るために勉強している。 ・誰がトップかを知るために、競争するのが好きだ。 ・他の生徒より優れたいと思う。 ・クラスで一番になりたいと思う。	
(16) 個別による学習：自分ひとりで学ぶことを好ましいと肯定する態度	・勉強は自分自身ですることが大切だ。 ・勉強は自分で机に向かって一人でするものだ。 ・勉強中は、他の生徒と話し合ったりはしない。 ・勉強は自分だけでするものである。 ・勉強を全部一人でしなければならないとしたら、気が重くなる。★ ・授業で他の生徒と一緒に課題に取り組むのは好きではない。 ・一人で取り組むよりも、グループで活動する方がよい。★ ・他の生徒と一緒に作業することが好きだ。★ ・一人でやった方が、いい結果が得られる。 ・学校では、他の生徒と一緒にやるより、一人で取り組む方だ。	

第11章 インタビュー

インタビュー法とは

　前章で述べた質問紙法と密接に関連しているのが、インタビュー法（面接法）である。インタビューは、インタビューする人（教師）とインタビューされる人（一人以上の生徒）との間で交わされる、ことばによる質問と返答からなる個別の対面的なやり取りである。インタビューの相手は、生徒一人のこともあるし、生徒のグループを対象とすることもある。インタビューはそれをする人とされる人の間で行われる個別的、対面的な相互活動であること、そして、得られるデータがことばであるという点が、インタビュー法の長所と短所を規定することになる。インタビューは、授業や単元に入る前、その最中、終了後に行われる。インタビューの対象となるのは、読んだ書物や実行したプロジェクト、完成させた研究レポート、作成した動画、実施した社会見学、聴いた講演、書き上げた作文、観てきた芸術作品、聴いた音楽、学んだ外国語、解決した問題、実施した科学実験、構成したポートフォリオなど、さまざまである。

　インタビューでは、インタビューする人とされる人の両者が、共に質問をやり取りする場にいるということが、質問紙法との主要な相違点である。したがって、質問とそれに対する返答ははっきりと伝えられ、誤解が生じたときはすぐに見つけて、解消することができる。インタビューする人は、生徒や生徒が返答する場の状況を把握することが可能である。インタビュー法の問題点としては、質問のしかたと返答の記録のしかたが主観的になりがちであるという点だろう。

　インタビューは、そこに含まれる質問のタイプに応じて構成される。質問のタイプとは、択一式質問と自由回答による質問である。択一式の質問は、回答の選択肢がはっきりしていて、限られた数であることがあらかじめわかっている場合に用いられる。これは、事実にもとづく知識や情報を得るのに適している。択一式質問の利点は、(a) 理解がしやすいこと、(b) 実施が容易であること、(c) インタビューする人ではなく、される人に判断が求められること、(d) 手早く分析ができコストもかからないこと、(e) 関連のない回答を排除できること、である。他方、欠点としては (a) 本来の知識や意見を反映していない答を回答者に強いることがある、(b) 重要な選択肢を欠いていることがある、(c) 選択肢が回答者によってさまざまに解釈される可能性がある、などがあげられる。

　自由回答による（オープンな）質問は、複雑な話題が取り上げられるような場合、関連の及ぶ範囲が明らかになっていない場合、生徒の知識や推論過程に探りを入れることがインタビューの目的であるような場合に用いられる。おそらく、生徒が教科内容や課題を理解しているかどうかを確かめる最善の方法は、彼らが知っていることを直接尋ねてみることだろう。自由回答による質問の利点としては、(a) 生徒の推論に

ついての情報を提供してくれること、(b) 特定の選択肢が与えられることによるバイアスがかからないこと、(c) 回答をはっきりさせたり、確認したりする機会があること、などがあげられる。反対に欠点としては、(a) 実施が容易でないこと、(b) インタビューする人に技量と幅広い訓練が求められること、(c) 複雑で解釈が難しい回答のあること、がある。

なぜインタビューを行うのか

インタビューは重要な査定手段であると同時に、学習指導の方法でもある。査定ということについていえば、インタビューは、生徒の学習活動や理解の程度、推論過程、メタ認知的思考過程、記憶保持に関する情報を与えてくれる。インタビューは、あらゆる年齢段階、あらゆる能力レベルの生徒を対象として行われる。また読み書きのできない就学前児や小学校低学年の子どもに対しても、インタビューによって査定することができる。テストには表れてこない動機づけの低い生徒の学習についても、インタビューでの査定が可能である。読み書きの能力に困難がある識字障害をもつような子どもにとって、インタビューによる口頭試問は、彼らの学習について知り得るとりわけ有用な方法だろう。"紙と鉛筆"によるテストでは、そうした生徒の実際の理解度を過小評価しやすい傾向があるからである。口頭によるインタビューを通して、生徒の真の達成水準を把握することができる。

また、インタビューは学習指導の手段として、(a) 生徒の思考を明確にし、(b) 学習活動についてふり返り、(c) 新たな理解レベルへと導き、(d) 自分たちのアイデアの貴重さに気づき、(e) 自らの達成の真価を認め、(f) さらなる目標を設定することを助けてくれる。たとえば、ソクラテスの問答法は、生徒をより深い理解へと導いてくれるインタビューの古典的な手段であるといえよう。

◆ソクラテス式問答法

紀元前390年頃のアテネの街角にあなたが佇んでいる、と想像してみてほしい。ちょうどソクラテスに出会ったとき、あなたは明日のパーティに誘うデートの相手を誰にしようかと思案していたところだった。ソクラテスはあなたに質問を投げかけた。明日のデートの相手を誰にするかという一大事にあってそれどころではないと、彼はそっけなくことばを返した。ソクラテスはそれを聞き、また次の質問を投げかける。あなたは彼にもう立ち去ってくれと言ってみるものの、彼は質問をくり返す。あなたがそれに答えると、彼はすぐまた新たな質問を返してよこす。そのうち、彼の質問が面白く思えてきて、自分が興味をそそられていることに気づいた。ソクラテスはあなたが答えるのを待っている。2、3の回答についてことばを交わした後に、ついにあなたは最善の答を見出した。「なるほど！」と彼は言った。「これはとても面白い答だ。

もし君の言っていることが正しいとしたら、地球は丸いということになるはずだ。でも君が草原を見渡したとき、平に見えるだろう。その矛盾をどうやって解消するつもりだい？」。ここに至って、あなたは彼の虜になってしまう。あなたは考える。彼は待っている。あなたはさらに考えを進め、彼はさらに待つ。そして最後にあなたは答える。「地球はとても大きいので、自分が見ている野原はちっちゃ過ぎて、丸さを感じ取ることができないんだよ」。「それは素晴らしい仮説だ」。ソクラテスはそう言って、次のように続けた。「明日のパーティは取りやめにして、その素晴らしい仮説をもっと展開させたらどうだろう」。この問題を解き明かすことがパーティに出かけるよりずっと興味深くなって、あなたもまったく同じ気持ちになっていた。ソクラテスが立ち去ろうとするとき、あなたは大声で尋ねた。「なぜあなたは、地球が大きくて丸いんだってことを、最初から教えてくれなかったんですか？」「私は既成の観念を生徒の心に植え付けることができるなんて、信じていないんだよ」とソクラテスは答えた。「生徒が学ぶことのできる唯一の方法は、質問に導かれて自分自身で答を発見することなんだ」。

　これはソクラテス（紀元前470年頃～紀元前399年）が実際に行っていたことの例え話だが、生徒との直接的な問答こそが思考を引き出し、自らの知恵の発見に導いてくれる方法なのだ、と彼は信じていた。彼は問答法を通して生徒自身の認知的葛藤を引き出したが、このことが生徒の次なる探求を動機づけることにつながっていく。要するに、ソクラテス式指導法は、生徒の推論過程における矛盾や葛藤に光を当てて、より深い思考を巡らすことへの動機づけを高めようとする、会話によるインタビューなのである。

CLICK! ⑲　ソクラテスのインタビュー法

1　探究の対象とするトピックを選ぶ。
2　インタビューを始めるにあたり、生徒がそのトピックについて何を知っているかに関する一般的な質問を2～3問用意する。
3　最初の一般的質問が終わったら、発言の中にある矛盾や対立点、反対意見を見つけ出して、生徒が何を知っているかを明らかにする。
4　生徒の推論に含まれる対立を浮かび上がらせるような補足質問を行う。それによって、生徒が矛盾点に気づくように仕向ける。
5　生徒が自分の知っていることを詳しく分析し、教材をより深く洞察して、その矛盾を解決するまでインタビューを続ける。
6　生徒がさらに読んだり調べたりできる資料や教材を紹介して、インタビューを締めくくる。

生徒を深い洞察や優れた概念枠組へと導くことによって、"自分自身の知恵"を学ばせると同時にその理解度を査定するという連携した働きが、インタビューをもっとも重要な査定方法の1つにしている。インタビューでの直接的な問答は、最善を尽くして、正確で揺るぎのない情報を集め、態度や信念を再確認し、複雑な推論に取り組み、明確な伝達を心がけるよう生徒を動機づけるとともに、疑問の解明へと彼らを導く機会を与えてくれる。インタビューは、査定場面を教師がしっかりとコントロールできる方法であると同時に、もっとも柔軟性のある査定や指導の方法なのである。

　おそらくインタビュー法の最大の利点は、生徒と教師の間に肯定的な関係を築く機会を与えてくれるという点だろう。直接的な対面しての相互交渉によって、生徒との間に人間的、積極的、支援的で、信頼にもとづいた関係が生まれてくる。支持的な関係性は、クラスや学校の学習風土の改善をもたらす。そして、仲間関係の規範を形成し、親近感を醸成するとともに、教師に対する親しみ易さを作り出してくれる。

インタビューはどのようにするのか

　生徒にインタビューするもっとも簡単な方法は、択一式の質問項目を構成して、それを読み上げて回答を記録するというものである。この手続きは、それぞれの質問に対して生徒が答えることを保証してはくれるが、インタビュー法の強みや柔軟性を十分に活かすことはできないかも知れない。

　焦点化インタビュー（半構造化インタビュー）では、最初に大まかで一般的な質問をして、次第により詳しく具体的なことがらについて尋ねていくというように、漏斗型に一連の質問を組み立てる。インタビュアーは、予期しなかった方向へと自由に探りを入れたり、掘り下げた質問をすることができる。まず最初に聞くことだけを考えておき、次からはインタビューされる生徒の返答に応じて尋ねることになる。それぞれの生徒の前の回答にしたがって次の質問がなされることから、一人ひとりにインタビューする内容は異なったものとなる。たとえば、教師がシェークスピアのリア王の解釈について尋ねるような場合、生徒の回答内容に伴って、だんだんとその戯曲に対する考えや印象を求めるような質問に移っていくかもしれない。

　グループ・インタビューの主要な目的は、グループメンバー全員が課題を習得し、理解したかどうかを査定することである。グループ・インタビューはまず、集団内異質のメンバーからなる、協同学習グループを編成することから始まる。そして、月曜日に一組の質問をグループに与える。それらの質問にすべてのグループメンバーが答えられるように指導を行うとともに、それぞれの授業では質問に答えるための練習時間がグループに与えられる。木曜日と金曜日には、次のような手続きにしたがって、口頭試問が行われる。

　教師はグループに面会して、ランダムに選んだ一人のメンバーに、ある1つの質問

の回答を求める。その質問への回答が終わると、次に他のメンバーが回答を行う。その回答が「十分なものか否か」を判断して、別のメンバーに次の質問を行う。この手順をすべての質問が終了するか、あるいはグループとしての準備が不十分だと判断されるまでくり返す。不十分だった場合には、メンバーの準備が整うまでもう一度課題に取り組み直すようグループに指示する。メンバーの回答に具体的な短所や長所が見つかったときには、適切な指導を行う。首尾よくテストに合格したら、そのグループのメンバー全員に同じ成績が与えられる。グループ・インタビューの利点の1つは、それぞれの生徒と対している間に、彼らの学習レベルを容易に試してみられることである。反対に欠点としては、(a)歪んだ回答の連鎖反応が起こったり、(b)グループが個人の自由を抑制したりする可能性のあることである。

CLICK! ⑳ インタビュー実施上の指針

1 生徒・教師間の関係が肯定的で、深い信頼で結ばれるような質問項目を構成する。信頼にもとづいた肯定的な関係によって、教師と生徒が互いに気兼ねなく自然に振る舞い、質問に率直に答え、意思疎通がスムーズにできるようになる。
2 質問は、(a)生徒が防衛的にならず、(b)生徒の明解な考えを引き出し、(c)自分の考えを発展させたり修正したりする機会を生徒に与え、(d)教師の考えを生徒に吹き込んだりすることなく、(e)特定の態度をもつよう生徒に強制しない、ような表現を考える。
3 簡単で、圧迫感のない質問によってインタビューを開始し、より複雑な質問や負担がかかりそうな質問は最後にとっておく。
4 質問は一般的なものから、詳細な内容のものへと進むようにする。
5 生徒からの十分な回答を引き出すために、身振りなどの非言語的な手がかりに留意する。ただし、過度に微笑んだり、頷きをくり返したりすることは避ける。
6 穏やかな態度で、生徒の優れた聞き役、共感的な聞き手になることを心がける。
7 生徒には、考えや答をまとめるための十分な回答時間を与える。決して彼らをせかすようなことがあってはならない。

インタビューにおける質問のタイプ

1 生徒がこれまでに学んだ情報、集めた情報を引き出すような質問
2 生徒たちが自分の回答に何か付け足すような質問
3 2つ以上の考えを順序よく結びつけるように促す質問
4 自分自身の考え方・進め方を説明するよう生徒を後押しする質問

5 　生徒に議論を促したり、互いに意見を聞いたりする気にさせるような質問
6 　話題と話題の間の関係について、証拠にもとづいて述べるように促す質問
7 　既有の概念を用いて新しい経験を説明したり、すでに学習した概念を新たな場面に応用することを促す質問

本章のまとめ

　インタビューは教師と一人の生徒もしくは生徒のグループとの間で行われる直接的なやり取りで、ことばによる質問と返答が交わされる。生徒は授業や単元の始まる前、途中、終了後にインタビューを受ける。インタビューには、択一式の質問や自由回答による質問を組み込むことができる。これは査定と指導という両方の目的のために使うことができる、きわめて柔軟な手法である。インタビューは、生徒が学んだこと、認知的な推論、メタ認知的思考、学習結果の保持を査定するために行われる。それと同時に、インタビューは、生徒が自らの考えを明確にしたり、新たな理解の域に達したり、学習をふり返ったり、自分のアイデアの価値に気づいたり、自らの成長の真価を認めたり、次なる目標を設定したりする役割ももっている。ソクラテスの問答法は、口頭によるインタビューを主要な指導方略として用いた格好の例である。インタビューはまた、生徒との間のより肯定的で支持的な関係、信頼で結ばれた関係を築くための方法でもある。

　インタビュー法は、択一式の質問項目を順次読み上げるような高度に構造化されたものから、徐々に詳細で具体的な質問を展開していく焦点化インタビューのようなものまで、幅広い。グループ・インタビューは、メンバーすべてが課題を習得したことを確認するために行われる。インタビューを実施する際の指針には、支持的でくつろげる雰囲気を生みだすこと、単純な質問から複雑な質問へ、一般的な質問から個別具体的な質問へと進むこと、考えや回答をまとめるにあたっては生徒に十分な時間を与えること、などが含まれる。インタビューには、これまでに学んだり集めたりした情報を尋ねる質問、回答に何か追加するような質問、いくつかの考えを組み合わせるよう促す質問、結論を実証的に述べるよう求める質問、既知の概念を新しい事態に応用することを促す質問、などがある。

Appendix 11-1

仲間への援助 "自己ベスト" について尋ねる
（インタビュー手順）

1　クラスの仲間の大事な学習を援助した中で "自己ベスト" だと考える経験について、その状況を説明してもらう。

2　援助の機会と取り組み
　（a）あなたの仲間はその学習の何に行き詰まっていたのですか？
　（b）あなたの援助はどこが良かったと思いますか？

3　代償と得たもの
　（a）援助にはどんな代償（時間、労力、学習材料）を払いましたか？
　（b）援助することによって何か得るものはありましたか？

4　学習への関わり
　（a）学習場面に臨む際はどのように意欲を高めてますか？
　（b）クラスの仲間を力づけるために何をしましたか？
　（c）仲間が学習に取り組んでくれるよう、あなたはどのようにしましたか？

5　称賛
　仲間の達成をどのように称賛し、共に学習に注いだ労力をどのように称え合いましたか？

6　仲間の学習を援助することから、あなたは何を学びましたか？

7　自分自身の経験について、あなたはどのように自分のことばでまとめますか？自分でもっとも上手く行ったと思う "自己ベスト" の経験を聞かせて下さい。

Appendix 11-2

「対立」報告用紙（インタビュー）

名前（　　　　　　　　　）　性別（　　　）　日付　　　／　／
学年（　　　）担当教員（　　　　　　　）教科（　　　　　　　）

「対立」に巻き込まれた人（　　　　　　　　　　）
「対立」に関係した相手　　（　　）友人　（　　）友人以外　（　　）見知らぬ人
　　　　　　　　　　　　　（　　）大人　（　　）きょうだい　（　　）その他

どのような「対立」でしたか？
_____
_____
_____

「対立」の起こった期日　　　　　／　　／
「対立」解消のためにどのような方策が試されましたか？
_____
_____
_____

「対立」は解消しましたか？　　（　　）はい　（　　）いいえ
どのような解決策でしたか？
_____
_____
_____

「対立」解消の方策について、どのように感じましたか？　あなたの気持ちにもっとも近い番号を選んで、〇印をつけて下さい。

　　　　残念な・やや残念な・どちらともいえない・やや満足な・満足な
　　　　　1　　　　2　　　　　　3　　　　　　　4　　　　5

結論：
_____
_____
_____
_____

第12章 学習記録と学習日誌

学習記録・学習日誌とは

　学習記録と学習日誌は、生徒たちが自らの学習経験を書きとめ、ふり返るための鍵となる手段である。学習記録は、学んだ教科内容についての概略を記録しておく、自己報告の手続きである。記載する事項は、授業や読書をする中で出てきた疑問、科学実験での観察結果、数学的問題の解法、教科書以外の読んだ本のリスト、宿題、あるいはその他の記録しておくべき内容である。学習日誌は学習した教科内容を物語風に記録したもの（ナラティブ）で、個人的に観察したこと、感じたこと、読書や出来事、経験したことの感想などが記される。学習日誌は、記録した人が学んだ内容やそれに関連する事項について、個人的に大切だと思った考えや文章を集成したものである。これらの記載事項は、ある授業で学んだことと他の授業や教室外の日常生活で学習したことを関連づけてくれる。学習日誌の記載内容は、学習記録よりも一般に説明的であり、より長く、自由気ままな記述となっている。

CLICK! ㉑ 学習記録・学習日誌を書く理由

学習記録や学習日誌は、次のような場面で有効な査定手段として活躍する。
1 　解決した問題、読了した本、取り組んだ宿題の数を記録する。
2 　授業、ビデオ、発表、社会見学、実験、読書課題などについて、(a) 中心となる考え、(b) 疑問点、(c) ふり返り、を記録する。
3 　教師や他の生徒によって提起された質問に対して返答をする。
4 　実験の進捗状況や天候の変化、学校や国内外の出来事を跡づけて、(a) 時間の経過に伴う変化を観察し、(b) 次にどうなるかを予測する。
5 　提出したアイデアを他の教科の内容と関連づける。
6 　今後のプロジェクトや論文、発表についてブレーンストーミングする。
7 　問題を発見し、その解決法を記録する。
8 　授業で学んだことを自分自身の生活に応用する。
9 　授業で学んだことを使って、自分自身の行為理論（与えられた状況でより望ましい成果を生むためには、どのような行為が必要かについての考え）をより明快に、より新しく、洗練させる。

学習記録・学習日誌をどう使うか

　学習記録と学習日誌は、一般に、形成的な評価の手段と考えられている。点数を与えたり、グレード評価をしたりするのは難しいかも知れないが、まったく不可能というわけではない。

1　単元内容に関連した学習日誌（もしくは学習記録）をつけるよう、生徒に求める。その際、学習日誌とは何かについて説明する。すべてのグループメンバーが基準を満たすように確実に学習日誌をつける、という協同的な学びの目標を強調する。

2　生徒たちに、いつ書き始めるか、どのくらいの頻度で書くのか、どの程度の長さで書くか、書いたものを仲間や教師とどのようにシェアするか、記載事項をどのように査定するか、書き終える最終期限はいつか、について知らせる。

3　完成した学習記録・学習日誌について、優れたものから劣っているものまでの見本、モデルを生徒たちに示す。生徒は、満足できる学習記録・学習日誌なのか否かに関する準拠枠組を身につけておく必要がある。

4　生徒たちに、(a) 学習記録や学習日誌を評価するための具体的な基準、(b) 優れている、中程度、劣っているという評価の指標、を身につけさせる。生徒には、教師や学校、行政がもっている標準的な評価基準を伝授する。

5　生徒に学習日誌もしくは学習記録をつけるよう求める。生徒たちの記入を手助けするために、指示を与えたり、見本を示したりすることがあるかも知れない。単元の最初の授業で記載内容を組み立ててもらい、次の時間に指示を与えたり、見本や手順を示したりする。生徒に示す記載例としては、次のようなものがある。

・興味深かった部分は…です。
・私の予想としては…。
・ここでの３つの重要な考え方とは…。
・私は…についてもっと取り組んでみる必要があると思っています。
・それに関連したアイデアとしては…。
・私は…についてさらに知りたいと思います。
・それについては…ではないかと考えています。
・私が仲間の学びを手助けした方法は…。
・私は…に興奮しました。
・私は…だと信じています。

6　学習記録・学習日誌の記載内容について、定期的に（たとえば、毎日、週２回、週１回など）協同学習グループのメンバーとシェアする。

7　一定期間ごとに、教師は学習記録や日誌を提出してもらい、記載項目の数や記載内容の質にもとづいたフィードバックや評価を行う。

8 あらかじめ決められた基準にもとづいて、生徒は自分の学習記録や日誌について自己評価する。
9 教師や協同学習グループの意見を参考にしながら、生徒は書き直すべき記事やポートフォリオに収めておく記事を選び出す。

学習記録・学習日誌を評価する

　学習記録や学習日誌の質を評価する方法には2つある。1つは、どれだけ優れているかという基準にもとづいて記載内容を評定する方法である。そのための4つのステップは、(a)質についての基準の数を決める、(b)その基準に対応した高い・中程度・低いなどの評価指標を作成する、(c)それぞれの基準にもとづいて、生徒の学習記録・日誌を評定する、(d)各基準の尺度得点から合計点を算出する、というものである。表12-1は評定尺度の例である。

表12-1　記載内容の質に関する評定尺度例

＜記載項目の数＞
1 ・・・・ 2 ・・・・ 3 ・・・・ 4 ・・・・ 5
記事なし　　　　　　少数の記事　　　　　　十分な記事
＜記事の長さ＞
1 ・・・・ 2 ・・・・ 3 ・・・・ 4 ・・・・ 5
1頁未満　　　　　　　1頁　　　　　　　　数頁
＜深さとその人らしさ＞
1 ・・・・ 2 ・・・・ 3 ・・・・ 4 ・・・・ 5
表面的・無個性の　　　中程度　　　　　　深い・個性的
＜思慮深さ＞
1 ・・・・ 2 ・・・・ 3 ・・・・ 4 ・・・・ 5
平板な事実のみ　　　事実と例示　　　事実と提示と感想
＜独創性＞
1 ・・・・ 2 ・・・・ 3 ・・・・ 4 ・・・・ 5
直截的　　　イメージや比喩の表現あり　　　創造的

コメント：
_____
_____
_____
_____

```
成績（    ）
A = 22 〜 25 点
B = 18 〜 21 点
C = 13 〜 17 点
D = 8 〜 12 点
```

　学習記録や日誌を評価する2つ目の方法は、それぞれの基準について一定の点数を配点するというものである。この方法では、基準ごとに異なる点数を配点して重みづけを変えることができる（表12-2参照）。

表12-2　学習記録や学習日誌の記載についての配点

ポイント	基準
20	記述が完結していること
10	記述は時間内になされた
15	記述に独創性がある
15	高次の推論がみられる
15	他教科領域との関連性
25	個人的なふり返り
総計100	

CLICK! ㉒　学習記録：「問題解決」

　名前（　　　　　　　　）
　日付　　　／　　　／　　クラス（　　　　　　）
　1　私が取り組んでいる問題は…
　2　この問題を分析するもっとも良い方法は…
　3　この問題に似ているものとして、どういうものがあるかというと…
　4　この問題を解決する3つの方法は…
　5　この問題についての残された疑問点は…
　6　私が必要としている手助けは…

> ## CLICK! ㉓　単元学習日誌の意義
>
> 　この単元の学習に際しては、あなたがこの教科について学んだこと、そして自分自身が気づいたことを記録する、学習日誌をつけてもらいます。学習日誌は、あなたがこの単元で学んだことや、あなたとこの学びとの関わりについて、あなた自身が価値あると思ったことがらや考えについて記述する、個人的な記録です。学習日誌は定期的に書き続けることが大切で、それを書くことはこの単元の重要な一部となっています。簡単ではないかも知れませんが、こうして書き留められた内容はこの単元の学習を有意義なものにしてくれるとともに、協同的な学びを通して、仲間の学びにも役立つものとなります。この日誌を書くことが、あなたの考えをいかに磨き上げ、いかに体系づけてくれるかに驚くかも知れません。おそらく、この単元を学び終えた頃には、あなたにとって学習日誌が興味深いものとなっていることでしょう。
>
> **学習日誌の目的**
> 1　単元の学習に関連した活動（学習を意義深いものとするためにあなたは何をしたか）を記録すること。
> 2　単元内容をよく理解するための重要な疑問点（他の仲間から提起されたものもあるし、あなた自身が気づいたものもある）について書き留めておき、それに答えること。
> 3　単元内容に関わりの深い考え（最良の考えというのは、しばしば登下校の際や眠りにつく時などに着想されるものである）を集めておくこと。
> 4　単元で扱われる話題に関係のある新聞や雑誌の記事、参考図書を収集すること。
> 5　ユニークで興味深かったり、単元内容をよく表している会話や逸話のまとめを記録しておくこと。
> 6　単元内容にはとくに関係はしていないけれども、あなた自身にとって重要な興味深い考え方、本、会話を収集しておくこと。

行為理論と学習日誌

　ある単元の学習で日誌を活用する際は、次のような手続きにしたがってそれを実際に用いることになる。
1　自分自身の行為理論に対する気づきを促す。
2　自分自身の行為理論の有効性を確かめてみる。
3　単元で学んだことを踏まえて、自分自身の行為理論を新しく洗練されたものに

していく。

　このように進めるためには、まず行為理論とは何かについて理解し、学習日誌を使って自らの行為理論を吟味・修正する方法を知っておく必要がある。

◆**行為理論（アクション・セオリー）とは**
　人はある行為を行ったとき、その行為について自省することによって学び、さらに能力を高めていく。行為と考え方を統合するためには、自分たちの行動について計画し、それに取り組み、それがいかに効果的であったかをふり返ってみなければならない。あるタイプの行動が類似した場面でも効果的であることを学ぶと、私たちはそれを繰り返し行って、自然にその行動が取れるようになっていく。そうした習慣的な行動パターンの根拠となっているのが、行為の理論である。行為理論（アクション・セオリー）とは、与えられた状況下で望ましい成果をあげるためにはどのような行為が必要なのか、に関する理論である。こうした理論はすべて、「もし…ならば、…である」という条件文の論理構造をもっている。行為理論は、「ある状況において、もし私たちがxを行ったら、yとなるだろう」ということを言明したものである。私たちの行為の理論は規範的なものであって、一定の成果を達成したいと望んだときの"すべきこと"について述べている。行為理論の例は、日常生活のあらゆることから見出すことができる。もし笑顔で「こんにちは」と言ったら、相手も笑顔で挨拶を返してくれるだろう。もし私たちが謝罪したなら、相手も謝ってくれるだろう。もし何か盗みを働いたら、罰せられることになるだろう。もし誰かが押しのけてきたら、私たちも押し返すだろう。こうした行動はすべて、特定の状況に関する私たちの行為と結びついた理論にもとづくものである。

　子ども時代は、こうした行為理論を両親や教師などの大人から教えられてきた。成長するにつれて、人は自らの行為理論の修正や新しい理論の構築の仕方を学ぶようになる。どのような行為がどのような結果をもたらすかを予測して、その結果を経験し、自分の行為が適切であったか否かを判断するために、自らの経験についてふり返る。私たちはこのようにして、行為理論を学んで行く。教育は、こうした行為理論の体系的な発達と変容が基礎になっている。

　私たちは数多くの行為理論をもっており、あらゆる場面の行為理論を自分自身で定期的に見出している。ただ、だからといって、私たちが自分の行為理論に気づいているということにはならない。一般に、行為は潜在的な知識にもとづいたものであって、その知識を常にことばとして表現できるわけではない。行為理論の大部分は無意識的に発動されることから、その行為と結果の関連性については、ほとんど意識しないままであることが多い。学習日誌を使った授業の目的は、ある状況でどのように振る舞うべきかを教えてくれる行為理論について、より自覚的になるよう手助けして、現実に照らして理論を検証し、より効果的なものとすべくそれを修正することである。

◆学習日誌
1 少なくとも毎週1つの記事を載せた学習日誌を書く。
2 その週の授業で学んだことをまとめる。
3 その週に経験した重要なできごとの中で、どのように振る舞ったかについて説明する。記述すべき内容は、次の通りである。
   a．どのような状況だったか
   b．それには誰が関わっていたか
   c．参加者同士の関係はどうだったか
   d．その状況をどのような方策で取りまとめたか
   e．そのときどのような気持ちだったか
   f．あなたの行為はどのような結果をもたらしたか
4 記述した内容から、あなたの行為を導いていた潜在的な行為理論についてまとめる。
5 この授業で学んだことを用いて、より効果的で建設的な行動の仕方について記述する。そこには、自分の行為理論をどう修正したらいいかについても含めておく。

学習記録とインフォーマル・グループによる協同学習

　学習記録を授業でもっとも有効に利用する方法の1つは、インフォーマル・グループによる協同学習で用いるというものである。一斉授業であれ、プレゼンテーションであれ、講演であれ、ビデオなどの上映であれ、学習記録とインフォーマル・グループでの協同学習を組み合わせることは、指導と学習の質を高めてくれる。この章では、インフォーマル・グループによる協同学習の特徴について説明し、学習記録と組み合わせてそれを実践する手続きについて述べることにする。

◆インフォーマル・グループによる協同学習
　インフォーマル・グループによる協同学習で学習記録を用いたふり返りを行うことは、非常に生産的である(Johnson, Johnson, & Smith, 1991)。協同学習のインフォーマル・グループとは、その授業時間の中だけ、あるいは討論の間だけの、一時的に編成されたグループのことである。このグループの目的は、(a)学習教材に生徒の注意を向けさせ、(b)学習のためによい雰囲気を作り、(c)クラス全体の活動で使われる教材を前もって準備し、(d)生徒たちが指示された通りにその教材に取り組み、(e)まとめを行って授業を締めくくる、ことである。協同学習のインフォーマル・グループはまた、誤解、間違った理解、理解のずれに気づかせ、それを修正し、学習で得た経験を自らのものにしてくれる助けとなる。インフォーマル・グループはいつでも使

うことができるが、とりわけ、講義や一斉指導の際などに有効である。

　授業が成功するためには、生徒が受け身ではなく、積極的でいてくれなければならない。授業などで大きな問題となっているのは、「伝えられる情報が、教師のノートから生徒の頭の中を通り過ぎて、その生徒のノートに届けられる」ような事態である。講義や一斉指導で教師が取り組まなければならないのは、教材を体系化して、それに説明を加え、まとめ、自分が今もっている概念体系に組み込む、という知的な作業を生徒が確実に行うようにすることである。これは、習得した知識を体制化できるような足がかりとなる情報（先行オーガナイザー）をあらかじめ生徒にもたせ、何を学んでいるかのプロセスをきちんと認識させた上で、学習を締めくくることによって達成される。

　次に示した手続きは、生徒たちがより前向きに学習に取り組む授業を計画する助けになるだろう。講義・解説の授業へインフォーマル・グループによる協同学習を組み入れる場合、その講義の前後に（ブックエンドのように）必ず焦点づけの討論を行い、講義の途中にはペアによる話し合いを適宜挟み込む（図12-1）。

図12-1　インフォーマル・グループによる協同学習（Johnson et al., 2002）

1．導入としての焦点づけ討論

　　　生徒たちに、近くにいる者同士でペアを作らせる。生徒がクラスのできるだけ多くの仲間と知り合って、互いに関わりをもつことができるように、毎時限座席を変えるようにしておくとよい。次に、そのペアに最初の取り組み（先行オーガナイザー）としての協同的な課題を与える。その際の時間は、4〜5分で充分である。この話し合いの目的は、授業での話題について生徒がもつ既有知識の体制化を促し、授業で扱われる内容に関する予想を立てさせることである。

2．講義①

　　最初の講義をする。これには10〜15分を充てる。これは、通常の大人が講義に集中できるおおよその時間である。

3．ペアによる話し合い①

　　教師が提示した学習教材に焦点を当てた、3〜4分で終えられるような話し合い課題を与える。その目的は、提示された教材の内容について積極的に考えさせることである。話し合いの課題は、(a) 教師の質問に答えること、(b) 提示された理論や概念、情報に対する意見を述べること、(c) 既存の概念枠組の中に新たに学んだ話題を統合できるように、教材と過去に学習したことがらを関連づけることである。ペアによる話し合いでは、次のような"まとめ・説明・共有・推敲"の手続きを用いる。

（1）まとめ：生徒はそれぞれ自分の答をまとめる。
（2）説明：ペアの相手に自分の答を説明する。
（3）共有：ペアで答を共有する。
（4）推敲：お互いの考えを関連づけたり、積み上げたり、統合したり、推敲することによって、それぞれのメンバーが最初に出した答よりも優れた答をペアで新しく創り出す。

　　そして、2〜3人の生徒をランダムに指名して、話し合いの内容を30秒程度でまとめさせる。それぞれの話し合いの後で、ランダムに指名して彼らの答を皆で分かち合うことは、とても大切である。このようにして個人の責任を確認することは、それぞれのペアが真剣に課題に取り組み、解答しようとするお互いの心構えを確かなものにしてくれる。

4．講義②

　　2回目の講義をする。

5．ペアによる話し合い②

　　2回目の講義に的をしぼった話し合いをさせる。

6．授業が終了するまで、**講義とペアによる話し合い**をくり返す。

7．締めくくりの焦点づけ討論

　　生徒に授業から学んだことをまとめるという締めくくりの話し合いをさせる。生徒は、4〜5分間で、扱われた課題についてまとめの討論を行う。この話し合いで生徒は、今学んだことがらを既存の概念枠組の中に統合しなければならない。また、ここでの話し合いには、宿題として取り組まなければならないことや、次の授業でどんな課題が出てくるかということに、生徒の注意を向けさせる役目もある。このようにして授業が締めくくられる。

◆学習記録の進め方

生徒たちに単元の学習記録をつけるよう求め、毎時間の授業にそれを持参するよう伝える。学習記録は次のように記載される。

1. 導入としての焦点づけ討論

    授業への準備のために、最初の短い焦点づけ課題を与える。指導案は、授業の中で答が与えられる一連の問題を中心として計画されることになる。それらの問題は生徒が見られるように板書するか、プロジェクターで提示しておく。生徒はペアになって、(a)問題の最初の答について一致点を見いだすべく検討するとともに学習記録に記入する、(b)その問題に関連した、明らかにしたいと思う疑問点を書き留める。こうした活動は、学習課題についての予備知識をもたらし、授業で扱われる内容への期待を高めてくれる。

2. 授業の中でなされる小講義ごとにペアによる話し合いを行う

    講義ごとにペアで3分間の話し合いを行い、その結論を学習記録に記入する。話し合いは、"まとめ・説明・共有・推敲"の手続きにしたがって行う。学習記録に記載した結論によって、教師は生徒の推論過程を跡づけたり、課題のどこが理解され、どこが理解されていないのかを見つけることが可能になる。

3. 締めくくりの焦点づけ討論

    ペアで5分間の討論をして、(a)その授業で学んだことをまとめ、(b)それが以前に学んだことや参考文献の内容とどのように関連しているか、(c)今日の課題に関わる疑問点、(d)その疑問は次の授業内容とどう関わってくるか、について学習記録に書き込む。

4. 記入した内容をペアで読み合い、記載内容がきちんとまとまっており、読みやすく、話し合ったことを反映したものとなっているか、を確認する。

5. 学習記録を教師に提出する。教師はそれを読んで、生徒が学んだこと、彼らが理解し切れていないこと、彼らが抱き続けている疑問点について点検する。

6. 翌日、記録用紙を返却し、生徒はそれを学習記録ファイルに綴じ込む。

表12-3 インフォーマル・グループによる協同学習の記録

名前（　　　　　　　　　）　クラス（　　　　　）　日付　　／　／
課題：
　あなたの課題は、ペアの仲間とともに、授業での学習内容について記録をつけることです。授業の終わりに、書き込んだ内容が適切かどうかを仲間と確認し合って下さい。その後、記録用紙を先生に提出して、読んでもらいます。先生は明日の朝、これを皆さんに返却しますので、自分の学習記録ファイルに綴じ込んで下さい。

1　スタートの話し合い
　これから1～3つの問題を出しますので、5分間で答えて下さい。"まとめ・説明・共有・推敲"の手続きを使ってペアで協同的に取り組んで下さい。参考図書で知ったことやあなたのもっている知識を使って、答えるように。
　　　a.＿＿＿＿＿＿＿＿＿＿＿＿＿＿＿＿＿＿＿＿＿＿＿＿＿＿＿＿＿＿
　　　b.＿＿＿＿＿＿＿＿＿＿＿＿＿＿＿＿＿＿＿＿＿＿＿＿＿＿＿＿＿＿
　　　c.＿＿＿＿＿＿＿＿＿＿＿＿＿＿＿＿＿＿＿＿＿＿＿＿＿＿＿＿＿＿

2　ペアによる話し合い
　授業の中で、"まとめ・説明・共有・推敲"の手続きを使って、それぞれの問題に答えて下さい。
　　　a.＿＿＿＿＿＿＿＿＿＿＿＿＿＿＿＿＿＿＿＿＿＿＿＿＿＿＿＿＿＿
　　　　自分の答え　＿＿＿＿＿＿＿＿＿＿＿＿＿＿＿＿＿＿＿＿＿＿＿
　　　　仲間の答え　＿＿＿＿＿＿＿＿＿＿＿＿＿＿＿＿＿＿＿＿＿＿＿
　　　　ペアで考えた答え　＿＿＿＿＿＿＿＿＿＿＿＿＿＿＿＿＿＿＿＿
　　　b.＿＿＿＿＿＿＿＿＿＿＿＿＿＿＿＿＿＿＿＿＿＿＿＿＿＿＿＿＿＿
　　　　自分の答え　＿＿＿＿＿＿＿＿＿＿＿＿＿＿＿＿＿＿＿＿＿＿＿
　　　　仲間の答え　＿＿＿＿＿＿＿＿＿＿＿＿＿＿＿＿＿＿＿＿＿＿＿
　　　　ペアで考えた答え　＿＿＿＿＿＿＿＿＿＿＿＿＿＿＿＿＿＿＿＿
　　　c.＿＿＿＿＿＿＿＿＿＿＿＿＿＿＿＿＿＿＿＿＿＿＿＿＿＿＿＿＿＿
　　　　自分の答え　＿＿＿＿＿＿＿＿＿＿＿＿＿＿＿＿＿＿＿＿＿＿＿
　　　　仲間の答え　＿＿＿＿＿＿＿＿＿＿＿＿＿＿＿＿＿＿＿＿＿＿＿
　　　　ペアで考えた答え　＿＿＿＿＿＿＿＿＿＿＿＿＿＿＿＿＿＿＿＿
　　　d.＿＿＿＿＿＿＿＿＿＿＿＿＿＿＿＿＿＿＿＿＿＿＿＿＿＿＿＿＿＿
　　　　自分の答え　＿＿＿＿＿＿＿＿＿＿＿＿＿＿＿＿＿＿＿＿＿＿＿
　　　　仲間の答え　＿＿＿＿＿＿＿＿＿＿＿＿＿＿＿＿＿＿＿＿＿＿＿
　　　　ペアで考えた答え　＿＿＿＿＿＿＿＿＿＿＿＿＿＿＿＿＿＿＿＿

3　締めくくりの話し合い
　5分間でまとめの話し合いを行い、次の各項目について記入して下さい。スペースが足らない場合は、裏面に書いても構いません。
　a.　この授業であなたが学んだことをまとめなさい。
　　＿＿＿＿＿＿＿＿＿＿＿＿＿＿＿＿＿＿＿＿＿＿＿＿＿＿＿＿＿＿＿
　　＿＿＿＿＿＿＿＿＿＿＿＿＿＿＿＿＿＿＿＿＿＿＿＿＿＿＿＿＿＿＿
　　＿＿＿＿＿＿＿＿＿＿＿＿＿＿＿＿＿＿＿＿＿＿＿＿＿＿＿＿＿＿＿
　　＿＿＿＿＿＿＿＿＿＿＿＿＿＿＿＿＿＿＿＿＿＿＿＿＿＿＿＿＿＿＿
　　＿＿＿＿＿＿＿＿＿＿＿＿＿＿＿＿＿＿＿＿＿＿＿＿＿＿＿＿＿＿＿

　b.　以前の授業で学んだことや参考図書で読んだ内容と、新しく学習したことを関連づけなさい。
　　＿＿＿＿＿＿＿＿＿＿＿＿＿＿＿＿＿＿＿＿＿＿＿＿＿＿＿＿＿＿＿
　　＿＿＿＿＿＿＿＿＿＿＿＿＿＿＿＿＿＿＿＿＿＿＿＿＿＿＿＿＿＿＿
　　＿＿＿＿＿＿＿＿＿＿＿＿＿＿＿＿＿＿＿＿＿＿＿＿＿＿＿＿＿＿＿
　　＿＿＿＿＿＿＿＿＿＿＿＿＿＿＿＿＿＿＿＿＿＿＿＿＿＿＿＿＿＿＿
　　＿＿＿＿＿＿＿＿＿＿＿＿＿＿＿＿＿＿＿＿＿＿＿＿＿＿＿＿＿＿＿

　c.　この授業で沸いてきた疑問点があれば、箇条書きにしなさい。
　　＿＿＿＿＿＿＿＿＿＿＿＿＿＿＿＿＿＿＿＿＿＿＿＿＿＿＿＿＿＿＿
　　＿＿＿＿＿＿＿＿＿＿＿＿＿＿＿＿＿＿＿＿＿＿＿＿＿＿＿＿＿＿＿
　　＿＿＿＿＿＿＿＿＿＿＿＿＿＿＿＿＿＿＿＿＿＿＿＿＿＿＿＿＿＿＿
　　＿＿＿＿＿＿＿＿＿＿＿＿＿＿＿＿＿＿＿＿＿＿＿＿＿＿＿＿＿＿＿
　　＿＿＿＿＿＿＿＿＿＿＿＿＿＿＿＿＿＿＿＿＿＿＿＿＿＿＿＿＿＿＿
　　＿＿＿＿＿＿＿＿＿＿＿＿＿＿＿＿＿＿＿＿＿＿＿＿＿＿＿＿＿＿＿

　d.　次に学ぶ内容はどんなものになるか、予想しなさい。
　　＿＿＿＿＿＿＿＿＿＿＿＿＿＿＿＿＿＿＿＿＿＿＿＿＿＿＿＿＿＿＿
　　＿＿＿＿＿＿＿＿＿＿＿＿＿＿＿＿＿＿＿＿＿＿＿＿＿＿＿＿＿＿＿
　　＿＿＿＿＿＿＿＿＿＿＿＿＿＿＿＿＿＿＿＿＿＿＿＿＿＿＿＿＿＿＿
　　＿＿＿＿＿＿＿＿＿＿＿＿＿＿＿＿＿＿＿＿＿＿＿＿＿＿＿＿＿＿＿
　　＿＿＿＿＿＿＿＿＿＿＿＿＿＿＿＿＿＿＿＿＿＿＿＿＿＿＿＿＿＿＿

点検・確認者氏名（　　　　　　　　　　）

自己評価と相互評価

　ドイツの作家トーマス・マンは、かつてこう言った。「人は皆、現在の自分について知ると、過去のままの自分ではないことに気づく」。生徒たちに、自分自身やグループの仲間について評価させることは、ほとんどの授業で行われるべき重要な活動である。まず最初に、生徒は自分自身の学習について質と量の両面から評価する。第2に、グループの仲間の学習の質と量を評価する。そして第3に、仲間から受けた評価と自己評価の結果を比較することにより、（授業を観察していた教師の指導のもとで）自らの学習経験についての話し合いやふり返りを行う。そうした自己評価や相互評価によって、生徒たちは自分自身の活動の質がどのように向上したか知るようになるのである。

　テストの成績以外にも、教師が評価しなければならない側面は数多くある。たとえば、生徒は時間通りに登校したか、授業への準備は整っているか（基本的な教材や学習用具は用意されているか、学習態度が身についているか）、などである。生徒たちは、仲間が困っている時に学習面で手助けしたり、自分が必要な場合には支援を求めなければならない。評価表を使う際には、評価の目的、その使い方、評価の観点とポイント数、そして評価表にある質問内容について、明確に理解しておかなければならない。

表12-4　評価表：自己評価と相互評価（ルーブリック）

　　この評価表は、みなさんの学習グループのメンバーを評価する際に用いるものです。1つは、自分自身について答えて下さい。そして、もう1つはみなさんのグループのメンバーについて答えて下さい。グループでの話し合いの時に、あなたが評価したグループのメンバーにその結果を手渡してもらいます。あなたが自分で評価した結果と、グループのメンバーがあなたについて評価してくれたものを比べてみましょう。また、あなた自身の評価とメンバーからの評価が違っていたら、それがなぜなのかを尋ねてみましょう。メンバー全員のよりよい学びのために、一人ひとり貢献することがみんなの目標なのだ、ということを忘れないように！

あなた自身の評価とグループメンバーの評価

評価される人（　　　　　　　　）日付　　／　　／　　グループ（　　　）

そのメンバーに当てはまる評価を選んで、その数字を記入しなさい。
（すばらしい＝4　よい＝3　もう少し＝2　もっとがんばれ＝1）

(　) 時間が守れたか
(　) 授業の準備に間に合ったか
(　) 時間通りに課題を達成できたか
(　) 充実した学習活動ができたか
(　) 仲間の学習を手助けできたか
(　) 必要な時に、仲間に助けを求めることができたか
(　) 注意深く、一歩一歩段階を踏んで説明することができたか
(　) 仲間の考えを活かすことができたか
(　) いま学習していることとすでに習ったことを関連づけることができたか
(　) 習ったことを図示して表現することができたか
(　) 自分から課題を発展させることができたか

第13章 質の高い学習と生徒による管理チーム

学習の質を継続的に改善する

> 私たちは1つの項目を100%改善するかわりに、100の項目を1%ずつ改善していくことにした。
>
> ヤン・カールソン（スカンジナビア航空 元CEO）

聖書の中に、旅に出発しようとしている、ある身分の高い人物についての例え話がある。彼は出発する前に、息子たちを呼び集めて、それぞれに"天賦の才"を分け与えた。彼は旅から戻り、与えた天賦の才をどのように使ったか息子たちに尋ねた。自分の才を向上させた息子は、父を喜ばせた。しかし、天賦の才を埋もれさせてしまった息子は、父を怒らせてしまい、彼はそれを取り上げ、その才をもっとも向上させた兄弟に与えてしまった。この寓話の教訓は、継続的な改善を心掛け、成長を目指す者は見返りも多く、もってはいても何もしない者は、それをも失ってしまうということである。

継続的な改善に注力するということは、評価を学校教育の主眼にするということである。継続的な評価は、コツコツと日々積み上げていく学習・指導の改善にとって、欠くことのできないものである。指導の継続的な改善に専心する教師は、指導法の質を向上させる何らかの方途を毎日見つけることになるだろう。学習の継続的な改善に専念している生徒は、学習の質を向上させる方法を毎日見つけることになる。変化は、決して劇的に訪れるわけではない。一歩一歩、積み上げていく変化が望ましい。理想としては、学校内のすべての人が、学習や指導の過程、学校の管理運営の質の向上に、継続的に打ち込むようになることである。日本では、お互いが質の向上に専念することを**カイゼン**と呼んでいる。これは、日々より良くなっていく過程における、社会に広まった一種の相互扶助の契約である。**継続的な改善**は、プロセスの質を向上させようとするすべての人々が、追求しつつあることでもある。**プロセス**とは、ある特定の成果―たとえば算数の解き方を学んだり、授業を行ったり、職員会議を開催したりなど―に寄与する、手順の中に組み込まれたすべての課題のことである。

学習や指導、学校の管理運営というプロセスの継続的な改善は、クラスや学校の組織構造を変えることから始まる。この組織構造には、(a) 大量生産方式と、(b) 高機能チーム方式、の2つがある。**大量生産方式の組織構造**では、生徒の学習の質は、最終的な成果が適切かどうかによって判断される。たとえば、それをチェックするのが最終試験であり、能力テストである。これは"品質検査"と同質のものである。**高機能チーム方式の組織構造**では、生徒の学習の質は、生徒が成長するための学習過程に

なっているかどうかによって決められる。これは継続的な改善、もしくは全体的な質が高い学習として知られるものである。

> **CLICK! 24　継続的な改善の起源**
>
> 継続的な組織改革に密接な関わりがあるのは、エドワーズ・デミングだろう。デミングは、アイオワ州スーシティで生まれた。第2次大戦中、軍需産業の生産性向上のために、彼は統計的手法の使い方を経営者らに指南した。そして第2次大戦の後、彼は日本人に品質管理と継続的な改善の考え方を教えたのである。彼が日本における戦後の経済発展の礎を築いた一人であることは、多くの専門家が認めるところである。多くの組織では、何が悪いかを組織の構造ではなく、個人の失敗に帰すようなマネージメント（管理）のあり方が横行していたが、真実はその逆であるとデミングは考えた。デミングはジョセフ・ジュランとともに、85/15ルールなるものを公式化している。つまり、起こりうる問題の85％は（主に管理部門によって決定される）組織構造の変革によってのみ修正されるものであり、個々の従業員が変わることで解決される問題は15％に満たない、とされる。したがって、何か問題が起こったときには、従業員を責める前に、組織の構造の中にその原因を探して、それを除去するよう努めるべきなのである。

学習の継続的な改善は、協同学習グループによって課題の達成方法を計画し、実際に課題に取り組み、その取り組みの効果を査定し、グループのメンバーが学習過程をどう改善できるかをふり返り、自分たちの行動を修正して次の課題に臨もうとするときに行われる。もし生徒たちが、12年間にわたって自らの学習過程を改善し続けたとしたら、それぞれの課題は以前よりももっともっと効率的に達成されるだろうし、毎時間、素晴らしい学習が展開されることになるだろう。この章では、学習過程の継続的な改善に焦点を当てていきたい。指導や学校の管理運営の継続的な改善にも、これと同じ考え方を応用することが可能である。

継続的な改善の手続き

教室における学習と指導を継続的に改善するためのステップは、以下の通りである。
1　チームを編成する。
2　改善の対象とするプロセス（活動）を選ぶ。
3　プロセス（活動）を明確に記述する。
4　プロセスに関わる（活動に取り組む）。

5　プロセスに関する情報を収集し、それを開示し、分析する。
6　改善のための計画を練る。
7　修正した方法で、再びプロセスに関わる（活動に取り組む）。
8　上手くいった修正点を制度化する。

◆ステップ１：チームを編成する
　継続的な改善の第一歩は、チームを編成することである。高い成果を生む組織では、チームがすべての重要な働きを担っている。学習過程の継続的な改善も、チームなしには果たすことができない。それゆえ、生徒たちは協同学習グループに割り当てられ、彼ら自身およびチーム・メンバーの学習の質を改善し続ける責任を負わされる。こうした責任を果たすために、生徒は活動を組み立て、毎日その質を査定し、結果をクオリティ・チャートに記録する仕方を身につける必要がある。

◆ステップ２：改善の対象とするプロセス（活動）を選ぶ
　第２のステップでは、与えられた課題を分析して、どの学習過程を改善の対象とするかを選択する。チームは、たとえばメンバーの読解力だとか、文章力、プレゼンテーション力、科学的な推理能力など、改善に取り組むべき具体的ではっきりしたプロセス（活動）を選び出す。もし生徒が学習過程の継続的な改善に集中していたなら、その結果は学習の成果（彼らがどれだけ学んだかの程度、学力や記憶保持の得点）として彼ら自身に還ってくる、とデミングは信じていた。教師が変革すべきもっとも重要な点の１つは、生徒の知っていることのチェックではなく、学習の過程に焦点を合わせるということである。

◆ステップ３：プロセス（活動）を明確に記述する
　第３のステップは、プロセス（活動）を明確に定義づけることである。プロセスがどのように記述されているかは、生徒の取り組みへの努力を査定する際に大きく影響する。チームは、図示するなどして活動が明確に記述されるまでは、改善に取りかかることができない。プロセスを図示する２つの一般的な方法は、フローチャート（流れ図）と因果ダイヤグラム（要因関連図）である。

（１）フローチャート（流れ図）
　フローチャートは、プロセスあるいは手順のすべてのステップとそれらが互いにどう関係しているかを図示したものである。フローチャートには、指定された作業領域内の人や材料、情報の流れを記述する。その際、詳細さの水準はチームの必要性にもとづいて変えられる。ただ、それほど詳細なものにしなくても、欠落部分や重複部分、その他の潜在的な問題点を見つけ出すのに、フローチャートは助けになる。取り組んでいる活動のタイプを表すために、フローチャートには容易に認識可能な記号が用い

られている（図13-1を参照）。フローチャートは、次のような手順で作成される。
1　活動がどこで始まり、どこで終わるのか、そして入力情報が何で、出力情報が何なのかを明確に記述する。これは境界を定義するということである。
2　実際に流れている活動のあらゆるステップ（どれが鍵になるステップなのか、誰が何をするのか、いつするのか）を識別する。通常は、1つのプロセスボックスからは1つだけの矢印が出ている。複数の矢印が出る場合は、分岐するダイヤ型の決定ボックスが必要になる。
3　順番に各ステップを書き込む。
4　チームのメンバーが実際に行っている活動を観察する。
5　フローチャートと実際の活動成果とを比較して、チャートを修正する、もしくは各ステップでのメンバーの取り組みの質を向上させるべく計画を立てる。

上述した手続きの変化形として、次のような手順もある。(a) 実際に流れる活動のステップのフローチャートを描く、(b) すべてが首尾よく進んだ場合に辿る活動のステップを描く、(c) 問題を引き起こす原因である両者の違いを見出すために、2つのフローチャートを比較する。これはしばしば「イメジニアリング（imagination+engineering=imagineering）」と呼ばれる。

（2）因果ダイヤグラム

因果ダイヤグラムは、結果（検証されるべき問題点）と考えうるすべての原因との間の関係を図示したものである（図13-2参照）。結果もしくは問題点が図の右側に記され、主要な原因あるいは影響因が左側にリストアップされる。因果ダイヤグラムは、(a) プロセス（活動）を分類したり原因と関連づけたりすることにより、影響を与えている種々の原因を図解する、(b) 問題や結果の発生原因を特定すべく体系的に因果関係を探る、ために描かれる。それぞれの結果（問題点）については、いくつかの主要な原因カテゴリーが考えられる。チームは、議論を通して得られた原因カテゴリーや創造的に考える際の手助けになるカテゴリーを用いることになる。この図解技法は、その外見の形からフィッシュボーン（魚の骨）図とも言われることもある。

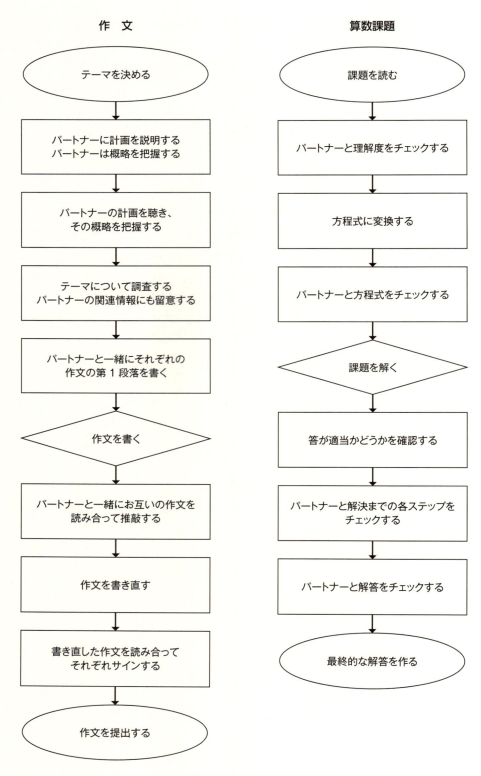

図13-1　フローチャート

チームは次のような手順で、ダイヤグラムを作成する。(a)問題点もしくは結果を明確に記述し、それを右側のボックス内に書き入れる、(b)その効果を指し示す矢印または水平線を引く、(c)起こりうる原因の主だったカテゴリーを決定する（一般的な用語を使うこと）、(d)主要なカテゴリーのそれぞれに、水平線から枝分かれした線を引く、(e)それぞれのカテゴリー内の想定される原因について考え（「なぜなのか」「なぜこれは起こったのか」のように自問し）、それらを適切なカテゴリーの枝の部分に付け加える、(f)もっとも基本的（根源的）だと思われる原因（手始めに、繰り返し現れる原因を探す）を特定して丸で囲み、(g)もっとも可能性の高い根本原因を検証するために、チェックシートを使ってデータを収集する。

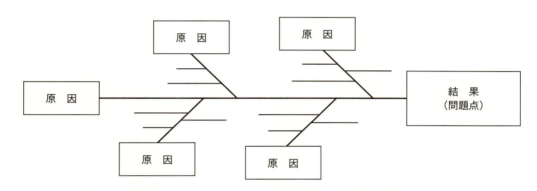

図13-2　因果ダイヤグラム（要因関連図）

◆ステップ4：プロセスに関わる（活動に取り組む）

第4のステップでは、活動に取り組む。チームのメンバーは学習過程に関わることから、それぞれのステップについて調べることができる。

◆ステップ5：プロセス（活動）に関する情報を収集し、それを開示し、分析する

第5のステップでは、プロセス（活動）に関する情報を収集し、それらを開示し、分析を行う。このステップは3つのパートに分けられる。

1　定量化できる要因をチームで特定する。もし測定できないような要因だとしたら、改善することも難しいだろう（逆に、改善することができるためには、それは計測可能でなければならない）。

2　チームで関連したデータを集めるための計画を立てる。これには、どのようなデータが収集されるべきか、誰がそのデータを収集するのか、いつ収集するのか、どのように収集するのか、について具体化することが含まれる。「どのくらいの頻度で当該の事象が生起するのか？」という問いに答えるための客観的

なデータを収集する一般的な方法には、チェックシートあるいは観察表がある。特定の時間内にその事象が観察された回数（たとえば、50分間に使われた社会的スキルの回数）や成果の量（たとえば、作文能力の進歩量）をカウントし得点化するために、チームはそうした観察表を用いるのである。

3　チームは、メンバーが理解しやすいようにデータを分析し、表現する。データを描写する一般的な方法としては、パレート図、ランチャート、散布図、ヒストグラムがある。

（1）パレート図

　パレート図は、集計した項目の量と割合（構成比）をそれぞれ棒グラフと折れ線グラフで示し、1つの図に重ねて表示したものである。パレート図は、数多くの些末な問題点や原因の中から、少数の重要な要因を浮き彫りにする手助けとなる棒グラフの一形式である。名前の由来は、イタリアの経済学者ヴィルフレド・パレート（1848-1923）に因んだものである。パレートは所得の不均衡な分布について研究していたとき、富の80％が人口のたった20％の人々の手に握られていることを発見した。1940年代の後半になって、ジョセフ・ジュランはパレートの知見をパレートの法則（80/20ルール、障害の80％は20％の問題点によってもたらされる。つまり、「数多くの些末な問題点」から「少数の重要な要因」を分離すべきであること）として一般化した。パレート図は、障害の頻度と相対的な重要性、原因、あるいは、プロセスを改善するための出発点を選択し、進歩の具合を観察し、問題の根本原因を特定するための条件を明らかにするために用いられる。パレート分析は、基礎的なツール（チェックシートやインタビューなど）によってデータを取り、それを簡単な棒グラフの形式で表現することを可能にしてくれる。パレート図を展開するステップは、以下のようである（図13-3参照）。

1　あなたが観察しようとする活動、条件、原因といった要因をリストアップする。
2　あらかじめ決められた時間内で起こった、活動、条件、原因の回数についてのデータを収集する。
3　さまざまな活動、条件、原因などの要因の頻度について、もっとも高いものから低いものまで順位をつける。
　a.　それぞれの要因の小計を計算する。
　b.　各要因の総数を計算する。
　c.　もっとも頻繁に生起するものからもっとも少ないものまで、それぞれの要因の順位づけを行う。
4　縦軸の右側に0から100までのパーセントを記す。
5　縦軸の左側には、以下の測定尺度を掲げる。
　a.　100％に対応する位置の縦軸の左側に、活動、条件、原因など要因の総数を記録する。

b. 75%に対応する数を決めるために、各要因の総数に0.75をかけ合わせる。
c. 50%に対応する数を決めるために、各要因の総数に0.50をかけ合わせる。
d. 25%に対応する数を決めるために、各要因の総数に0.25をかけ合わせる。

6 横軸の下に、活動、条件、あるいは原因を降順に（左端にもっとも頻度の高い要因を、右端にもっとも低い要因を）書き入れる。
  a. 最大値をとった要因を特定する。左から右へと、①横軸の最初の棒に要因の名前を記入する、②その下の空欄に合計数を記録する、③左側の尺度値にしたがって、頻度の合計値まで縦棒を描き入れる。
  b. 2番目に大きな要因を特定する。横軸の2番目の棒に要因の名前を記入し、その下の空欄に合計数を記録し、左側の尺度値にしたがって、頻度の合計値まで縦棒を描き入れる。
  c. この手順を繰り返し、もっとも頻度の高い要因から少ない要因まで、すべてを記入する。

7 データの累積頻度を折れ線グラフで描き入れる。
  a. もっとも頻度の高かった要因について、左側の尺度値にしたがって、頻度の合計値をプロットする（この地点は最初の縦棒の頂点と重なるはず）。
  b. 1番目、2番目に高い要因の頻度を足し合わせて累積度数とし、その地点を左側の尺度値にしたがって描き入れる。
  c. 1番目、2番目、3番目に高い要因の頻度を足し合わせて累積度数とし、その地点を左側の尺度値にしたがって描き入れる。
  d. この手順を繰り返し、すべての要因の累積度数を合計する。プロットした累積地点を結んで、折れ線グラフを描く。

8 実施計画を策定する。
  a. 頻度総数の80％を占める要因がいくつになるかを書き留める。
  b. 総数の80％を説明する要因の頻度を変化させるための対処方策を計画する。

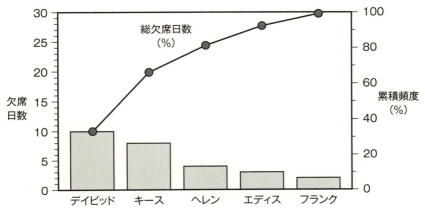

図13-3　パレート図

原因を特定するとともに、それらを生起確率の順にリストアップした因果ダイヤグラムの拡張版が、パレート図である。チームのメンバーは、パレート図の作成をいったん経験すると、次からは素早く構成できるようになる。パレート図の利点は、ほとんどあらゆる対象の分析に応用できるとともに、作成も比較的容易であり、理解がしやすい点にある。短所をあげるなら、定量的なデータだけしか扱えないということだろう。

（2）ランチャート（実行流れ図）
　ランチャートは、長期にわたって平均値が変化するかどうかを知るために、時間軸に沿ってプロセス（活動）をモニターするために用いられる（第8章参照）。

（3）散布図
　散布図は2つの活動や条件、原因の間の関係を表示するものである（図13-4参照）。ある変数が変化したときにもう1つの別の変数にどんな変化が起こるのかを表す、すなわち、2つの変数の間のあり得る関係性の強度を示すために、散布図を利用する。一般に散布図は、横軸に説明変数（原因）の測定値をおき、縦軸に被説明変数（結果）の測定値を表すようにして作成される。チームは、(a)互いに関連すると思われる一対の標本（標本数は多いほど望ましい、50～100くらいのデータ数ならば十分）を収集し、(b)データ・シートの第1列に変数1の、そして第2列に変数2の測定値を記入する、そして(c)一対の標本が位置する点を次々にプロットしていく、ことによって散布図を作成する。図上に示された点の集散のあり方が、2つの変数の間の関係性を表すのである。これらの点が図全体にランダムに散らばっている場合には、両変数は無関係である。もし全体のパターンが、左下から右上に向かって直線的なまとまりとして現れる場合、正（プラス）の相関関係が存在する。逆に、左上から右下がりパター

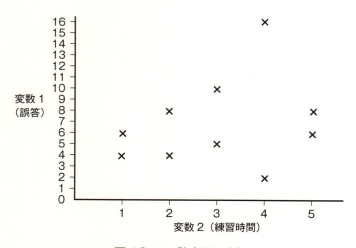

図13-4　散布図の例

ンが現れた場合には、負（マイナス）の相関関係があるという。プロットされた点の集積が密で、一本の直線に近づけば近づくほど、両者の関係は強いことを表している。

（4）ヒストグラム（柱状図）

　ヒストグラムは、連続変量の測定値がどのように分布しているかを示したものである（図13-5参照）。ヒストグラムは、データの分布と広がり具合を図示したい場合に用いられる。ヒストグラムが表しているのは、最小値から最大値まで測定値がどのくらいの範囲でバラついているかということと、それらの生起頻度である。測定値の範囲（広がり）に沿ってデータ頻度を表示することによって、チームは取り組みが課題の要求を満たすものであるかどうか、分布が望ましい場所に集中しているかどうか、バランスの取れた分布かそれとも尖った分布か、について知ることができる。ヒストグラムは、データが多量で単純集計では簡単に分析できないような場合に、役立つものである。ヒストグラムは、高さの異なる等しい幅の柱の連なりとして表現される。縦軸はそれぞれの階級幅に対応したデータの量を表している。階級幅は一定であり、したがってどの柱の幅も同じとなる。柱の高さは、その階級に当てはまる測定値を取ったデータ数を示していることから、結果に応じて高さが変わってくることになる。適切な階級の数は、どのくらいが見やすいかによって決められる。ヒストグラムは、次のような手順で作成される。

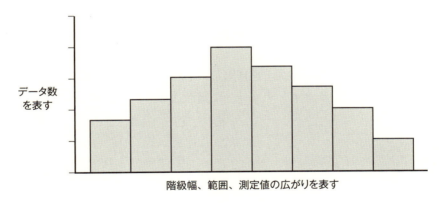

図13-5　ヒストグラム

1　分析の対象とするデータを収集する。
2　標本数（n）を確定するために、データの数を数える
3　最大値から最小値を引いてレンジ（範囲：R）を求める。
4　用いようとする階級の数（K）を決める（標本数が50以下の場合5～7段階、50～100の場合6～10段階、100～250の場合7～12段階、250以上の場合10～20段階、など）。

5 レンジ（R）を階級数（K）で割って、階級の幅（H）を求める（H=R/K）。
6 各階級の境界を決める。まず、(a) 最小値を見つけて（これが最初の階級の初期値となる）、(b) その初期値に階級幅（H）を足して、2番目の階級の境界を見つける。
7 個々のデータは1つだけの階級に収まることを確認する（各階級幅は常に、前の階級の最大値以上、次の階級の最小値未満とする）。
8 それぞれの階級に落ちるデータ数を数えて、記録する。
9 横軸の各階級に、それぞれの頻度に応じて柱を描く。
10 分布とその意味について検討する。

（5）クオリティ・チャート

　クオリティ・チャートの活用は、継続的な改善のプロセスにとって要の部分である。協同学習グループは毎日（あるいは毎週）、各メンバーが学習基準をどの程度満たしているかについて評定を行う。続いて、グループが (a) それぞれのメンバーが対象とする取り組みを履行する頻度と適切さを決定し、(b) 翌週の目標を設定することができるように週ごとにその結果を図示する。クオリティ・チャートの例は次のようである。

1 各メンバーは、毎日の宿題と授業中の活動を見せ合う。その活動を、評価表の基準に照らして質的、量的に査定する。
2 グループメンバーはどの程度基準を達成したかにしたがって、得点を受け取る。生徒は、データ要約チャートに毎日の得点と毎週の合計得点を個人ごとに記入する。
3 グループメンバーの平均得点を算出し、それをグループ得点とする。その得点をグループのクオリティ・チャートに書き込む。

曜日／メンバー	デイビッド	ロジャー	エディス	デール	平均
月					
火					
水					
木					
金					
合計					

0点：達成できなかった　1点：半分達成できた　2点：達成できた

図13-6　データ要約チャート

12							
11							
10							
9							
8							
7							
6							
5							
4							
3							
2							
1							
週／グループ	1	2	3	4	5	6	7

図13-7　クオリティ・チャート

4　その結果と各メンバーおよびグループ全体の長期的な傾向についてグループで話し合い、翌週の取り組みを質的、量的にどう改善するか、自分たちの高い学習レベルをどう維持していくか、について計画する。

5　自分たちの頑張りや皆で達成した素晴らしい成果について、グループで称え合う。

◆ステップ６：改善のための計画を練る

６番目のステップでは、分析したデータにもとづいて改善計画を立てる。改善のポイントは、チームとしての取り組みの質をより良いものにするために、進め方をどのように修正したり置き換えたりするか、についての計画を具体化することである。現在のクオリティ・チャートの結果と取り組みの長期増加（減少）傾向に検討を加える。そして、学習のプロセスを改善し、それによって各メンバーの学習を質的、量的により良いものにするための計画を立案する。

◆ステップ７：修正した方法で、再び活動に取り組む

第７のステップは、立てた計画をチームで実践することである。日々の取り組みの中で少しずつ一歩一歩改善していくことが大切である。チームはその実施状況を注意深く（より多くのデータを収集して）評価する。もし修正した方策が上手くいくようであれば、チームとしてそれを採用する。もしそれが効果的でなければ、その方策に改良を加え、再び試しに実施してみる。

◆**ステップ8：上手くいった修正点を制度化する**
　8番目は、修正した取り組みの方策と継続的な改善の活動を制度化することである。常に新しいデータを収集し、それを分析するとともに改善のポイントを見直し、取り組みを修正する…など、決して後戻りしない（古い実践に立ち返ることのない）ように、心掛けなければならない。

生徒による管理運営チーム

　全体的な質が高い管理運営を支えるもう1つの手段として、生徒によって構成される管理運営チームがある。生徒による管理運営チームは、3人もしくは4人の生徒と一人の教師とで編成される。その教師は、教え方や指導内容をどう改善するかに留意して、授業を成功裏に進める役割責任を負った担当者である。グループメンバーは自分たちの経験を通して授業過程を観察するとともに、学級の仲間のつぶやきに耳を澄ます。そして、彼らは授業の進め方をどう改善したらいいかについての勧告を行うのである。グループで集まって授業過程の質について検討し、進め方を改善するための提案を考え、その提案を実行する計画を立てる。通常、その集まりにかける時間は1時間ほどで、教室や職員室から離れた中立的な場所で行われる。グループは、授業改善についての示唆、改善のための活動とその成否を日誌に記録しておく。生徒による管理運営チームが稼働するに際しては、4つの段階がある。

第1段階：チームを組む
　教師はチームにボランティアとして参加してくれるよう生徒に頼み、ボランティア登録者から3〜4人を選ぶ。

第2段階：チーム作り
　教師はチームとともに集まって、指導のあり方や授業内容を継続的に改善することによって、授業のより良い達成を確かなものにすることがこのチームの目標である、と告げる。最初に取り組むしごとは、チームにとって容易に成し遂げられるもので、指導に果たすメンバーの役割が大きいことを際立たせるようなものが望ましい。言い換えれば、チームの最初の課題は、生徒たちの助けなしには教師だけで達成することの難しいものがいいだろう。チームのメンバーは、与えられた課題に寄与し、必要とされるチームワーク技能を身につけ、チームが効果的に機能するよう定期的にチェックする、という責任を負っている。この時点で、指導がどれだけフィードバックや批判を受け入れることができるか、授業内容を改善することへの生徒への励ましがどれほどあるかが、グループの信頼を築くか壊してしまうかの分かれ目となる。

第3段階：授業を改善する
　1　授業を改善するために、教師と生徒のメンバーは（a）教師がフィードバックを望んでいる特定の側面について検討し、（b）焦点を当てるべき指導の側面を見つけるためにこれまでの授業に目を通し、（c）学期中のさまざまな時点で指

導の効果についての調査を行い、そのデータをクオリティ・チャートに記録し、どこを変えるかについてのチームの提案を組織的に実行すべく着手し、その変化が指導の質にどんな影響を与えたかを追跡する。
2　授業内容の改善のために、チームは教材の明瞭性と体系性の改善に力を注ぐとともに、教科書の有効性について評価し、学習課題の時間便益分析（かける時間とそれがもたらす利益を対比させて効率性を検討する）を行う。

第4段階：長らく恩恵を享受する

　チームは、授業について得られた洞察や取り入れられた変化についての注釈とともに、改善した点についての記録を取り続ける。この書き残された記録は、指導をどのように修正し、次の授業内容をどう改善するかについての指針を教師に与えてくれる。

本章のまとめ

　生徒をチームの一員に据えて、学習過程の質を継続的に改善するというしごとを与えることは、彼らを活性化させることにつながる。継続的な改善は、学習過程や指導内容、学校運営の質を少しずつ向上させていくための、（生徒から学校管理者に至るすべての人によってなされる）持続した追求である。たとえば、生徒たちは作文を書く度に、彼らの文章力を伸ばすきっかけを少なくとも1つは見つけることだろう。変化は劇的に起こるものではない。小さな、一歩ずつの変化こそ望ましい。

　学習過程を継続的に改善するためには、生徒たちは8段階のステップでそれに携わる必要がある。第1に、彼らはチームを組まなければならない。質の高い学習は、協同学習グループなしには実現することは難しい。第2に、チームのメンバーは課題を検討し、改善の対象とする学習のプロセスを選び出す。第3として、メンバーはフローチャートや因果ダイヤグラムを描くことによって、改善しようとする活動を定義する。第4に、その活動を行ってみる。第5に、その活動についてのデータを収集し、まとめ、分析する。その際に手助けとなるのが、観察表、パレート図、ランチャート、散布図、ヒストグラムなどである。第6に、分析に基づいてプロセス改善のための計画を立てる。第7として、修正されたやり方や改善された方法で学習に取り組むことによって、計画を実行に移す。そして最後は、実際に学習過程の質を向上させた変化を、制度の中に組み入れるのである。

　また、全体的な質の高い学習は、生徒による管理運営チームを活用することによっても促進されるだろう。生徒による管理運営チームは、3、4人の生徒と一人の教師によって編成される。その教師は、教え方や指導内容をどう改善するかに注意を集中し、授業を成功裏に進める責任を有する担当者である。グループメンバーは自分たちの経験を通して授業過程を観察するとともに、学級の仲間が漏らす意見などに耳を澄ます。生徒による管理運営チームの活用は、4段階で進められる。すなわち、①メンバー

を募集、選抜してチームを形成する、②5つの基本的要素を踏まえて協同的なチームを作り上げる、③指導と授業内容を改善する、④次の授業への改善方策を実行することにより、長期にわたる改善の恩恵を享受する。

　継続的な改善への取り組みは、学習の質をどう高めるかという文脈に位置づけられなくてはならない。生徒たちにとって、このことは協同学習グループによる活動が始まるということを意味している。力強い互恵的相互依存関係が構築されて初めて、生徒たちの間に恒常的な目的意識が生まれてくる。生徒は、質の高い学習（グループのメンバー全員が与えられた課題を毎回完全にやり遂げなくてはならない）と継続的な改善（生徒が日々自分たちの学習能力を向上させる）という新しい"ポリシー"を身につけていく。生徒たちはテスト得点に気を取られることが減り、学習過程の検証とその改善により関心を向けるようになる。チームワークと学習スキルを絶え間なく訓練することは、毎日の学校生活の核心部分である。リーダーシップは、すべてのグループメンバーが担うべき役割である。生徒間のあらゆる競争を排除し、社会的支援を行き渡らせることによって、教室は決して怖い場所ではないということがわかってくる。集団内異質の協同学習グループが構成され、彼らの間に強固な相互依存関係が構築されることにより、生徒間の障壁は取り除かれていくだろう。

第14章 教師の同僚性と評価

同僚による支援チーム

　学校における評価と成績報告業務は、教師が一人でこなすことのできないほど、手間のかかる複雑な仕事になってきている。理想的には、同僚からなる教師チームが指導や評価、成績報告を協同して行うとともに、それらを継続的に改善していくことが必要である（Johnson & Johnson, 1994）。同僚による支援チームは、2名から5名の同じ学校の教員メンバーからなり、実践上のあらゆる問題の解決に当たると同時に、指導、評価、成績報告などの業務を一緒になって、適切かつ柔軟に取り組むグループである。同僚による支援チームの活動は、(a) 指導や評価、成績報告の手続きを理念的に明確化するための専門的な議論、(b) 授業や査定（アセスメント）の実施、成績報告などを一緒に計画・設計し、準備すること、(c) 授業や査定の実施、成績報告に共同で取り組むこと、(d) 授業と評価が首尾よく進んだかどうかを共に点検すること、を含んだものとなる。教師がチームで査定を行う理由は、チームによる努力は個人の努力よりも生産的であることと、新しい評価方法は手間のかかるものが多いが、教師が協同して評価に取り組むことによってその手間を著しく減らすことができる、という経験的事実に基づいている。

　教師による支援チームは、(a) 生徒の学習の質的側面と量的側面、(b) 指導案の全体的な質、の査定に焦点を合わせることになる。まず第1に、教師チームは生徒の学習の質的および量的側面について評価し、その結果を関係者に報告しなくてはならない。さまざまな評価方法を活用することによって、生徒たちをよりよく理解するとともに、彼らの成長について彼ら自身や保護者などの関係者に、より正確で具体的な情報を伝えることが可能になる。しかしながら、評価手法が多様になればなるほど、それを実施するための時間や労力もさらに増すことになり、同僚からの支援が必要になってくる。

　第2に、教師チームには指導案を質的に査定することが求められる。指導案は教材と指導手順から構成されている。カリキュラムや指導方法の査定・改善を求める声が、多くの方面から寄せられている。それらの圧力は、野心的な達成目標を地域や国レベルで設定しようとすることからもたらされるものである。生徒たちにこうした達成の基準を確実にクリアさせるためには、その基準に合致した新しい評価手続きが必要になってくる。指導案というのは一人の教師だけの問題ではないことから、学校や地域における指導の質に関するデータを収集し、まとめ、伝える責務は、教師がチームとして担うべきものである。指導案の効果を査定するに際して、教師チームは、(a) 学校教育の質を評価するための国レベルの基準、(b) 学校や行政区、自治体の間での比較検討、(c) より幅広い関係者（ビジネス界や産業界、地方議会議員、その地域への

進出を計画している海外企業、など）に対する説明責任、(d) 多様な成果（チームでさまざまな仲間と能率的に活動する能力、など）を達成することへの説明責任、(e) 達成について幅広く定義すること、(f) 外国の学校と競い合う必要性、などの話題に関心を寄せておく必要がある。

査定と成績報告を行う

　いったん同僚による支援チームが編成され、継続的な学習・指導の質の改善に焦点を合わせたら、次なるステップは査定を行い、成績を報告することである。査定と成績報告には、(a) 評価表を考案すること、(b) 信頼できる仕方でその評価表を運用すること、そして (c) 関係者にその結果を伝えること、が含まれる。

　妥当で信頼性のある査定を行うためには、生徒の取り組みや指導案の質を評価する際の基準に則った評価表を準備しておく必要がある。評価表を作成する場合、とりわけ、複数の教師が信頼性の高い評価表を共通して用いようとする場合には、一人よりもふたりで考える方が好ましい。評価表を誰が利用することになろうとも、作成する際には言うべきことをきちんと言っておいた方がよいだろう。

　評価表を作り上げることは、時間と労力のかかる取り組みである。しかしながら、それは教師たちにとってもっとも重要で専門的な仕事でもある。評価表を作成するためには、"質的に高い"活動とは何かについての考えを明らかにして、意見の一致をみておく必要がある。評価表を作る最良の方法は、チームの教師が定期的に集まって、対象となる活動に関わる側面を決め、可能な基準の原案を工夫し、それらを生徒に適用してみて、必要な修正を加える、というものである。

　チームで評価表を開発することによって、同じ評価表を同じ方法で利用する教師の考え方と能力が向上してくる。たとえば、一人の教師が作文の技法に重きを置いて採点する一方、他の教師は着想や創造性を重視して採点していたとしたら、生徒は混乱することになるだろう。教師は、生徒の取り組みを評価し、それを報告する際の基準に関して、一致した考え方をもっている必要がある。

　生徒の学習と技能を査定しようとするとき、教師チームには解決しておくべき数多くの問題がある。

1　得点の一般化可能性

　生徒の能力を正確に推定するためにいくつの活動データが必要かについては、私たちはほとんど何も知らない。たとえば、生徒の数学と理科の問題解決能力を正確に推定するためには、8から20の活動が必要だとされる（Shavelson, Gao, & Baxter, 1991）。しかしながら、そのような推定値は、具体的な内容領域やカリキュラム、学年レベルによってかなり異なってくるはずである。さらに、そうした活動が行われる

状況によって、生徒の成果に反映する度合いも異なってくる。
2　生徒相互の客観的な比較
ある一人の生徒の成果と別の生徒との比較が、きわめて主観的になされる場合がある。
3　生徒による自己採点
生徒の自己採点が学習内容や行動の発達にどのように貢献するか、ということについては、まだわからないことが多い。
4　得点の集計
生徒の成果の査定に際しては、そこで用いられる一連の基準があるはずである。採点結果は個人ごとに集計するとともに、全体のまとめとして生徒全員についても集計する。どのような結果がどの成績に対応するのかが明らかになっていなくてはならない。
5　得点の信頼性
得点が信頼できるものであるためには、(a)採点する教師が異なっていても同じ得点になる、もしくは(b)時間をおいて2回採点してみても同じ得点になる、ことが必要である。高い信頼性を得るためには、(a)成果についての観察可能で客観的な特徴を示した基準が用意され、(b)査定の手引きとなる単純な評価表が作成されていなくてはならない。基準や評価表が複雑であればあるほど、信頼性は低くなる。採点者間信頼性は、教師チームが一緒に採点し、ある活動が基準を満たしているか否かについて意見交換することによって高まってくる。基準が何を意味していて、その基準をどのように採点に適用するか、などについて話し合うことによって、教師たちは一致した方針を手にすることができるのである。
6　査定にかかる時間やその他のコスト
新たに導入される査定方法の有用性について、教師にかかる時間やその他の労力を比較検討したような調査結果はほとんどないのが実情である。
7　教師に求められる訓練
教師は、妥当で信頼性の高い査定をどう実施するかについて、練習しておく必要がある。明確な採点基準が作成されていたとしても、直接的、体系的、持続的な訓練なしには、基準を一貫して運用することは難しい。こうした訓練は継続的に行われなくてはならない。なぜなら、ある時点で高い採点者間信頼性が得られたとしても、それが永久に持続されるわけではないからである。経験豊富な教師であっても、いつの間にか固有の基準を作り上げてしまっていたり、適用すべき採点基準の使用を止めてしまったりして、"採点が揺れ動く"ことがしばしば起こるからである。
8　継続的な見直しと改善
評価表はいったんそれが確立されたとしても、決して恒久的なものではない。評価表で用いられる基準は、定期的に話し合い、見直し、改良を図るとともに、そこで使われている用語を推敲するなど、継続的に改善していかなければならない。

査定結果の報告は、何が質の高い取り組みで、何がそうでないか、ということを理解する助けとなるものでなければならない。生徒たちが評価基準と評価表をくまなく理解すればするほど、質の高い取り組みが可能となってくる。その上、基準と評価表が良く定義されているほど、生徒たちは、(a)取り組みの改善のために次に何が必要か、(b)そのためにはどんな支援がいるか、について考えるようになる。保護者が評価基準や評価表について詳しく理解すればするほど、生徒が質の高い取り組みをする手助けを与えてくれるようになる。将来、生徒たちの雇用者になるかも知れない人たちが、評価基準や評価表について詳細に理解しているほど、生徒の質の高い取り組みについて認識することができるようになるだろう。時間の経過に伴う生徒の取り組みについて説明する際、チャートや図が説明の手助けになるに違いない。

指導、査定、成績報告の継続的な改善

　同僚による支援チームは、学習、指導、査定、成績報告をより良いものにするための継続的な改善の手続きに携わる。教師チームは、(a)指導し、評価し、その結果を報告するまでの活動プロセスをフローチャートや因果ダイヤグラムを用いて記述する、(b)その活動を実践する、(c)活動の各ステップで測定を行い、データとしてまとめ、分析する、(d)現在の活動を一歩ずつ向上させるための改善プランを計画し、実施する、そして(e)これらのステップ(b)(c)(d)を繰り返していく。こうした継続的な改善は、日常の学校の中で、汐の満ち引きのごとく日々繰り返されるよう制度化される必要がある。

　対象とする活動を査定するための基準作りは、ベンチマーキングと呼ばれる改善手法をとる。ベンチマーキングは、最善の実践をもとにして基準を作り上げるもので、優良事例を見つけて今のやり方とのギャップを分析し、そのギャップを埋めていくためのプロセス改革を進めるという手順で行われる。まず始めに、基準を特定するために(a)何が効果的なのかを理解するためのリサーチを行い、(b)もっとも成功している学校の実践を見つける。もしそれが可能であれば、その学校を訪問する。第2に、あなたの学級や学校での活動について、最低限の達成水準を目標として設定する。第3に、設定した目標を達成するために、学習や指導、成績報告のプロセスをどのように修正すべきか計画を立てる。第4に、自分たちの取り組み、採用した手続き、具体的な場面で用いた方略の効果について査定する。そして第5に、最初に設定した目標をクリアした後、次なる改善目標へと歩みを進める。

　同僚による支援チームが学習と指導の継続的な改善を進めていくために、メンバーは定期的にデータを集め、それをクオリティ・チャートに描き、効果性を見極める基準を定めるためにベンチマーキングを利用しなければならない。

教師が協働するための時間を捻出する

　以下に、教師が同僚による支援チームで協力して指導案を作り、チームで授業を行う時間を捻出するための対応策が挙げられている。それぞれの措置を実施する場合のメリットと問題点について考えてみよう。

1　教師が会合をもったりチーム・ティーチングができるように、管理職の教員が代わりにいくつかの授業を担当する。
　　メリット：＿＿＿＿＿＿＿＿＿＿＿＿＿＿＿＿＿＿＿＿＿＿＿＿＿＿＿＿＿＿＿＿
　　　　　　　＿＿＿＿＿＿＿＿＿＿＿＿＿＿＿＿＿＿＿＿＿＿＿＿＿＿＿＿＿＿＿＿
　　問題点：＿＿＿＿＿＿＿＿＿＿＿＿＿＿＿＿＿＿＿＿＿＿＿＿＿＿＿＿＿＿＿＿＿
　　　　　　＿＿＿＿＿＿＿＿＿＿＿＿＿＿＿＿＿＿＿＿＿＿＿＿＿＿＿＿＿＿＿＿＿

2　同僚の教師が会合をもったりチーム・ティーチングができるように、一人ずつの教師が順番にいくつかの授業を余分に負担する。
　　メリット：＿＿＿＿＿＿＿＿＿＿＿＿＿＿＿＿＿＿＿＿＿＿＿＿＿＿＿＿＿＿＿＿
　　　　　　　＿＿＿＿＿＿＿＿＿＿＿＿＿＿＿＿＿＿＿＿＿＿＿＿＿＿＿＿＿＿＿＿
　　問題点：＿＿＿＿＿＿＿＿＿＿＿＿＿＿＿＿＿＿＿＿＿＿＿＿＿＿＿＿＿＿＿＿＿
　　　　　　＿＿＿＿＿＿＿＿＿＿＿＿＿＿＿＿＿＿＿＿＿＿＿＿＿＿＿＿＿＿＿＿＿

3　同僚の教師が会合をもったりチーム・ティーチングができるように、学級の生徒を図書室で自習させる。
　　メリット：＿＿＿＿＿＿＿＿＿＿＿＿＿＿＿＿＿＿＿＿＿＿＿＿＿＿＿＿＿＿＿＿
　　　　　　　＿＿＿＿＿＿＿＿＿＿＿＿＿＿＿＿＿＿＿＿＿＿＿＿＿＿＿＿＿＿＿＿
　　問題点：＿＿＿＿＿＿＿＿＿＿＿＿＿＿＿＿＿＿＿＿＿＿＿＿＿＿＿＿＿＿＿＿＿
　　　　　　＿＿＿＿＿＿＿＿＿＿＿＿＿＿＿＿＿＿＿＿＿＿＿＿＿＿＿＿＿＿＿＿＿

4　同僚の教師が会合をもったりチーム・ティーチングができるように、学区の協力者や保護者にいくつかの授業を代わりに担当してもらう。
　　メリット：＿＿＿＿＿＿＿＿＿＿＿＿＿＿＿＿＿＿＿＿＿＿＿＿＿＿＿＿＿＿＿＿
　　　　　　　＿＿＿＿＿＿＿＿＿＿＿＿＿＿＿＿＿＿＿＿＿＿＿＿＿＿＿＿＿＿＿＿
　　問題点：＿＿＿＿＿＿＿＿＿＿＿＿＿＿＿＿＿＿＿＿＿＿＿＿＿＿＿＿＿＿＿＿＿
　　　　　　＿＿＿＿＿＿＿＿＿＿＿＿＿＿＿＿＿＿＿＿＿＿＿＿＿＿＿＿＿＿＿＿＿

5　同僚の教師が会合をもったりチーム・ティーチングができるように、体育や音楽の教師に合同クラスを作って授業を担当してもらう。
　　メリット：＿＿＿＿＿＿＿＿＿＿＿＿＿＿＿＿＿＿＿＿＿＿＿＿＿＿＿＿＿＿＿＿
　　　　　　　＿＿＿＿＿＿＿＿＿＿＿＿＿＿＿＿＿＿＿＿＿＿＿＿＿＿＿＿＿＿＿＿
　　問題点：＿＿＿＿＿＿＿＿＿＿＿＿＿＿＿＿＿＿＿＿＿＿＿＿＿＿＿＿＿＿＿＿＿
　　　　　　＿＿＿＿＿＿＿＿＿＿＿＿＿＿＿＿＿＿＿＿＿＿＿＿＿＿＿＿＿＿＿＿＿

本章のまとめ

　一人の教師が、同僚とは別々に自分だけで単独で教え、評価し、成績報告を行う時代は過ぎ去った。教師の業務はあまりにも手間のかかる複雑なものになっており、一人ですべてをこなすことはとても困難になっている。現実的には、同僚による支援チームが指導や評価、成績報告を協力して行い、継続的に改善していくことが必要である。教師は、同僚による支援チームを組むところから、指導や評価、成績報告の業務を始めなくてはならない。これによって教師は、生産性を高める数多くの方策を利用することができるようになる。教師チームは、生徒の学習と指導の質をともに改善し続けるために労力を注ぐことになる。教師チームは全員で、評価表を考案し、それを効果的に運用し、関係者への結果報告を行うことによって、評価と成績管理の業務に取り組む。次に、教師チームは、各メンバーの指導力を最大限に向上させるべく、継続的な改善活動を進める。改善活動に携わっている間、それと平行して、チームのメンバーはより効果的な指導、査定、成績付与の仕方や、学校の諸条件の変化に伴ってそれらを適合・修正していく方法を学ぶための、継続的な再訓練に取り組む。学校の教育環境が学習と指導を支え、高めることになるよう、教師のチームは学校内の他の同僚の援助を募る。最後になるが、同僚による有効な支援チームを結集し維持するのは簡単ではないということを、教師は忘れるべきではない。それには持続的な努力が必要とされるのである。

Appendix 14-1

同僚による支援チームのまとめ

1 同僚による支援チームとはどのようなものか？
　_____
　_____
　_____

2 同僚による支援チームの2つの目的は何か？
　a. _____
　b. _____

　　同僚による支援チームは、(a)生徒の学習と関係者への結果報告の質的・量的側面、(b)指導案の質的な側面、の評価に関する継続的な改善に取り組む。

3 同僚による支援チームのメンバーを誰にするか？
　　まず、学校内の有能な教師の名前をリストアップする。次に、同じ部署でもっとも評価活動に関わっている教師の名前をリストアップする。そして、この2つのリストから好ましい人間関係にある（友人関係にある）教師を選び出す。おそらくこれらの教師が、同僚による支援チームに相応しいメンバーとなるだろう。時間的に参加することが難しい教員がいるかも知れないので（最低でも週に一度の会合と、日に一度の"廊下会議"が必要）、表には少なくとも5人以上のメンバーをリストアップしておくべきである。

有能な教員	関与度の高い教員	互いに好意的な関係にある	教師チーム

4　いつ、どこで、どのくらいの頻度で、同僚による支援チームの会合をもつか。
　　　チームのメンバーが評価の手順を作成して実行しようとするときには、定期的な会合が必要になってくる。日々の立ち話程度の"廊下会議"が正式の定期会合を補ってくれるだろう。

　　a.　いつ
　　　　_____

　　b.　どこで
　　　　_____

　　c.　何度くらい（少なくとも週に一度は必要）
　　　　_____

5　同僚による支援チームが必要とする情報や教育資源は何か？
　　　教員チームのメンバーは、実際に実践されているさまざまな査定方法について知るために他の学校を訪問したり、さらなる練習や訓練を重ねる必要が出てくるかも知れない。メンバーがより優れた評価活動の実践に熟達するため、必要となる情報資源は何かについて計画を立てておこう。

　　a.　_____
　　　　_____

　　b.　_____
　　　　_____

　　c.　_____
　　　　_____

　　d.　_____
　　　　_____

6　教師チームに協同の5つの基本的構成要素を組み込む方法を挙げておこう。
　　a.　互恵的相互依存関係
　　　　_____

　　b.　個人の役割責任
　　　　_____

　　c.　直接対面しての相互作用
　　　　_____

　　d.　社会的スキル
　　　　_____

　　e.　ふり返りと取り組みの改善
　　　　_____

Appendix 14-2

学習活動を査定する評価表の作成手順 ☑

ステップ1：評価方法を明らかにしておく。
　下記のリストの中から生徒の学習を評価するために利用する査定方法をチェックする。
- ☐ 小テスト、テスト
- ☐ 作文
- ☐ プロジェクト、実験、調査、歴史研究
- ☐ 宿題、特別課題
- ☐ 発表・プレゼンテーション
- ☐ その他

ステップ2：生徒の成果を評価するための基準を設定する。
- ☐ a. 考え得る基準のリストについてブレーンストーミングする。
- ☐ b. もっとも重要なものから順に、その基準を順位づける。

ステップ3：評価表を構成する
　評価表は、各基準について生徒の学習成果を質的、量的に査定するために必要とされる。
- ☐ a. もっとも重要な基準から始めて、成果を評定する選択肢（非常に劣る、劣る、普通、良い、非常に良い、など）を設定する。
- ☐ b. いくつかの模範的な成果と非常に劣った成果を見つけて分析し、それら長所と短所を精確に測定できる選択肢を構成する。
- ☐ c. 構成した評価表を、一組の成果に適用して試してみる。

ステップ4：教師が一致した方向性をもって、一貫した、信頼できる仕方で評価表を用いることができるよう、訓練する。
　教師は、同一の評価表を同じ運用法で何度でも評定できるようにならなくてはいけない。また、異なる教師が同じ評価表を同じように運用できるようにならなくてはいけない。そうなるための訓練方法には、次のようなものがある。
- ☐ a. ある生徒の学習成果をグループで同時に評定し、それぞれの基準についてどのように査定されたかを議論する。
- ☐ b. ある生徒の学習成果をそれぞれのメンバーが個別に評定する。次に、各メンバーがその評価表を同様に運用できているかどうか確認するために、得点を比較する。
- ☐ c. 少なくとも2人のメンバーでそれぞれの学習成果を評定し、得点のあらゆる相違について、チームの2人以上のメンバーが合意に至るまで議論する。

ステップ５：評価結果に基づいて、指導案をどのように改善するか計画するための提案意見を挙げる。

1. _____
_____
2. _____
_____
3. _____
_____

ステップ６：学習成果の質的、量的側面について評価するための基準、各基準の選択肢、チーム・メンバーの評価表の運用技能、を継続的に改善する。

　"評定基準の揺れ"には留意すべきである。チーム・メンバーの評価表の運用方法について、定期的に再調整する必要のあることを忘れてはならない。他のチームや他の学校の模範となる評価表や運用方法を探し、それをベンチマークとして自分たちのチームの評価手続きの改善のために利用する。

Appendix 14-3

査定のための評価表（5件法）

名前（　　　　　　　　　）日付：　　／　／　　　クラス（　　　）
学習成果のタイプ：＿＿＿＿＿＿＿＿＿＿＿＿＿＿＿＿＿＿＿＿＿＿＿＿

　それぞれの基準について、5件法で評定する。

基準1	非常に劣る	劣る	普通	良い	非常に良い
基準2	非常に劣る	劣る	普通	良い	非常に良い
基準3	非常に劣る	劣る	普通	良い	非常に良い
基準4	非常に劣る	劣る	普通	良い	非常に良い
基準5	非常に劣る	劣る	普通	良い	非常に良い

備考：＿＿＿＿＿＿＿＿＿＿＿＿＿＿＿＿＿＿＿＿＿＿＿＿＿＿＿＿＿＿
＿＿＿＿＿＿＿＿＿＿＿＿＿＿＿＿＿＿＿＿＿＿＿＿＿＿＿＿＿＿＿＿＿＿
＿＿＿＿＿＿＿＿＿＿＿＿＿＿＿＿＿＿＿＿＿＿＿＿＿＿＿＿＿＿＿＿＿＿
＿＿＿＿＿＿＿＿＿＿＿＿＿＿＿＿＿＿＿＿＿＿＿＿＿＿＿＿＿＿＿＿＿＿

第15章 成績をつける

成績（通知表）をつけるということ

（私が責任者であった校内の）成績評価委員会に成績付与のあり方を検討するように要請があった。まず手始めに、これまでの研究論文を調べてみたけれども、ほとんど見込み薄だと思われた。まさに山のような混迷と混乱！ このような混沌から秩序を導き出すことができるのか？ 困惑極まる成績付与の問題について、アメリカの教育者の間で実際に一致点を見いだすことは可能なのだろうか？ その仕事は大いなる不安と狼狽とともに始まった。

ウォレン・ミドルトン（Warren Middleton, 1933）

　生徒の学習と指導案の質はさまざまな方法で査定できるが、それと同時に、教師には個々の生徒の達成度を総括して成績を付与する（通知表を作成する）ことが求められている。この成績付与は、指導や学習活動のために必要なのではない。教師は通知表をつけなくても指導することができるし、生徒は成績がなくても学習は可能だ。成績を付与することで授業が良くなるわけではないし、生徒の学習が向上するわけでもない。しかしながら、大部分の教師は、学校から定期的に生徒の成績をつけるよう求められる。こうした要請は今に始まったことではない。生徒の学習の成績付与と成績報告には、長い歴史がある。これまでにも多くのその道の達人が、この成績付与の難問を解決しようと奮闘してきたが、まだ解決策が見つかっているわけではない。ミドルトンが80年前に苦闘した問題は、今日の私たちの問題でもある。

　通知表をつけるのは、それが総括的評価の結果を伝えるもっとも効果的な方法だ、と考えられているからである。成績は、生徒がある学期の中で達成した学習の相対的な質を表現する（文字や数字、ことばを使った）符号である。成績の付与を通じて、教師はさまざまな課題に対する生徒の成果をまとめ、総合する。また、学級内での努力、出席や参加の程度など、取り組みのその他の側面を考慮したボーナス点を与えることもあるだろう。

なぜ成績は公正でなければならないか

真の発見の旅とは、新しい景色を探すことではない。新たな視点をもつことなのだ。

マルセル・プルースト（1871-1922）

　成績は大切である。成績はギフテッド（顕著に高い能力をもつ子どものための）教

育や特進クラスが受けられるか否かを決定するかも知れない。生徒の成績は、彼らが得られるであろう教育機会や就職の機会を決定する。生徒の成績は、学業上の栄誉や承認（たとえば、育英会奨学生など）が得られるかどうかを決定する。1960年代のアメリカでは、成績は男子大学生が軍隊に徴兵されるかどうかの判定に用いられてきた。徴兵された若者は、しばしば当時戦争中であったベトナムへと派遣され、その多くが戦死した。大学での成績は、文字通り生死を分かつものだったのである。生徒の教育機会や就職の機会だけでなく、将来の収入を決めかねない成績のもつ力は、おそらく成績の付与を、教師に課せられたもっとも重大な責任にしてしまっている。教師にとってもっとも困難で、避けて通りたい業務として成績付与が頻繁に引き合いに出されるのは、こうした所以からだろう。

　成績の公平性はほとんど、それらがどのように配分されるかということに依っている。成績配分の原理としては、次の3つがある。すなわち、**公正であること**（もっとも寄与した度合いが高く、高い得点を得た者が、最大の報奨を得る）、**平等であること**（皆が同じ報奨を得る）、**必然性があること**（それをもっとも必要としている者が、最大の報奨を得る）、である。こうした3つの原理はすべて私たちの社会で通用しているものであり、道徳的な根拠も踏まえている。一般に、公正性は、成長しようと励む者はその努力の価値が認められ、報奨が与えられる、ということを保証するものである。平等性は、基本的欲求を満たすとともに、さまざまな寄与を等しく価値づけることを保証するものである。また、必然性は、困難に陥ったときには誰かが支持や援助を与えてくれる、ということを保証するものである。公正性だけに基づいて報奨を与えようとする教師は、"公平とは何か"をきわめて狭い視点からしか捉えていない、ということになるだろう。

　成績が公正なものとして認知されるかどうかには、いくつかの要因が関係している。

1　競争的な事態で"負けた"生徒は、一般に評価の仕方が不公平であると見なし、その結果として学級や教師を恨むようになる。
2　課題に取り組む前の段階では、グループのメンバーは概して競争に基づく成績評価をもっとも公正だと見なしているが、課題達成後には、皆が同じ成績となることをもっとも公正であると考えるようになる。
3　生徒が長期にわたって、より頻繁に協同学習を体験すればするほど、彼らは（a）努力する者は皆、等しく成功するチャンスがあること、（b）受ける価値のある成績を自分が得ていること、（c）成績評価が公正であること、をより信じるようになる。

第15章　成績をつける

成績評価の歴史

1850年以前
　人間の歴史を通じて、学習の成果を査定するという問題は常に起こっていた。たとえば古代ギリシャでは、生徒が知っていることを口頭で説明することによって、教師は次に学ぶべき内容を決めていたという。他方、成績を使って総括的評価を行うようになったのは、比較的最近のことである。

1850年代
　アメリカに総合的な成績評価がもたらされた。これ以前は、成績をつけるということは事実上知られていなかった。

1880年代後半
　それぞれの生徒が習得したスキルに関する進歩量の評価を、文章で作成することが教師に求められるようになった。あるレベルの要件を達成した生徒は、次のレベルへと昇級できることになる。

1900年代初頭
　中等教育の急激な増加に伴って、高校の教師たちが特定の教科領域での生徒の達成度を証明する方法として、パーセンテージ得点（100点満点）を導入した。小学校の教師たちは、引き続き文書で生徒の学習を証明していた。

1912年
　同一の英語、歴史、地理の答案に対し、教師によって著しく異なるパーセンテージ得点が付与されている、ということを実証した研究が発表され、パーセンテージ得点は信頼性が低いとの異議が唱えられた。

1918年
　多くの教師が少数の大まかな分類による評価尺度を採用した。3段階尺度では、優れる、普通、劣る、という分類が用いられた。5段階尺度では、A・B・C・D・Fというレターグレード（符号による評価）に対応する、卓越した、優れた、普通、劣る、不合格、が用いられた。

1930年代前半
　成績を付与する際の主観性を減じる方策として、相対評価（集団準拠）の成績評価が主流となってきた。6％の生徒にA、22％はB、44％はC、22％はD、そして6％にFをつけるべきとの主張がなされた。アメリカにおける知能テストの得点がほぼ正規分布を描くことから、どのクラスの学力検査の得点も同様であろうとの根拠づけがなされた。

1930年代後半
　成績評価があまりにも過熱しているとの論議の高まりにより、多くの学校が形式的な成績付与を廃止して、記述式の報告を復活させた。また、完全習得学習の考え方に

基づいて、生徒がある技能を完全に習得したら次の課題に移ることができる、PF評価（合格か不合格か）を採用する地域もあった。

1950年代

　成績のもっとも望ましい用い方に関する研究は、成績とナラティブ（ことばでの記述）によるフィードバックの組み合わせが、成績だけによるものよりも学習の向上に有効であると結論づけた。

1980年代

　他者の取り組みを査定し成績をつけるということは、単に成績を与えられるだけよりも学ぶところが大きいとの研究結果から、生徒が互いに査定し評価し合うことが望ましいとされるようになった。

1990年代

　ポートフォリオなどの新しい査定方法が推奨されるようになった。

何のために成績をつけるのか

　成績を付与する理由として重要なのは何だろうか。以下のそれぞれの項目を重要度の順に1～8まで順位づけしてみよう。

（　　）生徒が指導案の求め（目標の価値を認識し、課題に取り組み、それを達成することによって学ぶ）に従うようにするため。

（　　）進学や就職への道筋を生徒に提供するため。

（　　）生徒が（a）自分の長所・短所を正しく認識し、（b）何を期待されているかを理解し、（c）どうしたらもっと向上できるかについて理解を深めることができるよう、達成度に関する情報を提供するため。

（　　）生徒の達成度を保護者や関係者（大学の入試担当者、将来の雇用者など）に報告するため。

（　　）生徒に与える外発的な報償、発憤材料として。

（　　）特定の進路や進学先へと生徒を分類したり、見極めたりするため。

（　　）指導案の効果を点検するため。

（　　）課題の要請に従わなかったり、ルールを守らない生徒、努力や責任、礼儀や敬意を示さない生徒を罰するため。

　これらすべての目的が1つの成績で果たされるわけではない。さまざまな教師がさまざまな目的のために成績を用いるだろう。そのために、成績の付与を巡る葛藤が学校内で起こることがある。多くの小学校教師は、教育委員会の要請があるから成績をつけると報告する一方、中学校や高校教師の多くは、生徒の進歩の度合いについて知らせるために成績をつけると報告している。

成績に潜む主観性

　成績に向けられる批判の1つは、それがあまりにも主観的であるというものである。高校1年生の英語の授業で書かれた2つの作文が、200校の英語教師に送られ、採点するよう求められた。成績の主観性について考察したこの研究は、教育者の間にショックを与えることとなった (Starch & Elliott, 1912)。それぞれの教師は、自分の学校の基準に照らして2つの作文に点数をつけるように言われた。100点満点で採点され、75点が合格点とされた。15%の教師が1つの作文を不合格とした一方、12%の教師はその作文に90点以上をつけていたのである。その際の得点は64点から98点まで幅があり、平均値は88.2点であった。もう1つの作文の平均値は80.2点であり、得点は50点から97点まで分布していた。ある教師は言わんとする主旨が伝わるかどうかで作文を採点していたのに対し、他の教師は簡潔さとか、綴りや句読点の正しさを考慮した採点を行っていた。点数での成績付与を擁護する人は、良い作文とは何かという判断は本来的にきわめて主観的なものである、としてこの研究を批判している。これを受けて、今度は歴史と幾何学のレポートを使って、追試が行われた (Starch & Elliott, 1913)。幾何学のレポートについては前よりも大きな散らばりが見出され、1つのレポートの得点は28点から95点まで幅があった。ある教師は簡潔さ、見栄え、綴りの正確さを考慮して採点していたのに対し、別の教師は正解かどうかだけを念頭に採点していた。

　たとえ何を重視しようと、成績評価には常になにがしかの主観性が含まれる。主観性は偏りと密接に関わっている。教師の先入観や期待は、生徒の成果を判断する際に影響を与えるし、ある種の特徴（たとえば、文章の丁寧さ）は教師の判断に著しく影響するだろう。成績付与の主観性は、生徒の多義的な行動を採点するような場合にはさらに大きなものとなる。主観性は、(a) 採点の評価表に含まれる基準を具体的で詳細なものにする、(b) 地域内のすべての教師が同一の基準を用いるようにする、ことによって減少させることができる。また、生徒の成果を複数の教師で評価することも、主観性を減らす有効な手立てとなる。

成績評価のタイプ

　成績評価には、2つのタイプがある。すなわち、単一次元評価と多元的評価である。もっともよく知られているのは、生徒にA（秀）、B（優）、C（良）、D（可）、F（不可）を与えるものである。単一次元評価は単純で、簡明、簡便である。一般に、単一次元評価の評点は次のようである。

A	優秀な、傑出した	卓越した	4点
B	良い、顕著な	熟達した	3点
C	普通、基準を満たした	履修した	2点
D	劣る、最低基準の、	未熟な	1点
F	不合格、不受理		0点

　小学校の教師は、「卓越した－良好な－不十分な」という単一次元評価をよく用いている。また、中学校の教師では「合格－不合格」「合格－単位なし」というPF評価を使う人もある。

　単一次元評価の長所は、それが（a）学習成果の簡潔な表現であること、（b）多くの人にとって理解しやすいこと、（c）今後の成績や卒業までに何年かかりそうかを予測できること、（d）生徒をより良い達成へと（たぶん、良い成績を取るというより、悪い成績を取らないように）動機づけてくれること、（e）成功への前向きな認識をもたらしてくれること、などである。

　単一次元評価の短所は、（a）多面的な学習成果の全体像を示すことができないこと、（b）ある特定の準拠枠組に限定されたものであること、（c）（いかなる共通の基準にも準拠してはいないことから）それが何を表すか曖昧であること、（d）成績優秀者にとっては上限となる天井を設定してしまうことからやる気を削ぐことになり、同時に成績不振者の士気をくじくことになる可能性のあること、である。

　成績評価には他にも問題点がある。1つは、評価段階は本来的に多義的なものだということである。異なる評価段階の間に、意味のある区切りをつけることは難しい。もしB評価が80点から89点だったとしたら、この両端の生徒は9点も差があるのに同じ成績を受けているわけで、79点の生徒は（1点しか違わなくても）C評価ということになる。二つ目は、成績評価は、特定の限定された知識や技能についての総括的評価としてより、むしろ生徒の総体的な能力や個人的価値を表す指標として、過度に一般化される傾向がある。

　第3の問題点は、成績を付与する際に用いられる基準について、教師の間でかなりのズレが存在するということである。成績表彰のための基準はしばしば学校区で設定されているが、大部分の場合、個々の教師は成績付与にどの基準を使うべきかを決める際、かなり幅のある選択を行っている。ほとんどの生徒にAあるいはFをつけたとしたら、その教師は疑念をもたれるかもしれないが、この両端の内側では、どんな基準で成績をつけるかについて、教師はかなりの裁量をもっているのである。

　第4の問題点として、成績評価は生徒に与えられる報奨やフィードバックとしての価値がほとんどなく、生徒の成果や行動との関連性も乏しいことが挙げられる。そし

て最後の問題は、成績評価は独創性やリーダーシップ、熟達した技能、優良な市民性、人格的成熟、家族の幸せ、といった重要な資質の発達にほとんど役立っていないことが、実証的に示されているという点である。

多元的評価は、学習の異なる側面に対して別々に異なる成績をつけることを意味する。そこでの成績の付与は、**成果による基準**（生徒が何を知っており、何ができるかに焦点を当てて、学業を総括的に評価する）、**プロセスに基づく基準**（取り組みに払われた努力や活動のあり方など、生徒の学習のプロセスを評価する）、**進歩量に基づく基準**（伸び率や習得量によって評価する）に着目して行われることになる。これら3つの基準を組み合わせて成績評価がなされるが、一般に、プロセスと進歩量の基準が考慮に入れられるほど、主観性のバイアスが大きくなる傾向がある。また、成績評価は（a）生徒の学業、（b）努力の程度について、同じ成績水準の他の生徒や、学校区、自治体、国が設定した標準と比較することも念頭におかれてきた。

成績をどうつけるか

成績評価が生徒の将来の生活に与える影響力の大きさは、公正・公平な方法で成績をつけなくてはならないという責任意識をもたらす。そのための手順は次のようである。

1　何を表す成績なのか、について決定する。
 a．成績付与の主要な目的を決める。通常、成績をつける目的は、それぞれの生徒が授業中にどれだけ学んだかを示すためである。
 b．誰のためにその成績をつけるのか、をはっきりさせる。普通、成績は主に学習者である生徒のためにつける。
 c．成績をつけることによって結果として何を達成したいか、を明らかにする。一般に結果として達成したいと考えるのは、生徒の学習を向上させることである。
2　それぞれの成績段階にどのくらいの生徒が含まれるのか、その割合を推測する。成績が与えられた後、実際の生徒の割合と推測した理想の割合とを比較してみる。
3　協同事態もしくは個別事態における学習の評価指標に必要な、生徒の取り組みについて判定する際の基準を設定する。そのために、カリキュラム編成者、教科の専門家、教師による成績評価委員会、管理職、保護者や生徒の助力を求める。
4　競争事態における学習の評価指標のために、生徒をもっとも優れた者から劣った者まで順位づける。競争的な学習事態は生徒を競い合わせることによる悪影響を及ぼすために、できるだけ避けるか、限定的に用いるべきである。競争を用いる際の条件についての議論は、Johnson, Johnson, & Holubec（1992）を参照のこと。

5　得点を標準化して、生徒が獲得する合計点を決める。
　a．評価対象期間の終わりに、各種の得点を合計し、実際の点数の獲得割合について検討し、それぞれの素点をパーセンテージ得点（100点満点）に換算する。こうして、個々の取り組みに対する得点を同列にしておく。
　b．それぞれの活動にどの程度の重みづけを施して最終の成績とするか、を決定する。授業の中で生徒が実際に何を学んだかを示すために、各課題にその難易度にしたがった重みづけを行う。
　c．各活動得点と重みづけの割合を掛け合わせる。
　d．総合計を求めるために、それぞれの得点を合計する。
　e．著しく低い得点を示す課題があったら、結果を歪めている可能性があるため、それを見つけ出す。最終成績は生徒が実際に学んだり習得したことがらの反映であることを忘れてはならない。極端に低い得点は最終成績に公正でない影響を与えている可能性があるので、除外すべきかどうかを判断する。そして、各活動のパーセンテージ得点を再計算する。

6　最終成績を決めるための基準を設定する。生徒は単元の始まりの段階で、何点取ったらAをもらえるか、どの課題のウェイトが大きいのか、について知らされていなくてはならない。与えられた成績で生徒が驚くようではいけない。生徒は、単元を通してどのように振る舞ったらいいのか、成績点がどのように算出されるのか、について知っておく必要がある。

7　できごとや振る舞いについてのコメントを含めて個別評価をする。これに、日付、保護者や他の教師との面談のまとめ、長期の成長記録を付す。成績はそれだけを単独でまとめるべきではない。より包括的なナラティブ記録やチェックリストによる評価を加えることによって、生徒に関するより多くの情報が与えられるだろう。

8　生徒の達成レベルについて誤解を与えるような成績につながる得点化は避ける。鍵となる問いは「生徒の学業達成のレベルとは何か」ということである。得点化の際に注意すべきなのは、平均値を算出することと、達成できなかった課題をゼロ査定することである。
　a．平均化することは、生徒が学んだことを正確に表現することを妨げてしまう。たとえば、生徒がある単元の合格レベルに達するために最終試験でBを取ったということと、その生徒が特定の課題でB評価を得たということは混同されかねない。特定の課題はB評価であっても、最終的な全体評価はDになることもある。
　b．仕事が遅いとか、間違えたときに、0点を与えることがある。これは生徒の学習レベルを正しく反映することにはならない。0点というのは、通常、適切な役割責任を果たさなかった生徒に罰として与えられるものである。0点は、他の活動と合算して平均化されるような場合に、とくに罰としての意味

を生じてくる。生徒が0点を与えられると、極端な得点は平均値を歪めてしまうことから、A評価の可能性を消し去ることになるのである。

学校区の中には、小学校レベルもしくは8年生まで、伝統的なレターグレード（A〜Fの符号による評価）を廃止して、チェックリストやナラティブ評価に置き換えたところがある。いくつかの高校や大学でさえも、旧来のレターグレードをポートフォリオやその他の代替的な評価法に移行している。

チェックリストとナラティブ

単一次元評価の限界ゆえに、チェックリストやナラティブといった、より複雑で完全な形の総括的評価の手法を採用する学校が現れている。

◆チェックリスト

チェックリストは、生徒の強みと弱みを詳細に分析することを目的とした手法である。チェックリストの長所としては、(a)学業達成についての明快な説明を提供してくれる、(b)生徒が何を成し、何を成し得なかったかについて診断し、彼らが次にすべきことを指示してくれる、といった点が挙げられる。また、短所としては、(a)あまりにも込み入っていて理解しづらい、(b)生徒のレベルから期待される目標と比べ、実際の進歩量が適正かどうかについてほとんど何も教えてくれない、という点がある。

◆ナラティブ

ナラティブは、教師によって記載された詳細な個別報告で、生徒について知り得るあらゆることがらを含んだものである。ナラティブの長所は、(a)生徒の伸びや成果についての明快な説明を与えてくれること、(b)生徒が何を成し、何をなし得なかったかについて診断し、彼らが次にすべきことを指示してくれること、である。反対に短所としては、(a)教師がそれを用意するのに時間がかかること、(b)生徒の進歩量が適正かどうかを伝えてくれない、(c)紋切り型のコメントになりやすいこと、が挙げられる。

ナラティブは、教師の個人的な判断に大きな自由度を与えてくれる。多くの教師は、生徒たちについて知り、彼らの活動をさまざまな面から理解し、進歩の程度について明確な見解をもっている。教師の見立ては、生徒が学んだことがらについてのきわめて正確な説明をもたらしてくれるだろう。

協同学習における成績の付与

　成績をどのような方法でつけるかは、教師が生徒たちの間にいかなる相互依存関係を築きたいと考えているかに深く関わっている。集団準拠による相対評価は生徒の間に競争関係を生み出すだろうし、目標準拠の絶対評価は、個別もしくは協同による活動を生徒たちに求めることになる。ここでは、協同学習事態での成績付与に対するヒントをいくつか掲げておくことにしよう。

1　グループのメンバー全員が基準をクリアしたら、ボーナス点を与える

　メンバーは一緒になって勉強し、課された教材を全員が習得したことをしっかり確認する。その後、個別にテストを受け、得点が与えられる。もしすべてのメンバーがあらかじめ決められた基準点以上を取ることができたら、それぞれがボーナス点をもらえる。例としては次のようである。

基準点（ボーナス点）：100点（15点）　90～99点（10点）　80～89点（5点）

生徒名	得点	獲得ボーナス	合計点
ビル	100点	10点	110点
ジャニータ	95点	10点	105点
サリー	90点	10点	100点

2　メンバーの最低点にもとづいてボーナス点を与える

　メンバーは協力して試験勉強をする。そして、グループ内のメンバーの最低点がどれだけ高かったか、にもとづいてボーナス点を与えるのである。この方法は、グループの中の達成度の低い生徒への励ましや支援を強調したものとなっている。ボーナス点の基準は、そのグループの過去の最低点を参考に各グループで調節すればよい。たとえば、次のような例が考えられる。

基準点（ボーナス点）：90～100点（6点）　80～89点（4点）　70～79点（2点）

生徒名	得点	獲得ボーナス	合計点
ビル	93点	2点	95点
ジャニータ	85点	2点	87点
サリー	78点	2点	80点

3 グループの平均点にもとづいてボーナス点を与える

メンバーは一緒になって勉強をする。その後、各メンバーはテストを受けて個人点を与えられる。次に、グループの平均点を算出し、各メンバーの得点にその平均点を足して、個人の最終得点とするのである。以下に具体例をあげる。

生徒名	得点	グループの平均点	合計点
ビル	66点	79点	145点
ジャニータ	89点	79点	168点
サリー	75点	79点	154点
ベンジャミン	86点	79点	165点

4 進歩の程度に応じてボーナス点を与える

協同グループで試験の準備をして、個人ごとにテストを受け、個人点が与えられる。それに加えて、今回のテスト得点が過去のすべてのテストの平均点（通常点）を上回っている場合には、個人の得点にボーナス点が加算される。過去のテストの正答率は、以前に増して頑張ろうとする際の基準点になる。次のテストが行われるごとに、基準点は更新される。もし生徒の得点が基準点と比べて4点以内（基準以上でも、以下でも）の場合には、グループメンバー全員にボーナス点1点が加算される。5～9点高い場合には2点、そして10点以上高い場合、もしくは満点を取った場合にはボーナスの3点が加算される。

5 メンバーの個人得点を合計する

メンバー各個人の点数を合算し、メンバー全員がその総計となる点数を受け取ることにする。たとえば、それぞれメンバーのテスト得点が90点、85点、95点、90点だった場合、各メンバーには360点が与えられる。

6 メンバーの個人得点を平均する

メンバー各個人の点数を合計し、メンバー数で割って平均を求める。そして、それぞれのメンバーはグループの平均点を個人の点数として受け取る。たとえば、メンバーの得点が90点、95点、85点、90点だったとしたら、各メンバーが受け取る得点は90点となる。

7 グループで1つの課題に取り組み、グループ点を与える

グループで1つのレポート、エッセイ、発表、ワークシート、テストなどに取り組む。その活動を評価し、メンバー全員に得点が与えられる。この方法がワークシートやテストを使って行われた場合には、メンバー全員がそれぞれの質問に一致した解答をしなければならないし、他の人にそれを説明できなければならない。

8　ひとりのメンバーの解答をランダムに選び、それを全員の点数とする

　メンバーは個人ごとに課題をやり終え、その後、互いに解答を照らし合わせ、各問について正しいかどうかを確認する。グループ全員でそれぞれの解答を確認するのだから、誰の解答が採点されてもほとんど点数に違いはないはずである。教師はランダムに１枚の解答を選んで、評価を行い、メンバー全員がその成績を受け取る。テストの場合にもこれと同じ手順で、それぞれのメンバーが与えられた教材を習得したかどうかをグループで確認させ、個人ごとにテストを受けさせ、そしてランダムに一人のテストを選んで採点し、メンバー全員にその点数を与える。

9　メンバー全員にグループ内のもっとも低い点数を与える

　グループで試験準備をして、個人ごとにテストを受ける。そうしてメンバー全員にグループで一番低い点数が与えられるのである。たとえば、それぞれの点数が、89点、88点、82点、79点だとすると、メンバーには個人の点数として79点が与えられる。この手順はもっとも低い点数を取ったメンバーを励ましたり、支援したり、補助したりすることを強調するためのものであり、しばしばその生徒の劇的な成績上昇を生むことがある。

10　教科学習の成績に協同技能の得点を加算する

　グループのメンバーは、課された課題を達成するために協力して活動する。そして、メンバーは個人ごとにテストを受ける。それと同時に、グループの中での生徒の取り組みを観察し、特定の協同技能（たとえば、リーダーシップとか信頼構築のための行為など）を何度使っていたかを記録する。教科学習の得点と協同技能の点数が加算され、その合計点がメンバーの成績になる。

11　教科学習の成績に加えて、教科外の報酬を与える

　グループで試験準備をして、個人ごとにテストを受け、個人としての成績を受け取る。そしてグループの平均点に応じて、褒美としての自由時間やおやつ、特別な休み時間などが与えられる。

本章のまとめ

　教師は生徒の学習とその進歩量を頻繁に査定する必要があるが、必ずしも成績をつけなければならないわけではない。査定には、生徒がどのように取り組み、何を学び、どんな困難を経験しているか、についてチェックすることが含まれている。成績というのは、ある一定期間の授業における、学業達成の相対的な質に関する価値判断を表現するシンボルである。成績には、生徒や彼らの関係者に達成レベルを知らせ、指導案の適否について評価し、特定の教育機会への進路を生徒に提供し、優れた生徒に対して報奨を与える、という役割がある。成績評価の方法には、単一次元評価と多元的評価がある。成績は生徒の将来への影響力が大きいために、公正に行われることがき

わめて重要である。公正な成績付与のためには、成果を測定するさまざまな手法が必要となる。生徒の学習成果に関する多面的な総括的評価を行うために、チェックリストやナラティブによって成績評価を補うことができる。協同学習グループでの学びは、生徒の学習のより多くの側面について査定し、多様な観点から成績を付与する機会を与えてくれるだろう。

Appendix 15-1

成績付与と成績報告の意味について考える

次の各問いに思ったままを答えて下さい。

1　あなたは何のために成績をつけているか、その理由を挙げて下さい。
　　a.　_____
　　b.　_____
　　c.　_____

2　あなたは誰のために成績報告を作成していますか？
　　_____

3　成績を報告することによって、どのような結果になることを期待していますか？
　　a.　_____
　　b.　_____

4　あなたの学級について、(a) 理想的だと思われる各成績段階の割合（％）はどのくらいか、また (b) 実際の割合（％）はどうだったのか、を記入して下さい。

成績段階	理想的割合（％）	実際の割合（％）
A		
B		
C		
D		
F		

5　どのようなタイプの評価方法が組み入れられたか、それぞれ書き出して下さい。
　　a.　協同的（目標準拠、絶対評価）
　　_____

　　b.　個別的（目標準拠、絶対評価）
　　_____

　　c.　競争的（集団準拠、相対評価）
　　_____

6　得点化の方法の仕様を定めて、各生徒が特定の単元で獲得した総得点を算出して下さい。

氏名（　　　　　　　　）　日付：　　／　　／　　　単元（　　　　　　　　）

学習成果の査定手続き	パーセンテージ得点	重みづけ	得点
テスト、小テスト			
作文			
口頭発表			
プロジェクト、実験			
ポートフォリオ			
課題への集中、推論			
社会的スキル、他者への援助			
肯定的態度			
学習記録、学習日誌			
クオリティ・チャート			
宿題、追加課題			
出席率、参加度			
総得点			

7　最終成績を決める際の基準になっている目安、観点は何ですか？（最終成績は相対的な評価を行ってはならない）

最終成績	観点
A	
B	
C	
D	
F	

8　成績報告が生徒一人ひとりにとってふさわしくなるようどのように個別化していますか？
_____

9　成績評価や通知表による報告でもっともしたいと思うことは何ですか？
_____

10　成績評価や通知表による報告でもっともしたくないと思うことは何ですか？

Appendix 15-2

特別支援学級の生徒に対する成績評価基準

特別支援学級の生徒に対する成績評価基準について、以下の項目を重要度の順に順位づけして下さい。

テスト
- (　) 質問や回答を口述によりテストする
- (　) 教師、他の生徒、補助教員が通常のテストを生徒に読み上げる
- (　) 教科書や授業ノートを持ち込み可として、通常のテストを行う
- (　) テストの様式を修正し、論文式ではなく、書かれたものでも口頭でも多肢選択にする
- (　) 合格しなかった場合は、再テストする
- (　) 合格基準を低めに設定する
- (　) 協同のグループを使って、生徒に口頭で尋ねてテストする

宿題と学級内査定
- (　) クラスメートや補助者が読み上げ問題を書き留めたり、生徒に読んで聞かせる
- (　) クラスメートが問題を読み上げて、生徒が解答を書くのを助ける
- (　) 合格基準を低く設定して、通常の問題を与える
- (　) 通常の問題を少なくして与える（たとえば、質問の数を半分にする）
- (　) レターグレードよりも、「履修済み」のような形で成績をつける
- (　) 生徒が解答する質問形式を加減する
- (　) 教師やクラスメートに解答を口頭で伝えてもらう
- (　) 正解しなかったときは再度その問題を与える
- (　) ノートの取り方など、普段は評価することのない適切な行動に対して単位を与える
- (　) 生徒や教師が提案したプロジェクトに対して追加の単位を与える
- (　) 協同学習グループが生徒の取り組みを助言したり、援助する

第16章 ふり返り

評価するということ

> 変革の時代において、未来の後継者となりうるのは、学び続ける人間である。
> 学ぶことをやめた人間には、過去の世界に生きる術しか残されていない。
>
> エリック・ホッファー（米社会哲学者・港湾労働者）

　1955年、エドワード・バンフィールドは、彼がモンテグラーノと呼ぶ南イタリアの小さな町に9ヶ月間暮らした。バンフィールドがまず気づいたのは、その町の疎外された住民、ひどい貧困、広がる汚職だった。モンテグラーノがこうした苦境に陥った一番の原因は、そこの住民の人間関係にひそむ不信、ねたみ、疑心暗鬼であった。彼らは、社会生活を闘争のようなものだと考えていた。町の人たちは何か見返りがなければ、助け合うことを拒んだ。実際、多くの人たちが隣人の成功の足を引っぱり、他人の幸運はかならず自分の幸運を妨げるものだと信じていた。その結果、彼らは社会的に孤立し、疲弊し、共通の問題を解決するために協力することができず、収益の見込める経済活動を始めるために、資源や才能を出資し合うこともなかった。

　モンテグラーノの人々が他の町の人たちより生まれつき自己中心的で愚かであった、というわけではない。しかし、数多くの複雑にからみ合った歴史的・文化的理由から、彼らは、共通の善なるものを一致協力して求めるために必要な、社会的な規範や習慣・態度、ネットワークを欠いていたのである。アレクシス・ド・トクビルが「心の習慣」と呼んだものが欠落していたのだ。心の習慣には、共通の善なるものに対して責任をもち、一緒に仕事をする仲間を信頼し、正直で、自己規律をもち、互いに善い行いをし、協同や対立解消のために必要な技能を熟達させることが含まれている。アメリカ合衆国では、1960年代の初頭から国政選挙の投票率が25%も低下する一方、「ほとんどの人は信頼できる」と考える人の数も3分の1以上少なくなっている。こうした事実が、民主主義と上述した心の習慣との深い関係を如実に示しているといえよう。

　評価は、生徒に成績をつけることよりもずっと幅広い意味をもっている。生徒がどんなことを知り、理解し、長期にわたって覚えているか（すなわち、教科内容に関する学び）について査定することはとても重要である。同様に、(a) 生徒の推論過程の質的なレベル、(b) 彼らのスキルや能力の側面（話すこと、書くことといったコミュニケーション技能や科学的な応用技能）を評価することもきわめて大切である。複雑で変化の早い現代社会にあっては、事実を記憶することに注力するといった狭い教育の考え方ではなく、もっと幅広い視点が求められている。学校教育は、これまで以上に、適切な行動習慣（時間通りに課題をやり遂げる、活動の質を維持するとともに改

善に励む、など）や態度（学ぶことを好きになったり、良い書物に接することを望んだり、民主的な考え方に関心をもつ、など）を生徒に教えることが求められているのだ。

評価計画を立てる

次の表16-1に記されているのは、包括的な査定目標とその手続きである。評価計画を立てる際、査定したいと思っている目標をまずチェックし、それから使おうとする手段を点検する。このように目標と手段を適合させることで、個々の目標をどのように査定するのかが明確になる。

表16-1　査定目標と査定手段 ✓

何を査定するのか	査定に用いる方法
☐ 教科内容の学習	☐ 目標設定会議
☐ 推論過程・推論方略	☐ 標準テスト
☐ 技能と能力	☐ 教師作成テスト
☐ 態度	☐ 作文
☐ 活動習慣	☐ 口頭発表
☐ プロジェクト	
☐ ポートフォリオ	
☐ 観察	
☐ 質問紙	
☐ 面接	
☐ 学習記録・学習日誌	
☐ 生徒主導のグループ活動	

こうした複雑で長期にわたる学校の役割を達成するためには、教師は3つのタイプの評価を行うことが求められる。すなわち、診断的評価、形成的評価、総括的評価である。これらの評価のためには、学習指導のプロセスと成果の両方に焦点を当てる必要がある。また、評価は教室の中で行うだけでなく、現実の場面でも実施しなくては

ならない。教育関係者の数は、世界経済や国々の相互依存が強まるにしたがって増加する傾向にある。そして、生徒が何を学び公教育を何年で修了したかによって、彼らの将来が決定される傾向が強まるにつれ、評価への関心は次第に大きくなっている。教師の役割責任の重要性が増すとともに、多様な査定手段を用いる必要性も高まっている。

役に立つ評価の実施

　役に立つ評価を実施する際に、教師が留意すべき2つの主要なポイントは、さまざまな関係者にとって査定が、(1) 意味のあるものであり、(2) 扱いやすい（実施しやすい）ということである。

表16-2　意味のある評価の対象

プロセスにおける関わり		活動の成果	
無意味	有意味	無意味	有意味
個人的な目標	相互依存関係にある目標	個人的な称賛	みんなでの称賛
一人での活動	他者との協働	新たな個人目標	相互依存関係にある新たな目標
自己査定のみ	自己査定と他者による査定		
フィードバックを受けるのみ	フィードバックを受ける・与える		

　評価を意味あるものにする3つの要因は、他者との相互依存関係、学習と評価プロセスの関わり、そして役に立つ結果、である。生徒が個人的な利得のために一人で活動するようになればなるほど、学習も査定も意味のないものになっていく。より意味のある評価にするためには、次のように生徒を促すことが必要である。
1　グループの仲間の目標と相互依存関係にあるような、学習目標を設定するよう促すこと
2　グループの仲間と協力することによって達成が可能になるような、学習目標の計画立案を促すこと
3　自分自身の活動とともに、グループの仲間の活動をも同時に評価するような査定のための計画を立て、実施するよう促すこと
4　自分たちの努力と成功をみんなで一緒に称え合うよう促すこと

5 学習できなかったことがらについて補習し、次なる学習とその査定へと向かって進む明確な方向性が得られるよう、査定結果のふり返りを促すこと

　学習目標の設定に生徒を関与させ、目標達成への道筋を選択し、進捗状況と達成具合を評価し、さらなる改善についての計画を立て、その計画を実行させる、というのは決して容易なことではない。
　教師が評価システム全体を一人で運用しようとするのは、とても無理である。そうした教師にとって、もっとも得られやすい支援者は、生徒と同僚の教師である。生徒たちは、いつでも頼ることのできる最高の助っ人だといえる。しかしながら、評価プロセスへの積極的な関与者になってもらうためには、生徒たちを協同学習グループの一員へと組織化する必要がある。競争を志向していたり、一人での活動を好むような生徒は、評価システムをより良いものへと継続的に改善していく助けにはなりにくい。より高いレベルの査定のためには、生徒たちは自分自身の学業的な達成と同時に、クラスの仲間の学びにも積極的に関与するようでなければならない。そのような関与というのは、しっかりとした互恵的相互依存関係が成立している場合にだけ、もたらされるものである。
　協同学習のグループは、評価が授業プロセスの一環となり、生徒たちは授業に参加することから学ぶのと同様に、自分自身と仲間の取り組みの質を評価することからも学ぶような構えや文脈、環境を提供してくれる。
1 協同学習によって、評価を学習プロセスに組み込むことが可能になる。継続的な評価には継続的な観察と支援が必要であるが、それは協同学習グループがもっとも適している。
2 新たな評価の取り組みは、互いの学びとその達成を真剣に考える生徒でなければ実現できないほどの労力を必要とする。
3 協同学習のグループは、多様でさまざまな成果を対象とした、学習や評価のプロセスで用いることのできる方法を提供してくれる。
4 協同学習のグループは、そのメンバーに教師や教材以外の情報源を与えてくれる。
5 グループのメンバーを評価に関わらせることは、教師だけから評価される場合にもたらされるバイアスや、読んだり書いたりすることだけに頼った査定方法に由来する偏見を減じてくれる。
6 協同学習グループは、それぞれのメンバーが査定したデータを分析したり、その結果を解釈したり、改善計画を実践したりする際の助けとなる。

　評価システムをより使いやすいものにしたり、包括的な査定プログラムを運用するためには、協同学習グループを構成することがもっとも有効である。

生徒とともに行う会議

　明確な指導目標や学習目標がなければ、評価もあり得ない。目標は、生徒との3つのタイプの会議によって設定・明示される。すなわち、生徒と学習目標について契約を交わす**目標設定会議**、目標達成に向けての進捗状況を把握するための**プロセス評価会議**、関係者に生徒の学びの成果について説明するために行われる**評価後会議**である。

　評価は、生徒にとっての学習目標と仲間の学びを援助するという役割責任を明確にする、目標設定会議から始まる。目標設定会議は、教師と生徒（T/S）、教師と協同学習グループ（T/G）、協同学習グループ内の生徒たち（G/S）、協同学習グループ同士（G/G）、のいずれかによって行われる。いずれの会議も、STARTの基準（表2-1参照）を満たした学習目標を生徒が設定することに、役立つものでなければならない。目標設定会議は、4つのステップからなっている。すなわち、現在の状態についての診断、START基準に沿った目標の設定、それぞれの生徒の目標達成を援助するための支援システムや情報源の準備、そして目標達成のための情報源の利用計画を立ててそれを学習契約に盛り込むこと、である。

　プロセス評価会議は、生徒が自分たちの取り組みについてどのように考えているかを尋ねる、教師にとってまたとない機会になる。いくつかの学校では、少なくとも月1回は各生徒にインタビューすることを推奨している。ある中学校では一日に数回の会議が必要だとする教師がいるのに対し、小学校では一日に1回のプロセス評価会議を行うという教師もある。グループによる会議では、さらに多くの議論の可能性が期待されるだろう。

　つらいところだが、目標設定会議であれ、プロセス評価会議であれ、評価後会議であれ、個々の生徒と面談しているような時間は、教師にはないのが現実である。しかし、このことはそうした会議が実施できないことを意味しているわけではない。教師は協同学習グループを適切に利用することによって、そうした会議の開催を促すことができるだろう。教師が特定の生徒と面談したり、呼び出している間に、グループは定期的に各メンバーとプロセス評価会議を開くことができる。

　最後に、教師や生徒、保護者による評価後会議を開催することもある。こうした会議は、生徒自身が会議を主導する場合に、とりわけ興味深く、実りあるものとなる。

査定の方法

　生徒が学習目標を設定し、達成することを約束した時点から、さまざまな査定方法を用いる準備が始まる。査定の方法には、小テスト、作文、発表、プロジェクト、ポートフォリオ、観察、インタビュー（面接）、質問紙、学習記録、学習日誌などがある。

◆ 小テストと試験

　標準テストと教師作成テストは、どちらも生徒の学習を査定するために用いることができる。用意周到に準備して臨む標準テストは、関心を寄せる関係者にとって一大イベントである。教師作成のテストは、生徒の幅広い知識について素早く、効率的に査定できることから、指導プログラムの一環としてしばしば用いられる。これらは、多肢選択課題、正誤問題、組み合わせ課題、短答課題、解釈課題、エッセイなどによって出題されることになる。有用な査定方法はたくさんあるが、依然としてテストは教師にとって要となる方法である。協同学習グループについては、GIG（グループでテスト準備をし、個別にテストを受け、再びグループでテストに取り組む）やグループ討論、チーム・ゲーム・トーナメントの技法を用いたテストを実施することができるだろう。

◆ 作文とプレゼンテーション（発表）

　教養のある人にとっては、自分の知っていることを書き表したり、口頭で表現することは、それほど難しいことではないかも知れない。しかし、生徒がそうした能力を身につけ、熟練した書き手や発表者になるためには、書くことや口頭による説明を毎日練習する必要がある。その際、誰かがそうした作文を読んだり説明を聞いたりして、適切なフィードバックを与えるとき、そこに評価という問題が立ち現れることになる。メンバーの成果を評価する際に協同学習グループを利用すれば、4つの目標を同時に遂行することが可能になる。つまり、協同学習グループによって生徒は頻繁に活動に取り組むようになり、そこでの努力に対して直ちに詳細なフィードバックが与えられ、他の仲間の活動を間近で観察して何が良く何が欠けているのかを知り、そして、生徒が頻繁に活動に携わることができるような状況を作り出してくれる。評価の対象となる成果でもっとも一般的なのは、作文とプレゼンテーション（発表）の2つである。作文ペアでは、生徒は2人組になって、お互いの作文の概略を述べて話し合い、トピックについて個別に調べた上で、ペアでそれぞれの作文の第1段落を書き、残りを一人で書き上げる。そして、お互いの作文を推敲し合い、一人でもう一度書き直し、互いの作文を再度推敲し、相手の作文をチェックして提出可とする確認の署名をし、パートナーとしての役目を終了する。口頭発表の場合の手順も、これとまったく同様である。

◆ 個人プロジェクトとグループ・プロジェクト

　どのような学習単元であっても標準的な過程というのは、多様な知識・技能を統合するに際して、生徒たちが創造的かつ発見的に取り組むことができるように設定されている。科学的な探究のように複雑な手順を踏んで活動するといった、多元的な知能や能力を評価するときには、とりわけそれが大事になる。プロジェクトでは、多様な学び方が許される。協同学習グループを使うと、プロジェクトは一人でするよりずっと複雑で入念なものとなる。

第16章　ふり返り

◆ポートフォリオ

　生徒たちは、1学期間、あるいは1年間の学習内容を示すポートフォリオとして、自分たちの取り組みのまとめができるようになると、かなり洗練され、熟達した水準に達してくる。取り組みの事例を集めて、それらを達成や成長、進歩の全体像と結びつけて合理的な説明を加えるのは、生徒たち自身しかない。結果として出来上がったポートフォリオは、生徒の「最善の取り組み」や彼らが学習する際に辿った「プロセス」の特徴を表すものとなるだろう。複雑で挑戦しがいのあるすべての活動と同様に、生徒たちがポートフォリオを作成し、教師や親やその他の関係者に公表することができるようになるためには、かなりの支援が必要である。したがって、ポートフォリオは、協同的なグループの中で作成させることがもっとも適しているといえよう。協同のグループでは、適切な取り組み事例を選択して、明確で筋の通った合理的な説明をつけることが、メンバー同士で互いにできるからである。また、個々の生徒の学びと成長をグループで評価することもポートフォリオに含めることができる。

　ポートフォリオの興味深い応用として、どれが最善の取り組みであり、その根拠は何かについて、生徒や教師、協同学習グループのそれぞれに、独自で決めさせることもできる。

◆観察

　テストや作文、プロジェクト、ポートフォリオによって得られる情報にはおのずと限りがある。教師は、テストや宿題の解答から、生徒が正答に到達したかどうかを知ることができる。しかし、生徒が用いた推論方略の質であるとか、仲間の達成への貢献、どれほど効率よく仲間と活動したかの程度までは知ることができない。教師は、生徒の隠れた推論過程を顕在化させ、態度や取り組みの習性を行動として把握し、他者といかにうまく活動したかを窺い知る方法を見つけなければならない。したがって、活動中の生徒を観察することは、もっとも重要な評価手段なのである。

　査定の方法として観察を用いる際には、観察の基本について理解するとともに、観察のための準備、観察の仕方、得られたデータを生徒や関係者が利用できるまとめ方について、知っておかなくてはならない。観察のための準備には、観察の対象とする活動、観察者、観察計画、チェックリスト、チェックリスト記入のための練習、などについて定めておくことが含まれる。観察は、正規のものである場合も、非公式なものである場合もあるだろうし、構造化されているものも、構造化されてないものもありうる。観察データを要約するためには、棒グラフを描いたり、チャートにまとめるとよい。その後、結果が生徒や関係者にフィードバックされる。それを受け取った人はそのフィードバックによりふり返りを行い、改善目標を決める。

　観察の主要な利用法のひとつは、社会的スキルの評価である。社会的スキルの評価は、いくつかのステップからなる。まず第1に、社会的スキルを指導する理由や根拠について明確にしておく。社会的スキルは学んで身につけなければならないもので

ある。あらゆる協同的な学習には、社会的スキルの学びと教科の学びが含まれている。教師は、どのような社会的スキルを指導すべきか、それらをどのように教えるべきかについて、理解しておかなければならない。社会的スキルを指導する際には、具体的で小さなスキルから始めて、過剰学習させる（学びが達成基準に達しても、さらに同じ訓練を継続して学習させる）ことが大切である。2番目に、社会的スキルは1つずつ教える必要がある。その技能の必要性を示し、Tチャートを使ってそれを定義し、生徒がその技能を使えるような練習場面を設定する。生徒は、その技能を使った後でフィードバックを受け、どのように改善したらよいかふり返りを行い、その技能が自然に使えるようになるまで練習する。そして3番目に、生徒が社会的スキルを使うことができ、それを観察することが可能な協同学習場面を設定する。第4に、教師は、グループメンバーが社会的スキルを適切に使っているか確認し、それが習慣的に行えるように協同学習グループに働きかける。5番目に、生徒が目標とする社会的スキル習得の程度について、自己診断するよう促す。生徒はチェックリストや質問紙を用いてそうした自己診断を行う。6番目に、社会的能力を向上させるための改善目標を生徒に設定させる。7番目に、社会的スキルについての生徒の知識を評価する。そして最後に、生徒の社会的スキルのレベルについて、生徒や保護者などの関係者に報告する。

◆インタビュー

　生徒にインタビューすることは、活動中の生徒を観察することと密接に関連している。観察と同じように、インタビューを通して、生徒に推論過程や推論方略について詳しく尋ねることにより、隠れていたものを顕在化させることができる。インタビューの強みは、それが個別的で融通の利くものだということである。インタビューは個別に行われるので、教師は生徒と積極的で協力的な信頼関係を取り結ぶことができる。またインタビューの柔軟性は、一人でも、グループでも、授業の前でも、途中でも、授業後でもできるところにあり、評価と指導の両方の目的でインタビューすることもできる。ソクラテス的対話は、主だった指導方略としてインタビューを用いた好例である。

◆態度を測る質問項目

　あらゆる学習には情緒的な側面が付随しており、生徒がさまざまな仕方で身につける好き嫌いなどの態度は、ある意味で教科の内容以上に重要かも知れない。たとえば、もし生徒が算数の授業を嫌いになってしまい、もう二度と算数なんか学びたくないと思っているとしたら、たとえ算数の授業で「A」の成績を取ったとしてもほとんど意味はない。生涯の学習経験を通じて、算数が好きになり授業を受けてみたいと思うようになることは、算数の授業で良い成績を取るよりもはるかに大切だろう。生徒がその教科を勉強し続けるか、あるいは興味を失ってその教科を避けるようになるかは、

ほとんど態度が決定する。生徒の態度を評価するに際しては、(a) どのような態度を測定するかを決め、(b) 質問項目を構成し、(c) 標準化された適切な測度があればそれを利用し、(d) 各単元、学期、学年の始まりと終わりに測定を行い、(e) 関係者にフィードバックするためにデータを分析してまとめ、(f) 適宜フィードバックを与え、(g) 結果を指導案の改善のために用いる、という手順がとられる。質問紙の構成にあたっては、質問項目のことば遣いに留意し、自由解答式（空欄を埋めるものや自由記述方式）か、固定解答式（二者択一、多肢選択、順位づけ、尺度評定）で回答を求める。その後、質問項目を適切な順序に並べ、興味を引くような書式に整える。たとえば、学級生活調査のような形に質問項目が標準化されていれば、生徒の幅広い態度を測定するのに便利だろう。

◆学習記録（ログ）と学習日誌（ジャーナル）

生徒は、自分が今何を学んでおり、それがどのように自らの生き方と結びついているのかについて、ふり返って考えようとすることはあまりない。学習記録や日誌は、生徒たちが学習経験を書きとめ、それについてふり返るのに役に立つ。**学習記録**は、学習内容の概略を記載したもので、とくにインフォーマル・グループによる協同学習と連動させて用いると有効である。**学習日誌**は、読書や出来事、経験に対する個人の観察結果、感じたこと、意見などを物語的に記録したもの（ナラティブ）であり、これらの記載は、ある授業で学んだことと他の授業や教室外での活動を通して学習したことを関連づけてくれる。学習日誌は、学んだことを現実場面に応用させるような場合、とくに有効である。

◆まとめとして

伝統的な査定には、きわめて限られた方法しかなかった。教師はしばしば、生徒の目の輝きであるとか、声の抑揚、何かを発見したときに漏らす感嘆、仲間との協同から生まれた洞察、複雑な課題に取り組もうとしたときの根気強さと奮闘ぶり、学んだ文脈とは異なるスキルや概念の思いがけない使い方、両親や他の教師からの生徒の変化についての報告、によって気づきを得ていた。ここに欠けているのは、そうした証拠を集めたり、報告したりする体系的な方法である。

時代は変わりつつある。本書で論じられているような実にさまざまな査定方法が編み出されているし、多様な授業プログラムで効果的に用いることができるようになっている。それぞれの方法には長所と短所がある。実施している指導案の中に個々の方法を組み込むこともできるし、それらを協同学習の一部分として運用することもできる。また、いくつかの方法を一緒に用いることによって、全体的に質の高い学習へと協同学習グループが取り組むことも可能となる。

全体的な質が高い学習

　質の高い優れた学習というのは、生徒によるチームを作って、学習と評価のプロセスを継続的に改善していくための課題を与えるところから始まる。継続的な改善とは、学習や指導、評価のプロセスの質的向上を図るための進化を、絶え間なく求め続けることである。たとえば、生徒が作文を書く時には、毎回少なくとも1つ、書くための技能を向上させる方法を見つけなければならない。その変化は劇的なものである必要はなく、一歩ずつの小さな改善で構わない。

　学習と評価のプロセスを継続的に改善していくために、生徒は8つの段階を踏む必要がある。まず第1は、生徒にチームを組ませることである。学習の質を高めるためには、協同学習グループなくしては困難である。第2に、チームのメンバーは課題を分析して、学習の向上を図る取り組みを選択する。第3に、フローチャートや因果関係図を描くことによって、改善の筋道を明らかにする。第4に、学習活動に取り組む。第5に、生徒は学習活動のデータを集め、それを開示し、分析する。そのために役立つ道具としては、観察シート、パレート図（棒グラフとその累積構成比を表す折れ線グラフを組み合わせた複合グラフ）、ランチャート（時系列でプロットした折れ線グラフ）、散布図、ヒストグラムなどがある。第6に、分析結果にもとづいて、チームで学習活動の改善計画を練る。第7に、修正・改善を加えた方法で学習活動に取り組み、その計画を実行する。そして最後に、実際に学習活動の質が改善できたやり方をチームでルール化する。

　質の高い優れた学習を確立する1つの方法は、生徒による管理運営チームを組織するというものである。**生徒による管理運営チーム**は、3〜4人の生徒と、指導方法や指導内容の改善を首尾よく進める責任者（教師）で構成される。メンバーは、自分自身が経験したことや仲間のコメントを通してその授業をモニターする。生徒の管理チームを利用するに際しては、4つの段階がある。すなわち、メンバーを選んでチームを編成し、5つの基本的構成要素にもとづいて協同的なチームを作り上げ、単元の内容や指導のあり方の改善を図って、次の単元でその改善策を実行することにより、長期にわたる授業の向上を実現するのである。

教師の同僚性と評価

　教師が、同僚から孤立してたったひとりで指導を行い、評価し、実践報告をするという時代は終わった。指導実践は、従来に増して手間暇のかかる複雑なものになってきており、教師が一人ですべてを行うことは難しい。実際には、同僚によるチームが協力してことに当たり、指導、評価、報告のプロセスを継続的に改善していく必要が

ある。教師は同僚とともにチームを組むことから、指導、評価、実践報告の取り組みを始める必要がある。この同僚チームは、生産性を向上させるさまざまな方法に応用することができる。チームとしての活動の重点は、学習と指導の両方の質の継続的な改善におかれることになる。チーム全体では、評価表を作成して、それを効果的に利用するとともに、関係者に指導の結果を伝えることによって、評価とまとめの報告を行う。その後チームは、それぞれメンバーの指導の質をより優れたものにするための継続的な改善手続きを実行する。継続的な改善に取り組んでいる間に、チームはまた、評価手続きを効果的に利用するための再訓練を行う。教師は同僚からなるチームを使って、評価の際に用いられる学校全体としての基準や標準を設定する際の枠組を作ることができる。

成績（通知表）をつける

　教師は学習の進み具合を頻繁に査定する必要があるが、成績をつけなければならない機会はそれほど多くない。評価には、生徒がどのように取り組み、何を学び、何につまずいたのかを目標に照らしてチェックする意味合いがある。**成績付与**は、一定の学期の間に生徒が達成した、学習の相対的な質に関する価値判断の象徴である。成績というのは、生徒やその関係者に生徒の達成度に関する情報を提供し、指導案がどの程度うまく行ったのかについてふり返り、より多くの教育機会への道筋を生徒に与え、優れた生徒を報奨するものである。成績付与の体系には、評価軸が単一のものと多元的なものがある。成績評価は、生徒の将来に相当な影響を与えることがあり、公正に行うことが重要である。公正に行うためには、幅広い課題によって到達度を測定する必要がある。生徒の達成についてのより詳細で完全な総括的評価をするためには、チェックリストやコメントによる記述（ナラティブ）で成績評価を補うとよいだろう。協同グループによる学習活動を生徒に行わせることで、学習のさまざまな側面を査定し、多様な方法で成績を付与する多くの機会が得られるようになる。

星座と地面

　イソップ物語に、星座で未来を読むことができると信じ込んだ一人の天文学者の話がある。ある夜のこと、彼が星空を見つめながら道を歩いていると、泥水であふれた穴の中に落ちてしまった。泥水の中から顔を上げ、穴の縁を這い上がろうとしたものの、滑って登り切れず助けを求めて叫んだ。彼を助け上げに来てくれた村人たちの一人がこう言った。「お前さんは星で未来が読めるんじゃなかったのかい。なのにたった今足元にあるものがわからないんだったら、いったい何になるんだい？」。この寓

話によって巧みにイソップが指摘しているのは、先々に何を達成しようとしているのかのビジョンとそこに至るまでに必要な一歩一歩に、同時に焦点を当てなければならないということである。それが評価のジレンマである。つまり、現在（そこで起こっている学習や指導のプロセス）に留意しつつ、将来（達成しようとする目標）にも焦点を当てる努力をし続けなくてはならないのだ。

ジグムンド・フロイトは、価値の感覚が生命維持に必要な2つの動因——愛する能力と働く能力からもたらされると信じていた。生徒にとってもっとも重要な動機づけとなっているのは、関心のあることに役立つような能力を伸ばすことなのだ、ということを多くの教育関係者は忘れてしまっている。そうした生徒にとっての個人的な意味を生みだす3つの要因は、次のようである。

1　生徒たちの間に互恵的な相互依存関係を築くこと

　生徒たちの間の肯定的な関係、お互いの学びや快適さについて関心をもつこと、共通の善なるものへの貢献、自分自身とともに他者のためにも全力を尽くそうとすること、自分のことだけを考えるのが人生ではないとする信念、を生みだすのは互恵的な相互依存関係である。評価に与える互恵的相互依存関係の影響というのは、きわめて基本的かつ重要なものであって、いくら強調しても強調し過ぎることはない。

2　生徒たちを学習と評価のプロセスに関与させること

　学習目標の設定や達成目標への道筋の選択、進み具合や達成の程度についての査定、改善方法の計画、何か問題が発生した際の改善計画の実行、に生徒たちを関与させる必要がある。こうした取り組みは一人で達成できるものではない。生徒たちに必要なのは、自分の学びと成長にわがこととして関心をもち、それに取り組んでいこうとする仲間からなるサポート・システムである。こうした仲間は、自分の外側からの批判的、客観的な評価の視点を提供してくれる。生徒たちは、互いに目標達成を目指す協同的な関係の中で、批判的なフィードバックを得て、自分たちの努力を成長のために活用しようとするのである。

3　評価データを利用可能な仕方でまとめる

　役立つ結果というのは、誤って覚えたことを修正したり、既存の知識の隙間を埋めたり、自分たちの知識やスキルをステップアップさせてくれる、新しい学習経験を見出す助けになるものである。もしも評価が信頼できないものであったり、誤ったものであったとしたら、その結果の利用には問題があるだろうし、進歩が妨げられることになるかも知れない。もし自己査定と他者による査定との開きがあまりにも大きい場合には、その違いをはっきりさせるために仲間を交えて話し合い、評価基準に照らしてその活動を比較し、コンセンサスを得なくてはならない。

　これら3つのことがらは相互に関連したものである。協同学習は、生徒をどのように評価に関与させるかの枠組みを提供してくれる。そして、その関与は、学習とその

評価プロセスをわがこととして捉え、理解を深め自らの能力を伸ばすために評価結果を利用する動機づけとなる。評価結果の利用には、協同する仲間の助けが必要である。彼らと一緒になることで、継続的な改善と全体的に質の高い学習へと燃え立たせてくれるような、一体感が形成されるのである。

明日への実践のために

　昔話に、難破船に乗り合わせた12人の男の話がある。ひとりの男が、船の底に穴を開けることにした、と皆に告げた。「そんなことをさせるものか！」と他の11人の男たちが叫んだ。「どうして駄目なんだ？」とその男は答えた。「俺は船を12等分することにしたのさ。みんな船の持ち分は同じだけあるんだよ。自分の分については、何だって好きなことができるはずだろう？　だから、自分の分の船底にドリルで穴を開けるって決めたんだ。あんたたちだって、自分の持ち分に好きなことをしたらいい。それはあんたたちの権利なんだから！」。世間にはこれと似たような考えをする人がいるかもしれないが、評価は決してこのようであってはならない。評価はクラスや学校のあらゆる人たちに関わる、共同体としての責務なのである。

　本書はここで終わりとなるが、これは読者の方々にとっての新たな始まりでもある。(a)評価の手続きを指導の中に組み入れたり、(b)その助けとなるよう協同学習グループの長所を利用したりする専門的な技能は、教室での長年にわたる実践経験が不可欠である。評価のプロセスに生徒を関与させることは、評価プロセスの継続的な改善を助けてくれる優れた生徒を育てることにつながる。ブルームの分類法（Bloom,1976）のもっとも高度な水準は、内的および外的な基準を生みだして、維持し、適用するという「評価」である。今こそ、教師は評価に対する役割責任を生徒とともに共有すべきである。生徒と教師の協同は、評価のプロセスに生徒が関わることによって、学習と指導のあらゆる側面に向上をもたらすような学びの共同体を生みだしてくれるだろう。

References

Bennett, R., Gottesman, R., Rock, D., & Cerullo, F. (1993) Influence of behavior perceptions and gender on teachers' judgements of students' skill. Journal of Educational Psychology, 85, pp.347-356.

Bloom, B. (1976) Human characteristics and school learning. New York: McGraw-hill.

DeVries, D., & Edwards, K. (1974) Students teams and learning games: Their effects on cross-race and cross-sex interaction. Journal of Educational Psychology, 66, pp.741-749.

Hastorf, A. H. & Cantril, H. (1954) They saw a game: a case study. Journal of Abnormal and Social Psychology, 49 (1), pp.129-134.

Hills, J. (1991) Apathy concerning grading and testing. Phi Delta Kappan, 72 (2), pp.540-545.

Jacobs, G. M., Power, A., & Inn, L.W. (2002) The teacher's sourcebook for cooperative learning: Practical techniques, basic principles, and frequently asked questions. Thousand Oaks, CA: Corwin Press, Inc. 関田一彦監訳　伏野久美子・木村春美訳　2005　先生のためのアイディアブック－協同学習の基本原則とテクニック－　ナカニシヤ出版

Johnson, D. W., & Johnson, R. (1983) Social interdependence and perceived academic and personal support in the classroom. Journal of Social Psychology, 120, pp.77-82.

Johnson, D. W., & Johnson, R. (1989) Cooperation and competition: theory and research. Edina, MN: Interaction Book Company.

Johnson, D. W., & Johnson, R. (1994) Leading the cooperative school (2nd Ed). Edina, MN: Interaction Book Company.

Johnson, D. W., & Johnson, R., & Holubec, E. (1992) Advanced cooperative learning (2nd Ed). Edina, MN: Interaction Book Company.

Johnson, D. W., & Johnson, R., & Holubec, E. (1993) Cooperation in the classroom (5th Ed). Edina, MN: Interaction Book Company.

Johnson, D. W., & Johnson, R., & Holubec, E. (2002) Circles of learning: Cooperation in the classroom. (5th Ed). Edina, MN: Interaction Book Company.　石田裕久・梅原巳代子訳　2010　改訂新版　学習の輪－学び合いの協同学習入門－　二瓶社

Johnson, D. W., & Johnson, R., & Smith, K. (1991) Active learning: Cooperation in the college classroom. Edina, MN: Interaction Book Company.

Middleton, W. C. (1933). Some General Trends in Grading Procedure. Education, 54 (1), pp.5-10.

Osgood, C., Suci, C., & Tannenbaum, P. (1957) The measurement of meaning. Urbana: University of Illinois Press.

Shavelson, R., Gao, X., & Baxter, G. (1991) Design theory and psychometrics for complex performance assessment: Transfer and generalizability. Los Angeles: University of California, Center for Research on Evaluation, Standards, and Student Testing.

Starch, D., & Elliott, E. (1912) Reliability of the grading of high school work in English. School Review, 20, pp.442-459.

Starch, D., & Elliott, E. (1913) Reliability of the grading of high school work in mathematics. School Review, 21, pp.254-259.

Sweedler-Brown, C. (1992) The effect of training on the appearance bias of holistic essay graders. Journal of Research and Development in Education, 26 (1), pp.24-29.

White, N., Blythe, T., & Gardner, H. (1992) Multiple intelligence theory: Creating the thoughtful classroom. In Costa, A., Bellanca, J., & Fogarty, R. (Eds.), If minds matter: A foreword to the future, 2 (pp.127-134). Palatine, IL: Skylight Publishers.

【訳者紹介】
石田裕久（いしだひろひさ）
　　1952年生まれ
　　南山大学人文学部教授
　　主要著書：『ファシリテーター・トレーニング 第2版』（共編著）
　　ナカニシヤ出版　2010
　　『改訂新版 学習の輪－学び合いの協同教育入門－』
　　（共訳）二瓶社　2010

協同学習を支える
アセスメントと評価

2016年11月1日　第1刷発行　　　定価はカバーに表示してあります。

著　者　David W. Johnson
　　　　Roger T. Johnson
訳　者　石田　裕久
発　行　日本協同教育学会
　　　　〒192－8577　東京都八王子市丹木町1－236
　　　　創価大学教育学部 内
　　　　office@jasce.jp

印刷所　有限会社 一粒社
発売元　株式会社 ナカニシヤ出版
　　　　〒606－8161　京都市左京区一乗寺木ノ本町15番地
　　　　TEL 075-723-0111　FAX 075-723-0095